AF261863

LA SAVOIE

DE 1814 A 1860

Couverture inférieure manquante

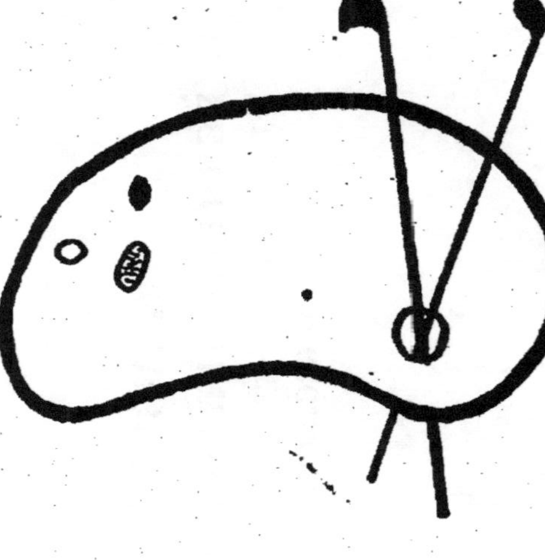

ORIGINAL EN COULEUR
NF Z 43-120-8

JOSEPH TARDY

LA SAVOIE

DE 1814 A 1860

CHAMBÉRY

A. PERRIN, LIBRAIRE-ÉDITEUR

M.D.CCC.XCVI

MACON, PROTAT FRÈRES, IMPRIMEURS.

JOSEPH TARDY

LA SAVOIE

DE 1814 A 1860

CHAMBÉRY

A. PERRIN, LIBRAIRE-ÉDITEUR

M.D.CCC.XCVI

LA SAVOIE

de 1814 à 1860

I

LA SAVOIE ET LA MAISON DE SAVOIE
de 1792 à 1814

Le 22 septembre 1792 (premier jour de l'an I de la République), le général de Montesquiou[1], sans autorisation officielle de la Convention, sans préalable déclaration de guerre au roi de Sardaigne, Victor-Amédée III, entrait en Savoie[2] et à Chambéry à la tête des troupes

---

[1]. Anne-Pierre, marquis de Montesquiou-Fezensac, menin des enfants de France, écuyer du comte de Provence, se réunit au Tiers-État en 1789; disgracié en 1792, se retire en Suisse, autorisé à rentrer à Paris en 1795, y meurt en 1798 : de l'Académie française depuis 1784.

[2]. Les troupes piémontaises commandées par le vieux général de Lazary étaient maladroitement échelonnées vers le château des Marches, dans la vallée de l'Isère, en face du fort Barraux, où les Français mieux groupés n'attendaient qu'une bonne occasion. Dans la nuit du 21 au 22, les lignes des Piémontais furent coupées en deux; Lazary surpris par les grenadiers et les dragons se retira en Maurienne, le reste de son armée s'en allant par les Bauges. Quelques heures après, le général de Montesquiou se présentait aux portes de Chambéry dont le syndic Mansard lui offrit les clefs sur un coussin, puis les Français firent leur entrée, sous une pluie battante, aux accents du Chant de l'armée du Rhin, appelé depuis *la Marseillaise*. Le gouverneur piémontais, comte di Perrone, prévenu, dit-on, par le général de Montesquiou, la veille avait quitté la ville emportant ses effets et ses papiers.

françaises et de la Légion des Allobroges : il n'y eut
aucune résistance et il n'y en pouvait avoir puisque la

Les troubles de Thonon, en 1791, avaient été fomentés par les
jeunes adeptes des sociétés secrètes ; les principaux meneurs
furent l'étudiant en philosophie Joseph Dessaix, devenu général
et comte de l'Empire, qui s'enfuit alors en France et s'engagea
dans la fameuse légion des Allobroges, et Charles Caffe, l'auteur
du Cri de la Savoie vers la Liberté. Condamné à mort par le Sénat,
Caffe se moqua de ses juges en regardant son exécution en effigie
au Verney, du haut du clocher de la cathédrale où ses amis
l'avaient caché ; le soir même, il se réfugiait en France (1er décembre 1791).

La Légion des Allobroges, fondée à Paris par les principaux
réfugiés Savoisiens de 1791, Dessaix, Caffe, Voiron, etc., fut
officiellement organisée par un décret de l'Assemblée nationale,
du 8 août 1792, et prit, hélas ! part à l'horrible journée du 10 août ;
quelques braves Suisses furent pourtant sauvés, grâce au jeune
capitaine Dessaix.

Le 15 août, le ministre de la guerre, Servan, mit 700.000
francs au service du général de Montesquiou pour compléter à
Grenoble l'organisation de la légion, comprenant 14 compagnies
de fantassins, 3 de dragons, 1 d'artillerie légère, un total de
2157 hommes.

Les illustrations militaires qui sortirent de la Légion des Allobroges furent très nombreuses ; voici les principales, après la
première de toutes, le général Dessaix : le général de division
Pacthod, comte de l'Empire, né à Saint-Julien en 1764, auditeur
des guerres, avocat, engagé en 1792, général de division en 1809,
mort à Paris en 1830 ; le général de division Chastel, né à Veigy
en 1774, dragon allobroge en 1792, capitaine de cavalerie en
Égypte, découvre le fameux zodiaque de Denderah, général en
1808, de division en 1812 ; le général Guillet, né à Chambéry en
1765, fils d'un épicier, frère du saint abbé Guillet, volontaire en
1792, général en 1815, mort à Fenestrelle, prisonnier d'État en
1834 ; le docteur Doppet, né à Chambéry en 1753, colonel de la
Légion des Allobroges ; les deux frères Forestier, d'Aix-les-Bains,
engagés aux Allobroges en 1793, généraux et barons en 1813 ;
l'aîné, naturalisé Français en 1817, mourut à Paris en 1832 ; le
second fut tué à la bataille de Brienne, grands-oncles des Forestier,
d'Aix-les-Bains ; le général Mouthon, né à Turin en 1764 ; son père

paix n'était pas rompue entre Victor-Amédée III et la République[1].

natif de Burdignin, en Savoie, était alors intendant de Suze ; d'abord religieux à l'abbaye de Tamié, révolté contre ses supérieurs, enfermé à Miolans où les Français le délivrèrent en 1792, engagé aussitôt dans la légion, colonel en 1812, aide de camp de Dessaix en 1815, puis capucin selon la prédiction de Dom Gabet, dernier abbé de Tamié, et mort à Haute-Combe en 1835 ; le colonel Bochaton, né à Evian en 1771, volontaire de 1792, colonel en 1814 ; le capitaine Frédéric du Bourget, né à Chambéry en 1782, engagé en 1803 au 3e régiment de cuirassiers, tué à la Moskowa en 1812, etc., et le colonel baron Janin ; le colonel Pillet, né à Chambéry en 1775, volontaire de 1793, colonel du 17e de ligne en 1803, mort en 1830 ; tous deux protestèrent vigoureusement contre la restitution de la Savoie au Piémont en 1814.

1. C'était la sixième occupation de la Savoie par les armées étrangères, et la cinquième par les Français.

La première occupation du duché par François Ier, en 1536, enleva la Savoie au duc Charles III ; François Ier et Henri II organisèrent leurs conquêtes en province française pendant vingt-trois ans ; la défaite de Saint-Quentin et le traité de Cateau-Cambrésis délivrèrent la Savoie rendue au duc Emmanuel-Philibert, en 1559.

Henri IV envahit et conquit rapidement tout le duché en 1600 ; par le traité de Lyon qui lui donnait la Bresse et le Bugey, il remit la Savoie au duc Charles-Emmanuel Ier, après une courte occupation de trois mois ; Louis XIII, à son tour, mécontent de l'attitude de son beau-frère Victor-Amédée Ier, occupa la Savoie en 1630, pendant un an (traité de Cherasco). Louis XIV, furieux contre son neveu Victor-Amédée II, s'empara de la Savoie d'abord de 1690 à 1697, puis de 1701 à 1703, le traité de Ryswick et la paix générale d'Utrecht rétablirent le *statu quo ante bellum*.

Enfin, Charles-Emmanuel III, ayant pris parti pour Marie-Thérèse, lors de la guerre de la succession d'Autriche, les Espagnols, commandés par l'Infant don Philippe, fils de Philippe V et gendre de Louis XV, entrèrent en Savoie à la fin de 1741 ; ils devaient y rester six ans, jusqu'à la paix d'Aix-la-Chapelle (1748) ; ce fut peut-être la plus dure, la plus oppressive de toutes les invasions supportées par la Savoie.

Le général de Montesquiou (bientôt dénoncé et disgracié) en occupant la Savoie répondait aux appels des clubs secrets fonctionnant depuis deux ou trois ans à Chambéry ; ces mêmes clubs expédièrent aussitôt des centaines de fidèles chargés d'*éclairer* les électeurs de la future Assemblée des Allobroges. Les communes de l'ex-duché envoyèrent 655 représentants, qui se réunirent pour la première fois le dimanche 21 octobre[1] dans la cathédrale de Chambéry ; le 23, les députés[2] se donnèrent le titre d'Assemblée nationale des Allobroges et, le 29, choisirent sept[3] d'entre eux pour aller demander à la Convention l'union de la Savoie à la République française. Entre temps, l'Assemblée des Allobroges, avec les grandes phrases vaines et sonores des États généraux de 1789, avait voté l'extinction de la noblesse, des privilèges (27 oct.), des dîmes, des titres, des propriétés religieuses[4] (26 oct.) et féodales, et reçu le serment de fidélité à la Nation libre de l'ancien Sénat conduit à la barre par son

1. Président d'âge, Eustache Monachon, de Saint-Jeoire.

2. Président élu : Decret, homme de loi, et vice-président : Doppet. Le comité de législation élu aussi, le 23 octobre, pour la Savoie : Piccolet père, Marin, Morel, et le sénateur Bongean ; pour la Tarentaise, Gumery, Fontanil, Montmageur et Sanche ; pour la Maurienne, Favre, Martin, Gilbert, Laimonde, etc. Le 23, les citoyens Lyonnaz, secrétaire de l'ordre des Saints Maurice et Lazare, et Curton, trésorier dudit ordre, annoncèrent à l'Assemblée qu'ils livraient tous les titres des avoirs de l'ordre en Savoie, afin d'en faciliter la dépossession et la suppression ! Comité de finances : Ruphy, Fernex, Ant. Dupasquier, Favrat, Grange, Prallet, Picollet fils, Avet, etc.

3. Doppet, de Chambéry ; Bar, de Bonneville ; Gumery, de Moutiers ; Balmain, de Maurienne ; Dessaix, de Thonon ; Villar, de Carouge, et Favre, d'Annecy.

4. Les citoyens Vuagnat et Michon, délégués pour la prise de possession de la Chartreuse d'Allion, et Lyonnax et Pichet pour celle de Saint-Hugon.

second président, le comte de Pralognan[1], et celui du clergé de Chambéry, amené par le doux et pacifique Mgr Conseil[2].

Le 18 décembre, les représentants du peuple, Simond Grégoire, Hérault et Jagot, vinrent prendre officiellement possession du quatre-vingt-quatrième département français, dit du Mont-Blanc. Le 17 février 1793, le Mont-Blanc envoya à la Convention ses dix premiers représen-

1. « La Savoye est libre, la Nation exerce sa souveraineté, vous en êtes les augustes représentants..... etc., etc., » ainsi commençaient les humiliantes flagorneries de cet ex-président du Sénat de Savoie à l'Assemblée Nationale. Sénateur piémontais, Felice-Giuseppe Giaimo, né en 1727, à Castigliolo di Saluzzo, intendant général en Sardaigne (1770), chancelier de Sardaigne, créé comte de Pralognan en 1784, second président du Sénat de Savoie en 1791 ; après son hommage à l'Assemblée des Allobroges, retourne en Piémont où le roi, sans rancune, le nomme contrôleur général des milices, puis second président de la Chambre des comptes, en 1795, mort en 1801.

En 1792, le royal Sénat de Savoie était ainsi composé : 1re classe, président : marquis Lovera di Maria ; sénateurs : Marin, comte di Casalgiate, comte Salteur de la Serraz, Vignet, de Monthel ; 2e président : comte de Pralognan ; sénateurs : baron de Montailleur, Bonjean, comte Maistre, baron de Morigny, de la Palme ; président : Jacquier ; sénateurs : de Savoiroux, comte de Langosco, Dichat de Toisinge, Roze, Juge ; avocat fiscal général, Reggio ; avocat des pauvres, Pillet ; substituts, comte Torelli de Cevins, Tiollier, Pacoret, Armand, Dethiolaz, Marin.

2. Mgr Michel Conseil, né à Mégève en 1716, doyen de la Sainte Chapelle, premier évêque de Chambéry en 1780 : le roi Victor-Amédée III ayant enfin obtenu que Louis XVI ne fit plus d'empêchement à la création de ce siège épiscopal demandé depuis des siècles par les souverains ses ancêtres, désireux d'enlever cette partie de la Savoie à la juridiction de l'évêché de Grenoble. François Ier puis Louis XIV avaient jusqu'alors arrêté la bienveillance des papes envers les ducs de Savoie ; Pie VI, avec l'agrément du roi de France, institua l'évêché de Chambéry par les bulles du 18 août 1779.

tants : Casselli de Bassy, ex-comte de Cevins, ex-substitut du Sénat ; Anth. Marin, avocat, pour Chambéry ; Gumery, avocat de Moutiers ; Gentil, avocat de Carouge ; Dubouloz. avocat de Thonon ; Balmain, Dumas, Genin, avocats de Chambéry, et le docteur Marcoz de Saint-Jean-de-Maurienne.

Presque toute la noblesse de Savoie, fidèle à son chef et seigneur, était aux armées piémontaises[1], les défections furent donc très rares et quelques-uns mêmes parmi les nobles savoisiens, favorables tout d'abord à la France, rejoignirent plus tard le drapeau bleu, lors de l'arrivée des commissaires malfaisants de la Convention. Le clergé[2], bénissant avec l'évêque de Chambéry, vieux et

---

1. Les souvenirs intimes du marquis Henri Costa (1752), recueillis par son arrière-petit-fils, le marquis Charles-Albert Costa, témoignent en de fiers et touchants récits de l'inébranlable fidélité de la noblesse de Savoie, fidélité d'autant plus admirable par son désintéressement absolu ; car si le Roi pouvait toujours compter sur l'épée et la vie de ses nobles de Savoie, il les oubliait trop facilement dans leur existence souvent besogneuse, réservant les hautes fonctions, les grands emplois d'affaires ou de cour à ses favoris piémontais. Aussi la noblesse savoisienne vivant simplement, un peu à la ville, beaucoup en ses châteaux, était fort aimée et respectée. Les défections furent très rares, seules les célèbres sœurs de Bellegarde des Marches, scandalisèrent Chambéry par leur liaison avec les deux envoyés de la Convention, l'ex-prêtre Simond et Hérault de Séchelles. L'aînée eut un fils d'Hérault de Séchelles qu'elle nomma marquis de Chenoise, du nom de la rue de Grenoble où il était né ; elle lui donna pour précepteur un jeune homme des Marches, nommé Genoud, devenu ensuite le célèbre M. de Genoude. (*Mémoires du cardinal Billiet.*)

2. Mgr de Montfalcon, dernier archevêque de Tarentaise, mourut à Moutiers, le 20 septembre 1793, pendant l'occupation piémontaise ; l'évêque de Genève, Mgr Paget, remit donc la direction du clergé de Savoie au grand vicaire de Chambéry, l'abbé Aubriot la Palme, réfugié à Lausanne, aidé par les vaillants abbés de Thiollaz, Bigex, Girard, Martinet, Guillet, etc. Ces mis-

débonnaire, les premières résolutions de l'Assemblée nationale des Allobroges, allait bientôt, en face de la persécution française, retrouver sa fermeté héroïque sous les ordres de l'archevêque de Tarentaise, des évêques de Genève et de Maurienne, restés libres à Turin, tandis que le malheureux Mgr Conseil mourait abandonné et prisonnier à Chambéry (28 sept. 1793).

La bourgeoisie, sans méconnaître les bienfaisantes améliorations apportées dans leur gouvernement absolu par les deux derniers rois de Sardaigne, améliorations plaçant alors le royaume en tête des États les mieux administrés de l'Europe, se laissait follement entraîner par le vertige sentimental si fort à la mode, croyant naïvement aux douceurs attendrissantes de la devise républicaine, bientôt inscrite sur tous les édifices publics de Savoie. Aussi le Tiers-État savoisien, en dépit des avertissements féroces déjà donnés au Tiers-État français par les Jacobins, acclama ou accepta sans amertume le fameux régime des Droits de l'homme importé par l'armée française. Les Droits de l'homme furent gravés à côté de la Triade républicaine ; hélas ! la Savoie avec la France devaient bientôt pleurer la Liberté souillée dans le sang des massacres ordonnés par la Convention puis écrasée sous la botte de Napoléon, la Fraternité

sionnaires héroïques se répandirent dans le duché, disant la messe, baptisant, au péril de leur vie ; aussi le nouvel évêque constitutionnel du Mont-Blanc, Panisset, ex-curé de Saint-Pierre d'Albigny, fut-il complètement abandonné des prêtres et des populations. Dès 1795, les prêtres jureurs de la Constitution civile du clergé commencèrent à se rétracter ; mais, en 1798, après le 18 fructidor, la persécution redoubla contre le clergé, et 62 prêtres de Savoie furent déportés à la Guyanne où beaucoup moururent rapidement, tués par les fièvres, les privations et les mauvais traitements d'une lente et affreuse traversée. (*Mémoires du cardinal Billiet.*)

ridiculisée par les dilapidations du Directoire et le luxe fou des directeurs et de leurs créatures, l'Égalité en fuite devant les hauteurs sournoises de Robespierre, en attendant l'étiquette-consigne de la Cour impériale et soldatesque !

Le peuple des vallées, des montagnes, surpris sans organisation, sans armes, sans chef, par l'invasion française, mal renseigné, ignorant des choses politiques, laissa d'abord l'Assemblée nationale des Allobroges travailler, arranger, déformer les anciennes institutions du duché ; car les nouvelles étaient rares alors, et arrivaient toujours en retard dans les hautes vallées. On y racontait même que le Roi était d'accord avec les envahisseurs et les députés réunis à Chambéry ! Mais, dès que commencèrent les rigueurs contre la religion et ses ministres, dès que le Roi rappela[1] à lui ses fidèles et braves Savoyards, le peuple des paysans, fier de sa foi et de son antique fidélité, se souleva contre les oppresseurs, et, dans de nombreux combats, lutta parfois avec succès, toujours avec vaillance[2] et intrépidité tenace pour la liberté religieuse et l'indépendance nationale.

---

1. Parmi tant d'actes héroïques de fidélité au roi, il nous plaît de rappeler ici l'invincible constance des soldats du régiment de Maurienne, licenciés en 1792, d'après un ordre incertain, et se retrouvant tous avec leurs armes, à Suze, un an après, au rendez-vous fixé par leurs officiers, ayant traversé les avant-gardes des Français et les Alpes en dépit des périls de tous les genres.

2. Dans les magnifiques vallées de Thônes, la résistance énergiquement conduite par Marguerite Avet, dite la Fraîchelette, tint en échec durant plusieurs semaines les généraux Dornay et d'Oraison, leur fermant aussi les routes du Chablais. Les braves montagnards, vaincus par le canon et des forces supérieures, furent décimés par ordre de la Convention, et les Français, oubliant leur réputation chevaleresque, fusillèrent sur le Paquier d'Annecy la vaillante Fraîchelette, qui tomba en récitant son chapelet !

Les campagnes sur les Alpes, de 1793 à 1796, réunirent autour du vieux Roi et de ses fils les nobles et les paysans de Savoie, les uns acceptant la misère et l'exil en apportant leur épée au service royal ; les autres, les humbles, les ignorés, venus à travers mille dangers, laissant familles et enfants exposés aux vengeances terribles de la Convention si épouvantablement cruelle aux petits, apportaient leur vie au service du Roi, sans se soucier en échange de grades ou d'honneurs. Que leur souvenir soit ici hautement rapporté et salué !

Malgré les efforts de Victor-Amédée III, les intrépides tentatives de ses fils, le duc d'Aoste et le duc de Montferrat, malgré l'héroïsme des troupes piémontaises, noblesse et enfants du peuple confondus par le même courage désespéré, la République, d'abord inquiétée par quelques succès passagers, allait, au printemps de 1796, après une victorieuse campagne de montagnes, conduite par un jeune et pâle général corse, imposer au vieux roi de Sardaigne, qui en mourut de chagrin quelques mois après, l'armistice de Cherasco, ratifiée par le traité de Paris. Le traité fut signé le 15 mai, et Victor-Amédée III mourut à Montcalieri, le 16 octobre 1796, à l'âge de 71 ans [1].

Par ce traité, la Savoie et le comté de Nice étaient décidément cédés à la France, et pour qu'il n'en restât aucun doute, les plénipotentiaires de la République imposèrent au royal vieillard l'humiliation dernière d'enlever à ses fils et à son frère leurs titres de Savoie,

---

1. Victor-Amédée, fils du roi Charles-Emmanuel III et de Polyxène de Hesse, né le 26 juin 1726, marié en 1750 à Ferdinande d'Espagne, succède le 20 février 1773 ; père des rois Charles-Emmanuel IV, Victor-Emmanuel Ier, de Charles-Félix, des ducs de Montferrat et de Maurienne, des comtesses de Provence et d'Artois, etc., veuf en 1785, mort le 16 octobre 1796.

pour les remplacer par des titres d'apanages piémontais :
Charles-Félix, duc de Genevois, devint le marquis de
Suze ; Joseph, comte de Maurienne, fut le comte d'Aoste,
et Benoît, duc de Chablais, le marquis d'Ivrée[1].

Le nouveau roi, Charles-Emmanuel IV[2], marié à
Clotilde de Bourbon, sœur de Louis XVI, à Chambéry
même (16 sept. 1775), accepta la couronne avec la résignation d'un saint et presque la clairvoyance d'un
martyr : mais si l'échafaud n'épouvantait pas son âme
timide et sincèrement pieuse, au moins voulait-il en épargner la terrible vision à la sainte qu'il admirait et aimait,
la reine Clotilde. Charles-Emmanuel IV, élève du cardinal Gerdil, saint lui-même par la vie, la charité,
l'édification, n'avait rien en lui pour lutter contre la
Révolution, aussi son règne de quatorze mois fut
lamentable[3] : séparé de ses fidèles, accusé à Paris,

1. Le premier ambassadeur du Roi à Paris, en 1796, le comte
de Saint-André-Revel, n'avait pas été agréé, le Directoire le regardant comme émigré à cause de son origine niçoise, le comté
de Nice était alors conquis par la France. Il fut même obligé de
changer de nom et de prendre celui de marquis de Thaon.

2. Le comte de Balbo, envoyé du roi de Sardaigne, eut audience
du Directoire le 30 mai 1796 ; le 30 décembre, il vint annoncer
officiellement au Directoire la naissance du prince Charles-
Emmanuel, fils du duc d'Aoste. Le premier envoyé de la
République à Turin fut le citoyen Jacob, puis Miot (le futur comte
de Melito, le ministre du roi Joseph), qui se présenta à la Cour
en bottes éperonnées ; mais sa femme, la citoyenne Miot portait
encore le costume imposé par l'étiquette. La citoyenne Guinguené,
au contraire, brava toutes les rigueurs du chambellan en arrivant
à l'audience de la reine en robe à la française et en bonnet idem !

3. Complots contre la vie du roi, émeutes à Asti, Varèse,
sévèrement réprimées, 96 fusillés dont 2 officiers français, le
Dr Boyer, Tinivelli, etc. Le jeune ménage de Carignan fut un peu
compromis dans toutes ces séditions, la cour connaissait les
attaches de la princesse avec les partisans de la République.

Après Campo Formio, le jeune vainqueur Bonaparte arriva à

dénoncé à Vienne, espionné par le citoyen Guinguené, l'étrange ambassadeur-geôlier de la République imposant enfin au malheureux souverain la convention de Milan et la remise de la citadelle de Turin au général Brune (3 juillet). Les troupes françaises installées à la citadelle célébrèrent alors l'anniversaire du 10 août par des salves d'artillerie : « Ces coups de canon, dit alors la reine Clotilde, me font souvenir du martyre de ma famille, que le Seigneur soit béni, s'ils préparent le mien ! »

Après Guinguené arriva le citoyen ex-comte Eymard : ce fut lui qui, le 29 mai, vint demander au Roi, au nom du Directoire, de procurer en vingt-quatre heures 8.000 fantassins, 1.000 cavaliers, 50 canons, les armes et la remise pour quatre mois de l'Arsenal. Le souverain, au désespoir, ayant demandé un répit, Eymard alla s'enfermer à la citadelle dont les canons furent aussitôt tournés contre la ville. A la Cour, l'émoi et le désarroi étaient au comble ; le Roi, très mal d'une attaque nerveuse, réunit ses frères et oncle, les ministres Prioca, Saint-Marsan, le Premier Président Adami (6 décembre) ; au même moment accourut au palais la princesse de Carignan apportant la fameuse lettre préparée avec Eymard, menaçant de mort le Roi et tous les siens si Charles-Emmanuel IV tardait devant une abdication aussi prompte que complète. Soit défiance justifiée de la lettre et de la princesse, soit hésitations devant les courageuses résistances du duc d'Aoste, le 7 se passa encore sans aboutir ; enfin les impérieuses demandes du général

Turin le 17 novembre ; le Roi lui offrit un poulain sarde dont la bride était ornée des dernières pierreries de la reine Clotilde. Ceux qui veulent régner feront bien de se presser, s'écria le prince de Piémont aux premières nouvelles de 1789 : son bon sens et la connaissance approfondie qu'il avait de l'état de la monarchie en France ne le trompaient point.

Grouchy forcèrent le Roi à signer son abdication, le 8, à deux heures du matin. Pour remercier le général qui s'était contenté de la signature du duc d'Aoste, héritier de la couronne, au lieu d'exiger la remise de sa personne en otage, le Roi lui donna la célèbre toile de Gérard Dow, *l'Hydropique*, envoyée aussitôt au Directoire[1]. En 1815, le duc d'Aoste, devenu le roi Victor-Emmanuel Ier, en souvenir de son frère Charles-Emmanuel IV, ne voulut pas reprendre ce tableau, une des gloires actuelles du Louvre.

Le 9, le Roi, la Reine, les princes quittèrent Turin pour Parme[2], escortés par 80 dragons piémontais portant déjà la cocarde tricolore, et 80 dragons français : les souverains, brutalement et insidieusement dépossédés, n'emportaient rien, ni les 700.000 livres en or du Trésor, ni pierreries, ni argenterie. Eymard fut alors nommé commissaire général.

Quelques mois après (24 avril 1799), un auguste et saint vieillard de 82 ans, arraché à l'austère retraite de la Chartreuse de Florence, le pape Pie VI, traversa Turin, emmené cruellement, sans égards, sans pitié, vers Briançon, vers Valence où la mort allait le délivrer. (27 août).

La famille royale, embarquée à Livourne sur le navire ragusien, *la Gloire céleste*, escorté par l'escadre anglaise de l'amiral Nelson, entrait, le 3 mars, dans le port de Cagliari, et s'installait au palais délabré du gouverneur.

1. Le marquis Henry Costa dans ses *Lettres* dit au contraire que ce fut le général Clark qui réclama au Roi le fameux tableau de G. Dow,

2. La cour partit dans vingt voitures et trente chariots de bagages.

Les victoires des Austro-Russes[1], pendant les campagnes de 1799-1800, devaient ramener Charles-Emmanuel IV et la reine Clotilde à Florence et à Rome ; le maréchal Souvaroff, vainqueur, délivrait alors la Lombardie et le Piémont, le Roi signa même des procurations pour la reprise de possession de son royaume. Marengo et le pâle général corse, retour d'Égypte, allaient asservir sous le même joug ferré la France et l'Italie !

Charles-Emmanuel IV, dans sa détresse, perdit, à Caserta (30 mars 1802), la reine Clotilde ; le 4 juin, à Rome, il remettait sa couronne diminuée à son frère le duc d'Aoste, puis indifférent au monde il disparut dans les attentes espérantes d'un cloître. Du fond de sa cellule, au Gesu, le roi-moine entendra les cloches du Capitole fêtant la rentrée à Rome du pape Pie VII revenant de sacrer empereur le pâle général corse ; puis elles sonneront, excommuniées alors, les fêtes napoléoniennes, de 1808 à 1814, en l'honneur de l'empereur geôlier du pape et père du roi de Rome. Mais le vieux et frêle roi-moine entendra encore toutes les cloches romaines s'unissant aux acclamations populaires, au-dessus du carrosse blanc ramenant au Vatican le doux et bon Pie VII, jadis prisonnier de l'empereur à son tour enchaîné sur un îlot océanique. Lorsque Charles-Emmanuel IV mourut[2] à Rome, le 6 octobre 1819, seules quelques vieilles personnes ayant aussi traversé l'épopée de 1792 à 1815 se souvinrent encore en Savoie des

1. Les victoires russes permirent au duc et à la duchesse d'Aoste de passer plusieurs mois à Montcalieri, tandis que le duc et la duchesse de Chablais revenus, dès octobre 1799, à leur château d'Aglie y séjournaient aussi tout l'hiver de 1800 jusqu'aux premières nouvelles de Marengo.

2. La princesse Félicité de Savoie, tante de Charles-Emmanuel IV, mourut aussi à Rome les premiers jours de mars 1802.

splendeurs des noces royales de 1775, du prince de Piémont, si peu favorisé par la nature, et de Madame Clotilde de France.

Charles-Emmanuel, prince de Piémont, né le 24 mars 1751, fils aîné de Victor-Amédée III et de Ferdinande d'Espagne, docile élève du savand cardinal Gerdil[1], peu aimé de son grand-père, le roi Charles-Emmanuel III, et de son père, préférant tous les deux la vivacité d'esprit et les goûts militaires du duc d'Aoste, grandi dans la crainte extrême de ses parents et l'éloignement des affaires, se consola dans une ferveur pieuse, augmentée encore par les tristesses incurables de sa santé, car le pauvre prince souffrait de crises épileptiques. Son mariage avec Madame Clotilde de France, fille du Dauphin et de la Dauphine Josephe de Saxe, sœur de Louis XVI, Louis XVIII et Charles X, enchanta le prince de Piémont. Par une coïncidence assez rare dans les unions royales et même privées, il rencontrait, dans Madame Clotilde, les mêmes goûts, les mêmes antipathies, même piété, même soumission aux prescriptions exactes et minutieuses d'une dévotion exagérée, même timidité, même crainte pour le monde, les fêtes, etc., mais aussi semblable hauteur princière, pareille préoccupation de leur rang, surtout de leur droit d'aînés de la famille de Savoie. Le ménage de Piémont, très uni, très charitable, très ou trop pieux, fatigua bientôt le Roi et la Reine de

1. Hyacinthe-Sigismond Gerdil, né à Samoens en Faucigny (1718), entra jeune dans l'ordre des Barnabites, étudia la théologie à Bologne, professeur de philosophie à Casal en 1739, d'éthique à Turin en 1750, et de théologie. Précepteur du prince de Piémont qu'il instruisit plutôt en futur moine qu'en futur roi, créé cardinal par le pape Pie VI en 1777. Après 1798, le célèbre cardinal Gerdil se retira dans son abbaye de Saint-Michel della Chiuza, puis à Rome où il mourut en 1802.

leurs doléances, de leurs récriminations contre les jeunes princes leurs frères : le mariage du second, le duc d'Aoste, avec la belle, intelligente, mais impérieuse archiduchesse Marie-Thérèse d'Autriche-Este, augmenta rapidement les divisions familiales ; aussi, lors du fatal départ de Turin, en 1798, la brouille était complète. La reine Clotilde était fort grosse ; à Versailles déjà, les Suisses l'appelaient « Gros Madame », en leur parler allemand : la Reine tenait cet extrême embonpoint, ainsi que ses frères Louis XVI et Louis XVIII, non des Bourbons, mais de leur grand-père maternel, l'énorme et puissant Auguste III, électeur de Saxe, roi de Pologne. Lors de l'entrée de Madame Clotilde à Turin, en 1775, la pauvre princesse fut navrée de l'effet qu'elle produisait sur le peuple attroupé dans les rues, criant sur son passage : « Che grossa, che grossa ! » La reine Ferdinande, sa belle-mère, essaya de calmer son émoi en lui disant qu'elle-même avait été accueillie par le peuple turinois, en 1750, par un autre compliment tout aussi peu flatteur : « Che brutta, che brutta ! qu'elle est laide, qu'elle est laide ! »

La reine Clotilde, déjà inquiétée par les récits des horreurs de la Révolution, apportés à Turin par son frère, le comte d'Artois[1], et ses tantes, Mesdames de

---

1. Les princes français, d'abord accueillis avec joie à Turin, irritèrent promptement leurs parents de Savoie par leurs prétentions, leur impertinence, leur hauteur, tandis que les seigneurs de leur suite provoquaient continuellement la noblesse piémontaise, les bourgeois et le peuple de Turin par leur morgue dédaigneuse. (*Journal du duc de Génevois.*)

A Chambéry même, d'après les lettres des syndics au roi, la cause des troubles du 15 et 16 mars 1791 venait des provocations incessantes des émigrés réfugiés à Chambéry arborant d'énormes cocardes blanches et exhibant des pistolets et sabres en forme de cannes. (Archives de la Ville 1791).

France, fut terrifiée par l'horrible assassinat de sa cousine, la princesse de Lamballe, née de Savoie-Carignan, et surtout par le 21 janvier et le 18 octobre, et le supplice, que rien ne peut excuser, de sa sœur Madame Elisabeth qu'elle avait vainement appelée à Turin. Délaissant toute toilette, redoublant de prières et d'aumônes, la Reine portant sa couronne d'épines, comme elle le disait elle-même, attendait le patibolo (l'échafaud). Le régicide ne ternit pas le Piémont, mais les envoyés de la Convention et du Directoire humilièrent, sans se lasser, la Fille de France qui ne quittait plus la bure bleuâtre des filles de la Charité, depuis que la guerre et l'invasion ruinaient son royaume en détresse. Son courage et sa fermeté soutinrent la faiblesse de plus en plus maladive du Roi. Clotilde de Bourbon morte, Charles-Emmanuel IV s'enfuit éperdu du trône ; les larmes et les regrets n'ont jamais raffermi un cœur de roi !

La famille royale chassée de Turin, réfugiée à Cagliari, dans cette Sardaigne inconnue, sauvage, parfois révoltée, se composait, en 1799 : du Roi, de la Reine, du duc d'Aoste, de la duchesse. de leurs enfants[1], des ducs de Montferrat[2], de Genevois[3], du comte de Maurienne[4], tous frères du roi ; de son oncle, le duc de Chablais[5], de la

---

1. Béatrix, née en 1792, mariée, en 1812, à son oncle le duc François de Modène, morte en 1840. Charles-Emmanuel de Savoie, né en 1796, mort en 1799, le dernier mâle de la branche ainée.

2. Maurice de Savoie, né en 1762, mort le 2 septembre 1799, des suites de ses campagnes dans les Alpes, de 1793 à 1796.

3. Charles-Félix, né en 1765, roi de Sardaigne de 1821 à 1831.

4. Joseph de Savoie, né en 1766, mort des fièvres paludéennes, à Sassari, le 29 novembre 1802.

5. Benoît de Savoie, deuxième fils du roi Charles-Emmanuel III, né en 1741, mort à Rome en 1808.

duchesse de Chablais[1] et de la vieille tante, la princesse Félicité de Savoie[2]. Alors commencèrent ces seize années d'exil, monotones, interminables, les deuils, les inquiétudes d'une descente française, les craintes plus humiliantes encore des corsaires barbaresques pillant les côtes sardes, les hauteurs sans merci des protecteurs anglais, les illusions[3] au réveil cruel et pernicieux des coalitions toujours vaincues par l'Usurpateur corse, vont d'année en année envelopper les exilés de tristesse, d'épouvante, de déceptions, puis d'oubli !

1. Marie-Anne de Savoie, fille de Victor-Amédée III, née en 1757, mariée en 1775 à son oncle, le duc de Chablais, morte en 1824.

2. Félicité de Savoie, fille du roi Charles-Emmanuel III, née en 1730, morte en 1802, à Rome.

3. Ce fut le 26 mai 1799 que le célèbre maréchal russe Souvarow et le grand-duc Constantin entrèrent dans Turin délivré. (La citadelle capitula le 22 juin.) Le Roi combla le maréchal de remerciements, dans une lettre autographe où il lui demandait de servir en personne sous ses ordres, et d'honneurs en le nommant grand maréchal, lui conférant avec les prérogatives de prince du sang l'Annonciade que n'avait jamais reçu un hétérodoxe. Le maréchal, tout en stupéfiant Turin par son costume, ses habitudes, ses brutalités, sa foi de moujik excentrique, battit Macdonald à la Trebbia (18, 19, 20 juin), Joubert et Moreau à Novi (15 août), prit Alexandrie (22 juillet), Mantoue (28 juillet), Tortone (10 septembre), enfin Coni (5 décembre).

Le Roi voyant le Piémont libéré, Nice délivrée (10 mai), nomma son frère, le duc d'Aoste, régent, avec le conseil du duc de Chablais, du marquis de Saint-Marzan et du marquis de Costa de Beauregard.

Malheureusement, l'Autriche alliée de la Russie voulait garder le Piémont ou du moins plusieurs provinces; elle ne permit pas aux princes de Savoie d'entrer dans Turin. Bientôt ces dissensions imposèrent au Czar Paul le rappel de ses troupes.

Le retour du général Bonaparte en France, sa descente en

Le 15 septembre 1803, parut le Senatus Consulte unissant le Piémont à la France. Turin le reçut le 22 septembre, et le général Jourdan (le futur maréchal), président de la Consulta, le fit célébrer par des fêtes publiques, tout en se faisant donner à lui-même la terre de Rivóra et 81 tableaux. Peu après, une bulle de Pie VII réduisit à huit les dix-huit diocèses de l'ancien royaume : Napoléon devait y nommer plusieurs prêtres français ou changer de résidence les anciens évêques (à Asti l'abbé Dejean, qui n'avait pas l'investiture du pape prisonnier à Savone, fut refusé par le Chapitre ; l'empereur, avec ses procédés habituels, supprima cinq stalles de chanoine et envoya les cinq autres chanoines à Fenestrelle ; l'abbé de Villaret, évêque de Casal, chancelier de l'Université, qui, en 1811, s'unira avec l'archevêque de Turin, Mgr de la Tour, en faveur de César contre le Pape).

En 1804, Napoléon devenu empereur envoya son frère Louis comme gouverneur général, mais certains mauvais souvenirs encore trop récents, insolemment rappelés, obligèrent le nouveau prince à un prompt retour à Paris. On prévenait la nouvelle Altesse impériale qu'elle serait peut-être poursuivie par quelques-uns des nombreux créanciers laissés jadis, en 1796-1797, à Alexandrie et à Milan par le magasinier des foins de l'armée française, Louis Bonaparte !

Napoléon Ier et l'impératrice Joséphine allant à Milan s'arrêtèrent au château de Stupinis du 19 avril 1805 au

Italie, la victoire de Marengo si longtemps indécise et due surtout à l'arrivée du général Desaix, la paix d'Amiens où, malgré ses promesses, le nouveau Czar Alexandre Ier oublia ses fidèles alliés de Sardaigne, anéantirent tous les espoirs de la malheureuse famille de Savoie alors réfugiée à Rome, auprès du pape Pie VII dont la paternelle et délicate hospitalité adoucira tour à tour l'exil des Bourbons, des Savoie et des Bonaparte persécuteurs.

30; ils y reçurent Pie VII le 21. Le tout-puissant empereur ordonna alors l'exil en France du vieux et inoffensif comte d'Hauteville, l'ancien ministre de Victor-Amédée III. Napoléon Ier, au retour de Venise, coucha à Turin pour la dernière fois, en décembre 1807.

Le Roi et les princes retirés en Sardaigne emmenèrent avec eux leurs intimes; confidents et favoris, d'abord étonnés du changement de leur existence, s'aigrirent rapidement dans la monotonie sans agréments de Cagliari; les disputes, les petitesses envenimèrent souvent les rapports déjà tendus de la cour du Roi avec celles des princes ses frères. Le duc d'Aoste, devenu Victor-Emmanuel Ier, obligé aux sérieuses économies, dut aussi restreindre et les emplois de Cour et les postes diplomatiques; aussi, de 1802 à 1814, par économie ou par rupture diplomatique imposée aux souverains du continent par l'omnipotence de Napoléon, les ambassades de Londres, de Vienne, de Saint-Pétersbourg furent seules maintenues, même avec des interruptions pour Vienne, le Roi n'oubliant pas aisément les lenteurs coupables sinon les défections de l'Autriche, de 1793 à 1797. L'ambassade de Paris existait encore en 1803, confiée au comte de Saint-Marsan, bientôt ébloui et séduit par le prestige et les faveurs de Napoléon Ier, et, dès 1809, son ambassadeur à Berlin [1].

1. Curieuse et intéressante existence que celle de ce marquis Ant. Asinari de San Marzano, né en 1751, vaillant combattant des campagnes de 1793 à 1796, ministre de la guerre en 1798, ambassadeur du roi à Paris en 1802, puis, après quelques résistances, entré au service de Napoléon Ier, conseiller d'État, ambassadeur de France à Berlin de 1809 à 1813, choyé par le roi Frédéric-Guillaume III et son ministre Hardenberg, sénateur français, mais dès 1814, président de la régence du Piémont délivré du joug napoléonien.

Le roi Victor-Emmanuel Ier choisit alors le brillant marquis pour

Les envoyés du roi de Sardaigne à Londres, Vienne et Saint-Pétersbourg restèrent les mêmes de 1804 à 1814 : les comtes de Saint-Martin d'Aglie, de Preul, le chevalier Garnieri et le célèbre comte de Maistre, le principal auteur de la Restauration de 1814, ayant su conquérir et conserver les puissantes sympathies d'Alexandre Ier, le Czar enthousiaste, mobile et changeant.

Malgré les mauvais souvenirs de l'alliance austro-sarde de 1793, de nombreux officiers des armées piémontaises se rendirent en Autriche pour y prendre du service contre les ennemis de leur patrie envahie; deux nobles de Savoie parvinrent aux plus hautes dignités militaires : le comte de la Tour, marquis de Cordon, et le comte de Bellegarde, marquis des Marches, feld-maréchal en 1815, gouverneur de la Lombardie; ses descendants occupent encore aujourd'hui les premières dignités de la Cour de Vienne.

Mais lorsque les flatteries habiles du nouveau César ou ses ordres sans réplique eurent attiré aux Tuileries les émigrés les plus hautains, les anciens familiers de Versailles et du Trianon, les nobles de Savoie et du Piémont, désireux aussi de retrouver les honneurs, les agréments d'une cour, acceptèrent les clefs de chambellans impériaux, les tabourets de dames d'honneur pour leurs femmes, et les places de pages pour leurs fils. Au retour de 1814, Victor-Emmanuel Ier, pas plus que

le représenter au Congrès de Vienne où ses instances et ses intimités impériales et royales font de suite donner au Piémont la république de Gênes et après Waterloo la Savoie entière. A son retour à Turin le Roi le nomme ministre des affaires étrangères, lui donne l'Annonciade (1820). Charles-Félix qui ne l'aimait pas lui enleva le ministère en 1821, le retraitant dans les honneurs de grand chambellan; enfin, le 16 juillet 1828, s'éteignit cette longue carrière, une des plus mouvementées parmi toutes les fortunes bizarres de l'épopée impériale.

Louis XVIII, ne se montrera sévère ou rancunier envers ces nobles serviteurs de l'usurpateur ; son ancien ministre de Saint-Marsan, l'ambassadeur de Napoléon à Berlin, sera son représentant au Congrès de Vienne, redeviendra ministre des affaires étrangères, et recevra même l'Annonciade en 1820 ; ainsi des autres, même pour les plus compromis par leurs adulations ou leur enthousiasme bonapartiste.

Le Roi, avec son bon sens pratique, sachant à quelle détresse les guerres de 1793 à 1796 avaient réduit sa noblesse, se souvenant dans quelle pénurie laborieuse sa cour de Cagliari avait vécu, effaça de sa mémoire les emplois français acceptés par ses fidèles sujets, tout comme ses édits successifs effaçaient dans ses États recouvrés les institutions françaises.

La liste des nobles de Savoie et de Piémont entrés au service de l'Empire serait des plus longues. Au Sénat : les comtes de Viry [1], Cambiaso, l'archevêque de Turin, comte de la Tour. Au Conseil d'État : Provana di Collegno, Guasco de Castelléto ; le comte Carron de Saint-Thomas était intendant du Trésor public de la 29e division ; le comte Benso de Cavour [2] (oncle du ministre), gouverneur du palais de Turin, et le baron Solaro di Villanova, à Stupinitz (*sic*) (Almanach impérial pour 1812) ; le baron de Luzerna, etc. A la Cour de Cassation : Bottori de Castellamonte, le premier président de la

1. Joseph-Marie, baron de la Perrière, comte de Viry, ministre du roi en Hollande (en 1764), en Angleterre (1765), ambassadeur en France (1773 à 1777), tombé en disgrâce et relégué dans ses terres de Savoie, puis préfet, sénateur, conseiller d'État et chambellan de l'Empire.

2. Michel Barthélemy, marquis Benso di Cavour, colonel de dragons (1796), gouverneur du palais (1810), en 1815 gouverneur de Mortara.

Cour d'appel de Turin, c'était le comte Peretti de Condove [1], ancien substitut de l'avocat fiscal général du Sénat de Piémont, etc. Parmi les chambellans de l'Empereur: les comtes de Viry, de Lambriasco, Ghilini, etc. Aux pages : les jeunes V. et E. de Sambuy, del Carreto, Pallavicini, Cambiaso, Centurione, de Costa, le comte de Seyssel d'Aix, devenu introducteur des ambassadeurs, et les comtesses de Viry, de Seyssel, Lascaris-Ventimiglia, dames du palais.

En 1807, par la volonté de Napoléon, sa sœur Pauline et son mari, le prince Félix Borghèse, vinrent s'installer à Turin, au palais Chablais, comme gouverneurs généraux des départements de la Haute-Italie. La belle Pauline s'ennuya promptement à Turin, loin des fêtes des Tuileries et des beaux capitaines de la garde impériale; elle obtint bientôt de son terrible frère, qui ne lui refusait pas grand'chose, l'autorisation de retourner à Paris avec de fréquents séjours à Aix-les-Bains. Son époux, le prince Camille Borghèse, résida au contraire presque continuellement à Turin, de 1808 à 1814, et, selon les ordres de Napoléon, tenant une cour brillante dont les

---

1. Louis Peyrretti, comte di Condove, fils du président du Sénat de Piémont, le célèbre jurisconsu... de Chiaffredo Peyretti, né en 1767, devint à la restauration prés...ent du Sénat et de Nice, puis du conseil suprême de Sardaigne, chef de section du conseil d'État en 1831, ministre sénateur en 1848, opposé au statut et mort le 28 septembre 1848, grand cordon des saints Maurice et Lazare (1832), Décurion de Turin, etc. On sait que Napoléon en créant sa noblesse impériale voulut aussi que les anciens nobles le redevinssent de par sa volonté; de là des diminutions de titres pour presque tous les membres des noblesses de France et des pays conquis : ainsi le marquis Cavour devint le comte Cavour et son frère Joseph fut créé baron en 1810, c'était le père du ministre; de même pour les autres.

nobles piémontais occupèrent, de gré ou non, tous les emplois[1].

Les ministres du Roi en Sardaigne furent les comtes de Villamarina, de Revel, des Geneys, de Varax, avec le Savoisien Gabet, comme secrétaire d'État ; le comte Joseph de Maistre, presque en disgrâce auprès du Roi, très mal vu du duc de Genevois, vice-roi de l'île, obtient, en 1803, l'ambassade de Pétersbourg qu'il devait occuper jusqu'en 1816. Les principaux favoris de Victor-Emmanuel Ier, le comte de Roburent[2], le chevalier Rossi[3] et dom Botta[4], confesseur du roi, n'eurent

1. — I. Camille Borghèse, petit-neveu du pape Paul V, né à Rome en 1778, un des chefs des révoltés romains, en 1799, marié en 1800 à la belle Pauline Bonaparte, séparés en 1814, mort à Florence en 1832.

II. Aumônier : le cardinal Spina, archevêque de Gênes. Chambellans : le baron Benso di Cavour, chargé du service des fêtes et concerts, Provana del Sabione, Berton de Sambuy, Doria di Ciriè, Verasis de Castiglione. Écuyers : de Sonnaz, de Montaldo, Alfieri de Sostegno, maître des cérémonies, et le baron della Chieza di Cinzano, préfet de police. Dame d'honneur : la comtesse de Cavour. Dames pour accompagner : della Trinita : Farigliano della Turbia, de Bernezzo, de Saluces. Chambellans : del Pozzo della Cisterna (grand-père de la princesse Maria-Vittoria, mariée en 1867 ou duc d'Aoste), Frésia d'Aglianico, de Sordevolo, Doria de Castellalfero. Écuyers : A. Solaro di Villanova, Cambiaso, Provana. Pages : Caissotti, de Chiusano, de Meana, de Soudevolo della Chiesa Cinsano, Ferrero della Marmora, Galleani d'Agliano, de Sambuy, de Pollone.

2. Comte Joachim Cordero di Roburent-Pamparato, général de cavalerie, grand écuyer du Roi, chevalier de l'Annonciade en 1812, grand maître de la cour en 1826, mort à Turin en 1827.

3. Michel Rossi, né à Chiéri en 1757, secrétaire d'État en 1804, deuxième plénipotentiaire à Vienne, comte en 1815, mort en 1827.

4. Félix Botta, confesseur du Roi, très influent auprès de lui, dispensateur en son nom, de 1814 à 1821, des évêchés et bénéfices du royaume, réorganisateur malhabile des diocèses supprimés, bibliothécaire royal, abbé de San-Gennario, mort en 1829.

jamais qu'une influence dominée de très haut par celle de la reine Marie-Thérèse, digne filleule de la grande impératrice son aïeule, qui fut toujours le conseil écouté, même un peu redouté de son royal époux.

L'Angleterre et la Russie entretinrent seules des représentants à Cagliari, de 1802 à 1814, sir Smith pour Georges III chargé aussi de remettre les subsides anglais si terriblement nécessaires à la maison de Savoie ; le Portugal fut aussi généreux jusqu'en 1808, l'invasion française obligea alors les Bragance à songer à eux-mêmes. Le jeune, sémillant, léger prince Kosloffsky représenta le Czar Alexandre, qui recevait alors dans ses armées les deux de Maistre, le marquis Paolucci[1], les deux frères[2] Michaud, les deux Vayra, etc., et dans son Conseil d'État, Rayberti, de Nice[3].

Le Roi laissant le gouvernement de la Sardaigne à son frère Charles-Félix, séjourna avec la Reine d'abord à Rome, puis à Caserte et à Naples ; les événements de 1808 leur imposèrent le retour à Cagliari, y ramenant alors leurs trois filles Béatrice, Marie-Anne et Marie-Thérèse, nées jumelles, à Rome, en 1803. Sur les instances du roi, le prince Charles-Félix, seul mâle restant de la

---

1. Marquis Paulucci, entré au service russe, devenu aide de camp du Czar, gouverneur de la Livonie et Courlande.

2. Alexandre Michaud, né à Nice en 1772, fait les campagnes de 1792 à 1796, au service de la Russie, général aide de camp d'Alexandre Ier qui l'envoie au roi pour l'engager à rentrer rapidement dans ses États ; aussi Victor-Emmanuel Ier à son entrée à Turin le prit à sa droite en le créant comte de Beau-Retour, en souvenir de cette radieuse journée du 20 mai 1814. — Le général Michaud de Beau-Retour mourut à Palerme en 1841 ; ses descendants habitent Nice, ainsi que ceux du secrétaire royal à Cagliari, Raiberti, Niçois d'origine.

3. La Russie, de 1799 à 1804, envoya aussi aux exilés de Sardaigne un subside annuel de 72.000 roubles.

nombreuse lignée de Victor-Amédée III, se décida au mariage et épousa, à Palerme (6 avril 1807), la princesse Marie-Christine de Bourbon-Naples dont il ne devait jamais avoir d'héritiers. Puis, en 1812, le Roi, au milieu de l'allégresse de Cagliari en fête, maria sa fille aînée, Béatrice, à l'héritier du duché de Modène, François d'Autriche-Este, propre frère de la Reine. A ce moment-là, la famille de Savoie, la Cour et le peuple connaissant la grossesse officielle de la Reine espéraient encore un héritier dans la branche aînée de Savoie. Le 14 mai 1812, la Reine accoucha d'une fille, Marie-Christine : la déception fut amère !

Déçus, les princes comme leurs fidèles se souvinrent enfin du jeune fils du dernier prince de Carignan, alors en pension à Genève, d'où un ordre de Napoléon devait, en 1814, le transférer à Bourges ; les déplorables souvenirs de son père et surtout de sa mère inquiétaient la famille Royale froissée par le séjour à Turin de la princesse et de ses enfants, en 1810, et humiliée des bontés de Napoléon envers eux[1].

Les premiers mois de 1813 apportèrent à la petite

1. L'empereur, en 1810, en échange des biens des Carignan confisqués par le Directoire, institua un majorat de 100.000 livres de rente en faveur du jeune Charles-Albert, le nommant en même temps lieutenant de dragons. Son cousin, Joseph, comte de Villafranca, fils d'Eugène de Carignan et d'Anne Magon Boisgarin, né en 1783, mort en 1825, était alors capitaine au 3e régiment de cuirassiers et épousait (1810) Marie de Quélen-Lavauguyon dont il eut trois enfants : Gabrielle, née en 1811, mariée en 1827 au prince Massimo ; Philiberto, née en 1814, mariée en 1837 à Léopold, prince des Deux-Siciles, et Eugène, né en 1816, reconnu apte à succéder au trône par le roi Charles-Albert en 1834, marié morganatiquement, en 1863, à Félicita Crosio, titrée en 1888 comtesse de Villafranca-Soissons, veuve en 1888 ; leurs enfants gardent le titre de comte et comtesse de Soissons.

cour de Cagliari les funèbres nouvelles de l'horrible retraite de Russie ; les espérances reparurent, la monstrueuse puissance de Napoléon édifiée sur le despotisme le plus cruel à l'humanité venait de se briser contre l'autocratie russe aidée par les neiges ensevelissantes et les steppes sans abri comme sans espoir !

Si Victor-Emmanuel, réconforté par la lettre d'Alexandre Ier [1], put prévoir d'autres destinées, son cœur paternel de prince de Savoie souffrit et pleura les trop nombreux Savoisiens et Piémontais disparus [2] à jamais dans les immensités neigeuses des routes macabres de Moscou vers l'Occident.

Le Roi, en réponse au Czar, lui dépêcha le comte Balbo, qui, en passant à Londres, devait s'entendre avec l'envoyé sarde, le comte d'Aglie, pour tendre au but suprême de Victor-Emmanuel, toujours défiant des ambitions autrichiennes, et décidé à tout essayer pour laisser l'Allemagne aux Allemands, mais rendre l'Italie aux Italiens [3] !

1. Lettre datée d'octobre 1812, parvenue seulement à Cagliari en mai 1813, assurant le Roi de toutes les bonnes dispositions du Czar pour la maison de Savoie.

2. Le prince Eugène, vice-roi d'Italie, commandait le corps italien de 20.000 hommes au départ, de 1.000 hommes à peine au retour. De sa garde d'honneur de 300 cavaliers, le prince ne ramena que 13 malheureux échappés aux horreurs sans nom de la retraite de Russie.

3. Lettre du Roi au comte d'Aglie. Les instructions royales du 27 mai 1813 en expliquant ce dilemne patriotique demandaient que l'Italie fût partagée en quatre États unis par un lien fédéral leur donnant la force de résister aux Français comme aux Allemands ; ces quatre États auraient été le Piémont agrandi de Gênes ; de la Lombardie jusqu'à l'Adige ; de Modène à l'archiduc François, beau-frère et gendre du Roi, recevant Venise et Ferrare, le pape et le roi de Naples se partageant le Centre et le Midi.

Mais le comte d'Aglie et le comte Balbo, mieux au courant des

Partout les peuples décimés par les guerres et la tyrannie de Napoléon se soulevaient contre ses représentants d'autant plus détestés qu'il avaient généralement appliqué avec une rigueur sans merci les terribles [1] levées militaires et les cruelles ordonnances contre les réfractaires. En Italie, lord Bentinck, ministre d'Angleterre en Sicile, se mit à la tête des légions dites italiennes, dont une fut formée de Piémontais soldats de Napoléon en Espagne, prisonniers et libérés à cette époque, et organisée par les comtes de la Tour [2], de Faverges, etc. En Savoie même, le comte Gerbaix de Sonnaz, retiré à Thonon, bravant les dernières autorités impériales, leva le drapeau bleu et, au cri de : Vive le roi! organisa une légion savoyarde dont il prit le commandement, ayant sous ses ordres son neveu Hipp de Sonnaz, les comtes Paul de Sales, de Foras [3], de Launay. La légion dépêcha

conditions imposées par le tout-puissant prince de Metternich à ses alliés en échange de l'accession de l'Autriche à la coalition victorieuse, n'essayèrent même pas, en indisposant l'empereur François, de diminuer les bonnes dispositions du Czar en faveur de la maison de Savoie; ils se contentèrent de demander la République de Gênes pour le Piémont, pour prix de la partie de la Savoie laissée à la France par le traité de Paris (30 mai 1814).

1. Le baron Cappelle, préfet du Léman, et la commission de revision furent accueillis à coups de pierres à Thonon, en 1813, lorsqu'ils se présentèrent pour la revision des recrues de 18 ans.

2. Joseph-Amédée Sallier de la Tour, baron de Bourdeaux, né à Chambéry, négociateur de l'armistice de Chérasco, maréchal de Savoie, gouverneur de Turin (1814), chevalier de l'Annonciade (1799), mort à Turin en 1820.

3. Joseph-Marie de Foras, né en 1791, fils du comte Joseph-Amédée de Foras, colonel des grenadiers du roi, et de Jeanne de Menthon d'Avernioz, sous-lieutenant des volontaires savoyards de 1814, officier aux dragons du roi en 1815, colonel du premier régiment de Savoie en 1831, aide de camp du Roi (1843), député du Chablais en 1841, mort en 1854. Il avait épousé, en 1823, Mlle Vichard de Saint-Réal, nièce de Joseph et de Xavier de Maistre,

aussitôt le comte de Villette au Roi pour lui prêter hommage.

En Piémont, la domination française agonisait; les généraux de la Roncière et Delmes, au nom du prince Borghèse, remirent Turin, en mai 1814, au général autrichien Newmann et au baron de la Tour; puis, le feld-maréchal, prince Schwarzenberg, nomma le général comte Bubna gouverneur civil du Piémont; un Conseil de régence, composé d'Ignace de Revel [1], de Vallesa [2], Balbo [3], Serra d'Albugnana, Peyretti de Condove, Alex de Saluces [4], prit la direction des affaires en attendant le Roi.

dont il eut six enfants : Charles-Félix, filleul du Roi, aide de camp de Victor-Emmanuel II qu'il quitta lors de l'invasion des États de l'Église par les Piémontais, colonel des quatre légions des mobiles de la Haute-Savoie, en 1871; Eloi-François, né en 1830, commandeur des saints Maurice et Lazare, grand maréchal de la cour du prince de Bulgarie, auteur de l'Armorial de Savoie; et Alphonse, né en 1833, page du Roi et officier au 2e régiment de Savoie; Alix, née en 1826, mariée au comte Rocca-Masali; Laure, née en 1828, prieure du Carmel de Lémenc; Camille, née en 1833, sous-gouvernante des princesses filles de Victor-Emmanuel II. Les trois filles sont mortes et les trois fils ont de nombreux descendants pour continuer leur illustre famille.

1. Ignace de Revel. (Voir plus loin.)

2. Alexandre, baron de Vallesa, comte de Montalto, ministre du roi à Vienne et à Pétersbourg (1800-1804), ministre des affaires étrangères de 1814 à 1817; il dut alors se retirer devant l'animosité particulière de la Reine envers lui; mort en 1823, chevalier de l'Annonciade et grand-croix des saints Maurice et Lazare depuis 1801.

3. Prospero, comte Balbo, né en 1762, envoyé du roi à Paris en 1796, recteur de l'Athénée de Turin sous l'Empire, ambassadeur en Espagne (1816), ministre de l'intérieur en 1819, président de l'Académie, chevalier de l'Annonciade en 1835, mort à Turin en 1837.

4. Alexandre, comte Saluzzo di Monesiglio, né en 1775, député au Corps législatif français, tuteur en 1813 du jeune Charles-

Victor-Emmanuel Ier, entraîné par les instances du général Michaud, envoyé par le Czar, et celles du comte de Saint-Laurent, envoyé par lord Bentinck, quitta Cagliari le 1er mai et, après une première entrevue avec les Génois encore incertains de leur sort politique et peu favorables à leur annexion au Piémont, se dirigea vers Turin, précédé de la fameuse Proclamation [1] du 14 mai abolissant avec l'odieuse conscription les droits sur la succession. Aussi, le 20 mai, ce fut au milieu de son peuple en délire, sous les bénédictions et les acclamations, que le bon Roi [2] entra dans sa capitale recouvrée, par ce pont du Pô construit sur l'ordre de Napoléon Ier; il y avait seize ans que la famille de Savoie avait été chassée du vieux et cher palais familial [3].

Le Roi était seul, la Reine devait rester en Sardaigne, avec le titre de régente jusqu'en septembre 1815; les princesses ses filles, le duc et la duchesse de Genevois, la duchesse de Chablais continuèrent aussi à résider à Cagliari.

Le Roi, par ses premiers soins, voulut aussitôt former une petite armée nationale; ses goûts particuliers s'ac-

Albert de Savoie-Carignan, ministre de la guerre (1817-1821), ambassadeur en Russie, sénateur en 1818, président de l'Académie, chevalier de l'Annonciade en 1810, ainsi que ses frères Annibal, César et Robert, mort à Turin en 1851.

1. L'Europe est libre, je reviens parmi vous comme dans ma famille, etc., etc.; d'autres impôts devraient être aussi abolis.

2. Victor-Emmanuel avait alors 55 ans; sa souriante et franche physionomie, ses manières simples, son accueil facile, même son vieil uniforme à la Frédéric II, son tricorne posé sur la perruque à queue, enthousiasmèrent la foule : le soir, dans le carrosse du marquis d'Azeglio, le Roi parcourut sans escorte la ville illuminée, acclamé toujours et partout.

3. Édit royal du 21 mai abolissant toutes les lois introduites depuis 1800; cet édit inquiéta avec raison la bourgeoisie libérale.

cordaient ainsi avec sa légitime préoccupation de souverain ; aussi, sans hésiter devant les services rendus à Napoléon Ier, appela-t-il auprès de lui les anciens officiers piémontais [1] qui venaient de se distinguer dans les armées françaises.

Bientôt les conventions militaires signées avec l'Autriche et l'Angleterre amenèrent la nouvelle armée royale sur les frontières françaises envahies par une nouvelle invasion ; Napoléon revenu de l'île d'Elbe à Paris menaçait encore le repos et la paix du monde. Les 15.000 Piémontais, commandés par le général de la Tour et ses adjudants Gifflenga, Robilant, passèrent le Mont-Cenis, tandis que les Autrichiens franchissaient le Genèvre, le Simplon et le Var ; devant ces quatre armées, les Français abandonnèrent la Savoie [2] et Nice.

Les Piémontais suivant l'Isère vinrent assiéger Grenoble qui se rendit après quelques jours de siège (10 juillet). Le général Gifflenga alla ensuite occuper Vienne et se disposait à assiéger Embrun et Briançon, lorsque arrivèrent les nouvelles de l'écrasement final de Waterloo.

---

1. Comte Alexandre de Rege di Gifflenga, né à Verceil en 1774, officier aux dragons de la Reine, envoyé à Cagliari en 1799 pour annoncer au Roi les victoires austro-russes. Entré en 1803 dans l'armée française aide de camp du prince Eugène, se bat à Iéna, à Eylau, en Espagne, à Wagram, à Leipzig. Général major Piémontais en 1814 par les patentes royales très flatteuses pour son courage et ses talents militaires, grand-croix des saints Maurice et Lazare (1815), grand-croix de l'ordre militaire de Savoie, mort en 1842.

2. Le maréchal français Suchet et le colonel Bugeaud, sur les ordres de Napoléon, avaient envahi la Savoie et repoussé sur le petit Saint-Bernard le gouverneur piémontais d'Andezeno et ses 3.000 hommes ; le général Desaix, fougueux bonapartiste, avait opéré en même temps dans le Chablais.

Le Roi, aussitôt après le retour de Louis XVIII à Paris, envoya le comte Ignace[1] de Revel pour réclamer avec la Savoie entière cette fois, la cession de Briançon, Embrun, Mont-Dauphin, du fort de Barraux, et la réunion au Piémont de la principauté de Monaco, en échange d'une indemnité à la famille Grimaldi-Matignon. Le prudent et l'habile diplomate piémontais, comprenant qu'en face de la toute-puissance de l'Autriche en Italie, le Piémont avait un intérêt vital à ne point mécontenter la France alors en butte aux rapacités prussiennes et anglaises, s'adressa directement à la haute sagesse de Louis XVIII. Le roi de France et les ambassadeurs sardes signèrent (19 septembre 1815) le traité remettant la Savoie entière au roi de Sardaigne. Il ne fut pas question de cessions territoriales en Dauphiné; la principauté de Monaco elle-même survécut alors à la chute des puissants royaumes, sauvée par les instances du prince de Condé pour la plus grande joie des joueurs et des croupiers de l'avenir! (Le prince de Condé et le duc de Bourbon, en souvenir de leur jeunesse, portaient un vif intérêt au prince héritier de Monaco qui dut cependant accepter la suzeraineté sarde.)

Le prince de Metternich, qu'on avait oublié de consulter dans ce rapide arrangement franco-sarde, en prit la mouche; il voulut exiger du Piémont la cession du Haut Novarais et du Simplon. Lord Castlereagh arrangea

1. Ignace, chevalier Thaon de Revel puis comte de Pratolongo, deuxième fils du marquis Thaon de Revel, né à Nice en 1760, envoyé du Roi en Hollande, adjudant général dans les campagnes de 1792 à 1796, plénipotentiaire à la paix de Paris (1814), gouverneur de Gênes en 1814, de Turin en 1820, lieutenant général du royaume en 1821, maréchal de Savoie en 1829, chevalier de l'Annonciade en 1820, mort en 1835 à Turin, grand-croix des saints Maurice et Lazare, commandeur de l'Ordre militaire de Savoie.

le différent, l'empereur François renonça à sa demande et reçut six millions de plus dans le partage de l'indemnité de guerre payée par la France, et le Roi garda sa province, le Simplon, avec dix millions au lieu de seize. Les puissances approuvèrent alors le traité du 20 septembre (28 mai 1815)[1].

Nous avons dû résumer brièvement l'histoire de la Savoie, de 1792 à 1814, afin de présenter les princes qui allaient reprendre la Savoie, les ministres, les influences, les préjugés qui allaient la gouverner de nouveau. Depuis le traité de Paris (1796), la Savoie, devenue le département du Mont-Blanc, administrée successivement par les commissaires du Directoire, les préfets impériaux, s'était habituée plus facilement que le comté de Nice à sa nouvelle existence française. Lors des grandes illusions de 1804, les Savoisiens saluèrent avec enthousiasme l'établissement de l'Empire ; les nobles ralliés à la France retrouvaient les postes importants à l'armée, à la Cour ; la bourgeoisie flattée par l'admission de quelques-uns de ses membres dans l'administration, la magistrature, l'armée, envoyant des députés au Corps législatif, espérait la paix continentale et croyait naïvement au maintien du gouvernement parlementaire inscrit dans la Constitution impériale. Le peuple, auquel le

---

1. Victor-Emmanuel Ier, pour récompenser la fidélité héroïque de sa noblesse, de ses officiers, institua par les patentes royales du 14 août 1815 l'Ordre militaire de Savoie exclusivement réservé aux faits de bravoure guerrière : Le chancelier fut un Savoisien, le comte de Clermont de Vars, major général idem dudit ordre, ainsi que ses compatriotes le comte de Cordon, major général ; le chevalier Joseph de Chevillard, colonel ; le comte Gaëtan de May, capitaine de vaisseau ; le marquis Hector Veuillet d'Yenne, lieutenant général, gouverneur de Gênes ; les deux comtes Sallier de la Tour, le comte de Varax, le marquis Costa de Beauregard, etc.

Concordat avait rendu ses prêtres, ses églises, sans toucher aux ventes des biens d'églises ou d'émigrés, habitué au despotisme militaire, éloigné sous Napoléon comme sous les princes d'autrefois, de toute participation aux affaires politiques, enverra ses enfants aux armées françaises où ils combattront avec le même courage tenace que jadis sous le drapeau bleu ; ils pourront même devenir officiers, barons, généraux et comtes de l'Empire, chevaliers de la Légion d'honneur, faveurs d'autant plus appréciées qu'elles étaient inconnues sous l'ancien régime. Les longues et éternelles guerres, toujours recommencées par Napoléon, les levées de conscrits nécessaires au César impitoyable, les charges pécuniaires, les tracasseries violentes de la police impériale, les procédés tyranniques envers le pape, les évêques et les prêtres fidèles à Pie VII, diminuèrent peu à peu le prestige napoléonien dans les vallées de Savoie. Les préfets, après avoir caché les premières mauvaises nouvelles de Russie, prescrivirent de nouvelles levées ; mais, malgré les fameux bulletins trompeurs de la grande armée, l'angoisse augmentait dans toute la France, et au nouvel an de 1814 on pressentait un immense écroulement[1]. Les populations décimées réclamaient la paix avec une insis-

1. Par une lettre du 30 décembre 1813 au maire de Chambéry, marquis d'Oncieu, le préfet Finot déclarait ne pas croire à la prochaine arrivée des Alliés devant Genève, place très forte, ajoutant que si l'ennemi parvenait à s'en emparer, il n'oserait pas s'engager dans le département du Mont-Blanc, de crainte de se voir couper toute retraite. Les nouvelles de Paris, disait encore la lettre officielle, annoncent une paix prochaine ; rassurez donc les habitants de cette ville, maintenez-y le bon ordre et la fidélité inviolable jurée à S. M. l'Empereur. Le même jour, la place si forte de Genève, sans munitions, sans défenseurs, était remise au feld-maréchal von Bubna par le général Jordy, qui en mourait de désespoir quelques heures après.

tance jusqu'alors ignorée sous le régime du silence impérial, le cours de la rente descendait, et malgré tous les soins du gouvernement et de sa police les récits épouvantés de la retraite de Russie circulèrent bientôt aggravés par l'annonce des défaites en Allemagne[1].

A Chambéry, on sut la capitulation de Genève dès le 6 janvier ; l'Empereur ordonna alors la levée en masse des hommes de 20 à 60 ans ; le style de cette proclamation est héroïque, les vieillards seuls pouvaient encore répondre à cet appel implacable, car depuis deux ans, les jeunes et vaillantes recrues de 18 ans se faisaient déjà tuer en Allemagne.

A la levée en masse, s'ajoutait la révocation du baron Cappelle, préfet du Leman, rendu responsable de la red-

---

Au 1er janvier 1814, le baron Finot était préfet du Mont-Blanc, avec les sous-préfets Palluel, Bellemin, Avet à Chambéry, Saint-Jean et Moutiers ; le marquis d'Oncieu de la Batie, maire de Chambéry ; le général Dessaix, commandant la division, et Mgr Yves de Soles, évêque de Chambéry et de la Savoie entière, les diocèses d'Annecy-Genève, de Tarentaise et de Maurienne ayant été supprimés au Concordat de 1801.

Le 3 janvier, circulaire préfectorale signée Finot, Palluel aux maires des communes nord-est de Chambéry, ordonnant la réquisition des attelages de chevaux et de bœufs pour l'artillerie, sous peine de garnisaire chez les insoumis. (*Archives de la ville de Chambéry.*)

1. Les lettres du préfet Finot, celles du vieux général de Barral qui avait repris du service en face de l'invasion, celles du général Dessaix constatent toutes ce qu'elles appellent le *mauvais esprit* des populations de la Savoie facilitant la désertion des gardes nationaux, des douaniers, l'évasion des prisonniers (en Maurienne la moitié d'un convoi de 600 Autrichiens). Le général Delaroche écrit en janvier au comte de Saint-Vallier, commissaire extraordinaire de l'Empereur : la majorité du pays est contre nous ; le sous-préfet de Chambéry au même (25 janvier) : l'ennemi est reçu partout à bras ouverts, le général Dessaix, quoique du pays, n'est point populaire, etc., etc. (*Mémoires de l'Académie de Savoie.*)

dition de Genève; ces deux mesures arbitraires n'entravèrent en rien la marche en avant des Autrichiens sur Lyon. Le général Bubna détacha quinze cents Croates avec deux canons, 500 hussards sous les ordres du baron Zechmeister; ces troupes occupèrent successivement Annecy, Rumilly, Montmélian et Chambéry où elles entrèrent le 20 janvier. Le général alla prendre logis à l'hôtel du marquis d'Allinges; la veille, le préfet avait quitté la ville [1].

Le même jour, 20 janvier, le baron Zechmeister confia l'administration municipale au marquis d'Oncieu, abolit les droits réunis et publia l'ordonnance suivante pour les vivres de l'armée :

1. Le 20 janvier 1814, le conseil municipal siégeant à l'Hôtel de Ville, composé : du maire marquis d'Oncieu, de MM. Grand, de Candy, Vellat, Jacquemoud, de Buttet, Broissaud, Troillier, Pellet, Marin, de Marestre, Perrin, Chamoux, Bourgeois, Vallet, Munery, Boisson, Pollingue, Gillet, Amphoux, Claude Rey, Chevaley, Curton, Génin, entendit la lecture d'une lettre du préfet, datée du 19, engageant le maire à entretenir le peuple dans son amour et sa fidélité envers l'autorité légitime qui sera rétablie prochainement. Au même moment, quatre hussards hongrois envoyés en éclaireurs se présentaient au poste de la milice urbaine du Reclus annonçant l'arrivée prochaine du général autrichien. Le général von Zechmeister en effet entra à Chambéry par le Reclus à 10 heures du matin ; arrivé à la préfecture, il manda le maire et voulut bien, en échange de toutes les fournitures, loger ses troupes dans les casernes et non chez les habitants : le capitaine Bucker était chargé de vérifier les fournitures auprès des autorités municipales.

Du 20 janvier au 18 février, la ville paya à la veuve Longue, aubergiste au faubourg Montmélian, 212 repas de capitaines, 112 d'officiers et 74 de domestiques. (*Archives de la ville de Chambéry, 1814.*)

Chambéry, 20 janvier, ordres pour les vivres

SOLDATS

Pain de seigle ou de froment..	2 livres poids de marc
ou biscuits...................	1 livre 1 sixième
ou farine....................	1 livre et demie.
ou froment blusé.............	1 livre et demie
ou pois, ou fèves et lentilles...	$1/2$ livre
ou pommes de terre..........	1 livre
Viande....................	$1/2$ livre
Eau-de-vie.................	$1/10$ de litre
de bière...................	$1/5$ de litre
de vin....................	$2/5$ de litre

OFFICIERS

Nourris par les habitants ou indemnisés :

	INDEMNITÉS	COUVERTS	DINERS	SOUPERS
Général en chef..	6 fr.	12	6 plats	3 plats
— de division	6 »	10	6 »	3 »
— de brigade	5 »	6	4 »	2 »
Colonels	5 »	4	4 »	2 »
Majors Capitaines	4 »	2	3 »	2 »
Lieutenants et sous-lieutenants	4 »	1	3 »	2 »

Donné à Zwerrach, le 17 décembre 1813

Prince de Schwartzemberg.

à Chambéry. — Zechmeister.

Cette première invasion autrichienne, malgré les nombreuses et lourdes réquisitions, ne fut pas en Savoie aussi dure et brutale que dans les vieilles provinces françaises de l'Est : les Autrichiens avaient été les alliés des campagnes de 1793 à 1796 : plusieurs nobles Savoisiens servaient ou avaient servi dans leurs rangs ; ils respectaient les églises ; enfin, pour presque tous les habitants, c'était les précurseurs de la délivrance, du retour des anciens princes, de la paix finale et bienfaisante ! Pour la Savoie, c'était la fin d'un régime étranger, tyrannique qui avait rudoyé par ses guerres continue[1]... ce beau pays habitué à vivre en paix sous le despotisme paternel de ses rois, car seul le régime impérial était devenu en horreur au peuple de Savoie et non point la France, voisine quelquefois impérieuse, difficile, mais alors malheureuse, envahie, plainte et toujours sympathique[1]. Aussi les Autrichiens célébrèrent-ils en

1. Les généraux alliés copiant à leur profit les terribles procédés des généraux français en Allemagne, Italie, Espagne prétendaient vivre sur les pays occupés par leurs armes. Dès le 20 janvier, jour de son entrée dans Chambéry, le général von Zechmeister déclarait saisi tous les magasins de l'armée française ; le 23, ordre pour des coupes de bois dans la forêt *impériale* d'Hautecombe, à charge aux communes du Mont-du-Chat, Ontex, Conjoux, Saint-Pierre de Curtille, Bourdeau, le Bourget, la Motte, de les amener à Chambéry ; le 25, marché passé par la ville ensuite des ordres du général, avec Vagnon et Richard pour fournir en 15 jours 200 paires de souliers à 7 fr. 50 la paire, 200 paires de *brotequins* (sic) à la hongroise à 12 fr. — 18 paires de bottes hongroises à 28 fr., et 12 paires à l'allemande à 32 fr. — Le 27, autre marché avec Michel Rivaud, maître des postes et hôtelier, pour assurer le service de la poste entre Chambéry et Moutiers, deux fois la semaine pour 350 fr. par mois ; idem avec Besuchet, Pacthod et Berthier pour la poste entre Chambéry et Genève, trois fois par semaine, par voitures couvertes et chars pour 10.000 francs payables par douzièmes ; idem avec Jacques Dupasquier pour les fourrages à 1 fr. 80 la ration complète de foin, d'avoine.

Le 29, autre marché avec Dupasquier et Barral pour le pain de munition à 2 centimes 80 millièmes pour la ration de 4 livres ; idem, le 30, avec Beurs, fabricant de chandelles, pour l'éclairage

pompe dans la plus grande tranquillité, la fête de l'empereur François. — Un *Te Deum* solennel fut chanté à la cathédrale et le général de Zechmeister distribua des décorations sur la place Saint-Léger.

Le gros de l'armée alliée s'avançait toujours sur Lyon, mais dans cette ville les efforts patriotiques des autorités et du sénateur Chaptal avaient eu d'heureux résultats. Le maréchal Augereau ayant organisé la défense de Saint-Clair et des coteaux de la Pape, les ennemis s'arrêtèrent à Montluel. Augereau reprit bientôt l'offensive, les Autrichiens rétrogradèrent. Le général Marchand venu du Dauphiné en Maurienne délivra Montmélian, rejoignit les Autrichiens sur les hauteurs de Lémenc et les rejeta jusqu'au delà de la Croix-Rouge, leur enlevant, entre le 19 et le 25, Montagny, Voglans, Aix, Rumilly. Le général Desaix réoccupa tout le pays jusqu'à Annecy. Après l'affaire de Lémenc[1], il écrivit cette lettre curieuse au préfet de la Savoie :

des casernes, portés à 14 sols par livres de chandelles et 4 sols par lampes, etc.

Au reste, dès le 23 février, le Préfet rapproché de Chambéry par les combats heureux de Desaix, lançait un appel de 100.000 francs sur les communes non frappées de réquisition, pour payer les avances faites au département pour les vivres. (*Archives de la ville de Chambéry.*)

1. Dès le 19 février, la mairie de Chambéry envoyait des vivres au général Desaix, ainsi que le constate un bon à payer de la ville au traiteur Chevalier, de 280 francs, pour repas portés au général à la Croix-Rouge (*Archives de la ville de Chambéry*). A la rentrée des Français, quelques exaltés des deux partis accusèrent le marquis d'Oncieu d'avoir favorisé les partisans piémontais et les réquisitions autrichiennes : le marquis fit alors paraître un mémoire justificatif de sa conduite du 20 janvier au 18 février ; dans ce mémoire, il rappelait que les réquisitions obligatoirement signées du maire étaient précédées de la formule imposée par les Alliées. « En exécution des ordres de M. le baron Zechmeister » ;

« Je vous annonce, Monsieur le Préfet, que nos
« troupes de droite se sont emparées vivement d'Alby;
« nous y sommes établis depuis minuit, partout le soldat
« a été bien accueilli, sa soupe était préparée. Je compte
« être à Rumilly ce matin. J'oubliais de vous dire qu'un
« savetier d'Alby s'est emparé crânement d'un cheval
« d'officier et de son porte-manteau.

« Albens, 24 février 1814.

« Général DESAIX. »

Le 28 février tout le département du Mont-Blanc était
délivré, et le sénateur, comte de Saint-Vallier, commissaire extraordinaire de l'Empereur, apportait au préfet,
aux généraux, à toutes les autorités les félicitations de
La Majesté impériale.

Malheureusement, les événements s'assombrirent et,
le 1er avril, les Autrichiens rentraient à Chambéry sous
les ordres de Bubna qui frappa le département d'une

que le 30 janvier le général de Sonnaz, son fils et leurs amis portant la cocarde bleue (couleur du roi) avaient vainement demandé
à être reçus par le maire qui avait aussi refusé de les aider dans
leurs tentatives pour lever six régiments au service du roi : le
comte de Saint-Vallier, par un arrêté officiel, déclara le maire
d'Oncieu au-dessus de tout soupçon ; 19 février : au même moment, le comte de Saint-Vallier connaissant l'influence du clergé et
ses tendances piémontaises ordonnait l'éloignement des abbés de
Thiollaz et Rey expédiés en surveillance à la Tour-du-Pin et à
Lyon, étant, dit l'arrêté préfectoral, tous animés du plus mauvais
esprit ; mais les agents de l'empereur n'avaient plus le prestige
de la toute-puissance de leur maître vaincu, et cet exil fut
ajourné.

réquisition de 500.000 francs (2 avril), bientôt suivie d'une seconde de 250.000 francs (30 avril [1]).

L'autorité civile passa aux mains du comte de Mertens, gouverneur Autrichien ; l'autorité municipale fut confiée

1. 6 avril. Vu l'ordre du 2 avril du général en chef comte Bulna von Littlitz. Art. 1. — La partie du Mont-Blanc occupée par les troupes alliées est frappée d'une réquisition de 500.000 francs, dont 200.000 pour Chambéry, 166.666 pour Annecy, 133.333 pour Moutiers : le gouverneur civil, comte de Mertens et de la Serraz.

Le 30, réquisition de 250.000 francs en denrées, 90.000 pour Chambéry, 64.000 pour Annecy, 51.000 pour Moutiers, et 44.000 pour Saint-Jean, aux prix fixes : 16 francs pour le quintal de froment, 10 francs le seigle, 10 francs les légumes, 7 fr. 50 l'orge, 7 francs l'avoine, 89 francs le sel, 4 francs le pain, le vin 0 fr. 27 le litre, et l'eau-de-vie à 0 fr. 90.

Le 20, réquisition de 600 fers de cheval et 4.800 clous pour le régiment des hussards Lichtenstein.

Le 25, 34 aunes de drap vert chez Beauregard et Sonnet, drapiers.

Le 6 mai, 25 paires de bottes devant être faites le 10 à midi, idem 40 cuirs pour les shakos ; le 26, 15 livres cire jaune, 15 livres de savon remises à un officier de hussard. (*Archives de la Ville de Chambéry.*)

Le 28 mars, l'arrière-garde française s'étant retirée sur Montmélian et les Autrichiens se rapprochant de Chambéry, les notables suivants se réunirent spontanément à l'Hôtel-de-Ville pour aviser aux mesures nécessaires : de la Serraz, de Vars, de la Palme, Jacquemoud, de Mareste, de Ville, d'Yenne, d'Alexandry, de la Pérouse, Léger, de Costa, Marin, Grand, Bourgeois, Désarnod, de Bullet, Amphoux, Vallet, Ferolliet, Boisson, André, Tiolier, Perrin, Dupuy, Gaime, Chamoux, Curton, Verney Delabeye, de Mégève, de Salins, Beauregard, Pillet, de Regard, de Boigne (première apparition de Benoît Leborgne devenu général de Boigne et rentré depuis peu à Chambéry) ; ils organisèrent aussitôt quatre bureaux chargés des relations avec les autorités autrichiennes, du logement des troupes aux casernes et chez l'habitant, des subsistances et moyens de payement. Au début de cette réunion des Notables de la ville, M. Léger, ex-adjoint, avait exprimé les regrets de la démission du marquis d'Oncieu de la mairie de Chambéry.

à une commission responsable composée de : Marquis de la Serraz, de Buttet, Gabet, de Thiolaz pour Annecy, et Greffyé à Moutiers, et du comte d'Urgates Chambellan, I. et R., gouverneur des départements.

Le 15 mai, réquisition de 6.000 chemises; le 12 avril on publia l'annonce de l'abdication de Napoléon; le lendemain, la proclamation de l'avènement de Louis XVIII.

Après un séjour de deux mois, les Autrichiens évacuèrent enfin la Savoie remettant le pouvoir aux autorités royales. Le préfet, c'était toujours le baron Pinot, qui peu de temps avant lançait des proclamations pleines d'amour enthousiaste et de fidélité lyrique à l'empereur; à cette heure, le dévouement le plus absolu vibrait sous la même plume en l'honneur des Bourbon. Le lys remplaçait partout l'aigle, le buste de *Bonaparte* était relégué bien au fond des placards préfectoraux, car les hommes et les appointements subsistaient seuls au milieu de l'immense naufrage de la monarchie militaire. L'exemple des palinodies humiliantes venait de haut; les pauvres fonctionnaires des départements pouvaient bien se croire autorisés à crier le matin : Vive l'empereur! et le soir : Vive le roi! en voyant les maréchaux, compagnons de Napoléon, demander audience à Louis XVIII, pour lui jurer fidélité et offrir leur épée à la monarchie. Ney était le plus enthousiaste, jurant bientôt, lors du débarquement de l'île d'Elbe, de ramener l'Ogre de Corse dans une cage de fer; Soult, honoré de l'entière confiance royale, acceptera aussi sa nomination de chef d'état-major des Cent Jours; avec le même calme, il présidera un ministère sous Louis-Philippe. Quelle étrange époque [1],

1. Ainsi que l'avait dit Chateaubriand, ceux qui avaient jadis recouvert les aigles napoléoniennes peintes à l'huile de lys bourbonniens, à la colle, n'eurent besoin que d'une éponge pour nettoyer leur loyauté : avec un peu d'eau, on efface aujourd'hui la reconnaissance et les empires.

le Roi lui-même ne nommait-il pas grand chambellan le prince de Talleyrand, évêque renégat, prêtre marié, traître perpétuel, et après 1815, l'oratorien défroqué, le bourreau de Lyon, le régicide Fouché, duc d'Otrante, ne sera-t-il pas admis comme préfet de police à prêter serment entre les mains de Louis XVIII. La duchesse d'Angoulême vengea la mémoire royale en chassant de France l'assassin de Louis XVI et de Marie-Antoinette, qui mourut à Trieste dans l'exécration universelle.

A Paris même, le roi de France et les siens n'étaient-ils pas complimentés à leur entrée triomphale du 3 mai par le préfet de la Seine, comte de Chabrol, le même fonctionnaire qui, par son zèle, avait augmenté les tristes rigueurs que la colère impériale édictait contre le doux et miséricordieux Pie VII.

II

LE RÉGIME ABSOLUTISTE DE 1814 A 1848

LA SAVOIE PARTAGÉE ENTRE LA FRANCE ET LE PIÉMONT. — NOUVELLE OCCUPATION AUTRICHIENNE. — TRAITÉ DÉFINITIF DU 15 NOVEMBRE 1815. — ARRIVÉE DU GOUVERNEUR A CHAMBÉRY. — ENTRÉE SOLENNELLE DU ROI ET DE LA REINE.

Le traité de Paris du 30 mai 1814 rendait le duché de Savoie à Victor-Emmanuel Ier, roi de Sardaigne ; mais, par suite d'une erreur diplomatique énorme, l'ancien duché était scindé en deux parties : la première, comprenant la Tarentaise, la Maurienne, Faucigny et le Chablais, redevenait piémontaise ; la seconde, avec Chambéry, était placée sous la souveraineté des Bourbons. Le roi de Sardaigne, heureux de recouvrer ses États italiens de terre ferme, recevant en plus tout le territoire de l'ancienne république de Gênes, protesta vainement contre ce bizarre partage de la Savoie, partage qui ne reposait sur rien, ni sur les coutumes ni sur les limites naturelles. Aussi sa rétrocession complète à la maison de Savoie, par le traité de 1815, fut une œuvre de raison sinon de justice de la part des puissances.

L'entrée des Français, en 1792, avait été soufferte par le peuple, assez bien accueillie par la bourgeoisie lasse des fonctionnaires piémontais et des hauteurs bienveillantes [1] de la noblesse.

Le clergé, après avoir été traqué par les premiers représentants français de 1792, dépouillé de ses biens,

1. Donnez-vous à qui vous voudrez, au Sophi de Perse, mais délivrez-nous des gouverneurs piémontais, écrivait déjà J. de Maistre avant la Révolution.

déporté, avait retrouvé la paix avec le Concordat. Sous l'influence des prélats français nommés à Chambéry et surtout grâce à Mgr de Soles, très attaché à la France et à l'Empire, les prêtres savoyards n'avaient point fait d'opposition.

Le corps législatif impérial, qui, dans l'esprit du maître, ne fût jamais été autre chose que le régulateur des impôts et des conscriptions, se composait de MM. Chevillard, Durandard, Ruphy et Pictet, Diodati, Plagnat pour le Léman.

Comme l'esprit français se contente souvent de l'illusion, la bourgeoisie de Savoie s'était habituée à la douce manie d'élire des députés éternellement de l'avis du gouvernement impérial, des maires, des conseillers généraux, municipaux, protestant tous de leur fidélité à l'empereur.

Le Tiers appréciait cette constitution de 1804 appliquée à sa manière par un autocrate fidèlement représenté par des préfets à poigne. La Savoie possédait enfin un ensemble de liberté que Louis XVIII le Sage allait conserver et réellement développer dans son royaume.

L'antique maison de Savoie en reprenant possession de ses États n'imita pas le judicieux exemple de la maison de France. Dès sa première proclamation, le roi Victor-Emmanuel Ier marqua autoritairement sa volonté de rompre avec les progrès français et de tout replacer en Savoie dans l'état où l'avait abandonné Victor-Amédée III en 1792. Ce brusque changement fut surtout sensible et dur, je le répète, à la bourgeoisie retombant sous la morgue et la hauteur de la noblesse : les barrières de castes se redressaient entières. Cependant, grâce au conseil du roi de France et de l'empereur de Russie, les privilèges féodaux ne furent pas tous rétablis.

Le Roi avait nommé le comte Joseph Galliani d'Agliano

son commissaire plénipotentiaire pour prendre possession
de la Savoie évacuée par les troupes autrichiennes. Dès
son arrivée, le commissaire publia la proclamation royale
datée de Turin, 20 mai 1814 :

« Le roi déclare sa joie de tendre sa main à ses
« peuples après leurs malheurs communs; il s'efforcera
« de rendre cette justice et cette bonté qui ont caractérisé
« dans les siècles le gouvernement doux et paternel
« de ses augustes ancêtres.

« Il manifeste sa volonté de rendre tout son lustre à
« la sainte religion, de rétablir dans toute leur vigueur
« les lois bienveillantes de l'État, et d'administrer la
« justice par des magistrats éclairés et intègres. Par suite,
« il déclare :

« 1° La conscription abolie : les levées se feront d'après
« l'édit de Charles-Emmanuel III sur les régiments pro-
« vinciaux ;

« 2° Abolition des droits de succession et *ab intestat*,
« des droits de patente ;

« 3° Une imposition extraordinaire de 5 0/0. »

Le comte d'Agliano arrivé à Saint-Jean-de-Maurienne
le 15, s'installa le 16 à Montmélian devenu capitale.
Le même jour parut la liste des nouvelles autorités [1]

1. Premier président : comte Gastinara de Zubiéna. Sénateurs :
Vialet de Montbel, la Flechère d'Alex, de Thiolaz, de la Grange,
Portier Dubelair, Grattarola, Jano. Avocat fiscal général : Boncom-
pagni. Substitut : I. de Buttet de Tresserves. Avocats : Piacenza,
Xavier Vignet. Substituts de l'avocat des Pauvres : Bron, H. Avet.
Intendant général de Savoie : comte Caccia de Romentino. Vice-
intendant : comte Maurice Solaro. Intendant de Maurienne :
Roget de Chollex. Intendant de Faucigny : comte Ressan de
Fenil. Intendant de Chablais : Avocat, Vella. Signé : Mangiardi,
secrétaire d'État.

Commandant général, lieutenant général du Roi : comte Caque-
rano d'Osasca : Gouverneur : comte Gabaléone di Salmour
d'Andezeno, major général, grand-croix des saints Maurice et

nommées par Sa Majesté, ainsi que l'Édit rétablissant le Sénat de Savoie institué le 27 juillet 1355 par le comte Vert (patente datée de Pont-de-Veyle), réorganisé en 1550 par le duc Emmanuel-Philibert, disparu en 1792.

La partie restée française avait gardé son administration ordinaire :

Préfet, baron Finot;

Général, Desaix;

Maire, marquis d'Oncieu.

Seul l'évêque de Chambéry, dont le diocèse comprenait tout le duché, se trouvait placé sous deux souverainetés. Mgr de Solès demandait et attendait une organisation meilleure que les événements politiques ne tardèrent pas à lui donner.

Le baron Finot, ex-préfet de Napoléon, avait repris ses fonctions le 15 juin, au nom de Louis XVIII, et de suite accompagna dans le département le commissaire du roi, le comte de Juigné.

La garnison française entra le 24 à Chambéry, c'était le 7e régiment de ligne; le même jour, la Charte royale fut proclamée et le soir un banquet de 300 couverts eut lieu au théâtre.

Les eaux d'Aix reprirent vite leur vogue, grâce à la paix; l'impératrice Marie-Louise y arriva avec toute sa cour : elle y fut rejointe par le général comte de Neipperg, envoyé extraordinaire de son père l'empereur François. Ce fut sans doute à Aix que commença la liaison de Marie-Louise avec Adam-Adalbert, comte de Neipperg [1].

Lazare (12 juillet 1885), ancien écuyer du duc de Montferrat pendant les campagnes de 1793 à 1796, commandeur de l'ordre militaire de Savoie, grand-croix de Saint-Louis de France.

1. Adam-Adalbert, comte de Neipperg, né en 1775, veuf en 1815 de Thérèse, comtesse Pola, marié à l'archiduchesse Marie-Louise en 1822, mort en 1829. De sa première épouse, il eut les comtes Neipperg actuels ; de l'archiduchesse, le comte Guillaume, né en

L'ex-impératrice, devenue duchesse de Parme, ressentit bientôt la plus ardente passion pour ce parfait gentilhomme, plus âgé qu'elle de 23 ans et qui portait continuellement un bandeau de soie noire sur l'œil gauche perdu à Austerlitz. Le général devint peu après cavalier d'honneur, ministre du duché de Parme, feldmaréchal, chevalier de la Toison d'Or et époux en titre de l'impératrice dont il avait eu un fils, né le 9 août 1821, le prince de Montenuovo actuel.

La Savoie fut bientôt réjouie par l'annonce de la prochaine visite de Monsieur ; les événements obligèrent le comte d'Artois à s'arrêter à Grenoble où une députation alla le saluer au nom de la garde d'honneur organisée pour son arrivée, et lui offrir les hommages de Chambéry[1]. Le marquis d'Oncieu, le colonel de la garde nationale Perrin, le secrétaire général Palluel, M. André faisant les fonctions de maire de Chambéry, M. Despines remplissant les mêmes fonctions à Annecy, et M. Sancet, capitaine de la garde d'honneur, reçurent la croix de chevalier de la Légion d'honneur des mains du prince français.

Peu de temps après on bénit solennellement à la cathédrale les drapeaux blancs du 7e et du 11e de ligne. L'abbé Bigex, vicaire général, prononça un grand discours sur la nécessité de la religion dans tous les états. Les généraux Devillers et Songeon passèrent ensuite une revue de 1.500 hommes au Champ de Mars aux cris de : Vive le Roi ! Un banquet de 300 couverts, au

1821, à Salagrande, créé prince de Montenuovo par patentes impériales du 20 juillet 1864.

1. 21 août. Lettre-arrêté du préfet Finot pour la célébration de la fête Saint-Louis, 14 septembre. Séance du conseil municipal votant 5.800 francs pour les apprêts en l'honneur de la prochaine arrivée de Monsieur. (*Archives de la ville de Chambéry 1814.*)

théâtre, avec toasts au roi, à la famille des Bourbons, et un bal superbe complétèrent cette journée de fête officiellement bourbonienne. Louis XVIII, en remerciements, déclara qu'il enverrait prochainement dans le Mont-Blanc un de ses neveux, Angoulême ou Berry, tous deux fils de la princesse Marie-Thérèse de Savoie, et qu'il donnerait un illustre successeur à saint François de Sales sur le siège d'Annecy.

La préfecture organisa les trois arrondissements du département : 1° Chambéry avec les cantons d'Aix, du Chatelard, des Échelles, de Novalaise, du Pont, Saint-Genis et Yenne ; 2° Annecy ; 3° Rumilly.

La double administration française et piémontaise vivait en bon voisinage, mais les administrés ne pouvaient s'habituer à l'idée étrange de faire dorénavant deux peuples. La situation si insolite de la Savoie disparaissait au milieu du remaniement général de l'Europe entière.

Nous avons déjà dit comment le roi de Sardaigne, à la nouvelle du débarquement de l'île d'Elbe, envoya ses troupes en Dauphiné, tandis que les Autrichiens commandés par Frimont [1], passant le Simplon et le Grand-Saint-Bernard, entraient dans le Chablais. Le maréchal Suchet, ne pouvant faire face aux armées coalisées, évacua Chambéry le 3 juillet, après avoir signé un armistice avec le général von Bubna [2] qui, le même jour,

1. Jean, baron de Frimont, de Lorraine, né en 1756, émigré en 1791, commandant la cavalerie des alliés en 1814. Général en chef en 1815, de même contre la révolution de Naples en 1821. Gouverneur de la Lombardie, mort en 1831.

2. Ferdinand, comte de Bubna-Littitz, né en 1768, célèbre feld-maréchal, aide-camp de l'archiduc Charles, occupe la Savoie et Lyon en 1815. Gouverneur de la Lombardie, mort à Milan en 1825.

occupa Chambéry et les autres villes restées françaises depuis la paix de Paris. Le général Stefanini devint le gouverneur autrichien de la capitale de la Savoie[1].

Après des efforts inutiles, les troupes françaises et le maréchal Suchet se retiraient vers le Rhône ; Chambéry seule en face des Autrichiens n'avait plus qu'à implorer les conditions les moins pesantes de la bienveillance du général von Bubna, car les pauvres contribuables ruinés par les réquisitions successives et l'épizootie demandaient merci. La Commission[2] municipale réunie le 1er juillet décida donc d'envoyer une députation au général, puis de composer un bureau avec MM. Ducoudray, Vallet, Gayme et Broissaud, afin d'aider le maire Verney dans la terrible répartition des réquisitions et des rapports administratifs avec le gouverneur civil autrichien, baron Revizky, chambellan impérial, et le commandant de place Lomellini.

Le 3 juillet, les Autrichiens rentraient dans Chambéry, et les réquisitions recommencèrent lourdes et promptes,

---

1. Dès le 28 mars, le drapeau tricolore reparut en Savoie avec les proclamations de Napoléon, des autorités provisoirement maintenues et redevenues enthousiastes impérialistes.

Le 21 avril, le général Desaix ainsi que le colonel Domenget arrivèrent à Chambéry pour organiser la défense des Alpes ; leur tâche était difficile au milieu des populations hostiles à la France et surtout à Napoléon : le général de Grouchy, puis le maréchal Suchet lui-même vinrent en mai prendre le commandement général.

2. 5 avril : Conseil municipal : Louis Verney, maire, Gruat et Pointet, puis Porto et docteur Rey, adjoints : d'Oncieu, Marin Grand et Mansord, jurisconsultes, les avocats Polingue, Amphoux, Chamoux, Jacquemoud, le président Delabèye, l'ingénieur en chef Mourgent Emery, Grillet, le receveur général Besson, Blanc, payeur du département Fortis, Guy, Ducoudray, juge. Gaime, docteur Gouvert, Sonnet, Vélat, de Candie, l'architecte Broissard, Perrin, Beauregard.

sous la menace de garnisaires, la ville ayant obtenu avec peine que les troupes logeraient aux casernes et non chez les malheureux habitants[1].

Les troupes autrichiennes séjournèrent alors pendant cinq mois ; le pays, au courant des intentions bienveillantes de Louis XVIII décidé à rendre le duché entier à son beau-frère, le roi de Sardaigne, attendit en patience l'échange des dernières signatures, un peu retardé par les prétentions du prince de Metternich. Cette décision attendue fut connue à Chambéry vers la mi-novembre. Déjà en octobre, sur l'instigation du gouverneur piémontais de Conflans, une réunion de Savoyards avait fait frapper la médaille, dite de 1815, représentant la Savoie debout, appuyée sur son écu, auprès des initiales royales VE et la légende : *Iterum Felix.* La commission de la

---

[1]. La liste des réquisitions de 1815 serait trop longue, tout le monde en souffrait, tout était exigé : l'argenterie pour le général von Bubna chez l'Évêque et le marquis des Allinges, chez le même marquis sa chaise de poste pour le transport d'un colonel de chasseurs ; les trois meilleurs traiteurs Longue, Rivaud et Burdet réquisitionnés tous ensemble pour préparer le dîner d'un général (7 juillet).

Les rentiers fournirent des voitures, des chevaux pour les officiers de passage ; les traiteurs des centaines de dîners, de soupers ; l'épicier Porraz, des chandelle, huiles ; Polingue, des mèches ; le maréchal ferrant Ringuet, des fers ; les papetiers Berroud, Debilly, Bergoin, les papiers et les cartes de France ; chez Favre et Vasseur, des sceaux aux armes impériales d'Autriche, etc., etc. Le 31 août, la commission municipale, éperdue devant les menaces du commissaire autrichien, traite avec le négociant Beauregard pour la prompte livraison au régiment de Zechmeister arrivant en ville le 2 septembre, de 3.500 chemises, 2.500 guêtres, 3.500 caleçons, 3.500 pantalons. Enfin, à partir du 30 juillet, la ville dut encore payer de nombreux dîners aux officiers piémontais de la région royale, dont un, le 31 chez Chéneval, traiteur, de 12 couverts à 4 francs par tête. (*Archives de la ville de Chambéry.*)

médaille était ainsi composée : Amédée Antonioz, de Châteauneuf, marquis de Traverney, Dupuis, fabricant ; l'abbé Fortin, curé de Notre-Dame ; Léger, ancien archiviste ; le professeur Raymond (directeur du *Journal de Savoie*) ; Vignet cadet.

Bientôt, un billet royal du 30 novembre nommait Messire Thaon de Revel comte de Pratolongo, ministre d'État, grand-croix des saints Maurice et Lazare, gouverneur de Gênes, lieutenant général, assisté du premier président Gattinara, du comte Louis d'Andezeno, gouverneur du duché, et du comte Caccia de Romentino, intendant, pour prendre possession de la Savoie au nom du Roi. Les notables réunis à Chambéry déléguèrent, le 6 décembre, le colonel baron d'Athenaz, le comte de Regard de Villeneuve, M. Delabeye, président du tribunal, et M. Léger, pour aller saluer les représentants du Roi à Conflans. Trois proclamations furent ensuite affichées aux carrefours de Chambéry et des villes du duché : la première, signée par le général autrichien Stefanini, mentionnait l'acte de remise passé avec le ministre piémontais, Louis Provana de Collegno ; la seconde, au nom de la mairie, annonçait la prise de possession par la royale commission, l'entrée des troupes piémontaises, et un *Te Deum* solennel pour le lendemain 17 décembre ; enfin la troisième, signée par les commissaires du Roi, contenait l'ordonnance royale maintenant au nom de Sa Majesté toutes les autorités dans l'exercice provisoire de leurs fonctions.

Le 17 décembre 1815, à 10 heures du matin, le corps municipal avec la garde urbaine et sa musique se rendirent à Buisson Rond. Le général Stefanini et l'état-major autrichien s'y trouvaient déjà. Bientôt apparut le gouverneur du duché, comte d'Andezeno, à la tête des troupes piémontaises ; aux cris de : Vive le Roi ! et aux sons des cloches, l'adjoint, M. André, présenta au nouveau gouverneur les clefs de la ville sur un plat d'argent, renouant ainsi la vieille tradition de vasselage du corps municipal devant les arrogantes prétentions des gouverneurs. Le cortège se mit en route pour la ville : en tête, les carabiniers royaux, les agriculteurs portant le drapeau bleu[1] de Savoie, la musique autrichienne, les généraux, le corps de ville, la Légion royale commandée par le colonel Bussolino ; les chasseurs de la reine, colonel chevalier d'Agliano ; les chevau-légers de Piémont, colonel chevalier Masseti ; l'artillerie et les bagages terminaient ce long cortège où flottaient les étendards aux aigles d'Autriche et la croix de Savoie ; il n'était plus du tout question du drapeau blanc ou du tricolore dont la partie bleue avait pu être au moins utilisée, pour le pavoisement des maisons, par les industrieux et économes habitants de Chambéry. Les troupes entrèrent par le faubourg Montmélian et par les rues Croix-d'Or, Saint-Léger, Tupin, Juiverie, du Collège, arrivèrent au Vernay où elles furent passées en revue, puis allèrent prendre logis en leurs casernes où le maire fit distribuer du pain blanc, de la viande et du vin[2].

Les autorités se réunirent dans un grand banquet de

1. Le drapeau bleu de Savoie, de 1814 à 1848, fut le drapeau royal et national ; en 1848, le drapeau italien aux trois couleurs vert, blanc et rouge le remplaça, mais l'antique bleu de Savoie entoure toujours l'écusson royal appliqué sur les trois couleurs, et la ceinture de commandement de tous les officiers de l'armée italienne est aussi bleu de Savoie.

2. 31 décembre 1815 : 1.878 francs payés au sieur Dupasquier pour distributions de vivre aux soldats du Roi, le jour de leur arrivée ; le 16 décembre : 897 rations de viande, 704 de vin à 35 centimes la bouteille, et 275 mèches à 10 centimes. (*Comptes des Syndics. Archives de la ville de Chambéry.*)

300 couverts, au théâtre; un faisceau de drapeaux enca-
drait le buste du Roi et cette tendre inscription :

Honneur à ce bon roi, père de la patrie,
Que son nom soit béni, que ses jours soient heureux ;
Sa mémoire sera chérie,
Il est bon comme ses aïeux.

Des illuminations générales annoncèrent aux campagnes que désormais le Buon Governo recommençait
ses destinées.

Le matin même, le baron Finot, ex-préfet de Napoléon, puis de Louis XVIII, avait remis ses pouvoirs au
comte d'Andezeno, le nouveau gouverneur. Le comte
Gabaleone Salmour d'Andezeno, un des fidèles du roi
pendant l'exil, recevait aussi la récompense de son
attachement à la famille royale ; mais comprenant mal
le français, le parlant encore moins, il eût été mieux à sa
place à Nice ou à Cagliari. La morgue du nouveau gouverneur, ses hauteurs, ses préjugés, les mesures souvent
vexatoires de son administration vont le rendre promptement impopulaire ; mais, ami personnel de Victor-
Emmanuel Ier et surtout de Charles-Félix, il gouvernera
la Savoie jusqu'en 1830. De 1815 à 1860, par suite d'une
erreur séculaire et traditionnelle de la cour de Turin, la
Savoie sera toujours confiée à des fonctionnaires piémontais, sauf pendant les trop courtes administrations du
marquis d'Oncieu, en 1831, et du général de Maugny,
en 1849.

Les gouverneurs piémontais furent de tout temps
antipathiques à leurs administrés savoisiens qui n'osant
trop protester se vengeaient en se moquant des habitudes,
des allures cassantes et de la proverbiale économie de
leurs vice-rois.

Les troupes royales réoccupèrent Rumilly le 23, et
Annecy le 24 ; le même jour, la Commission royale
supprima la mairie et le conseil municipal de Chambéry,
rétablissant l'ancienne organisation du Corps de ville,
avec deux syndics, comme en 1792. Le 2 janvier 1816,
le syndics et les dix conseillers prêtèrent et signèrent
le serment au Roi devant le comte Caccia de Romentino,
intendant général. Cette administration municipale,
complétée par les patentes royales du 5 avril 1816, du
18 mai, 18 juin 1824, du 28 mai 1833, remaniée en 1848,
soumise étroitement aux exigences des gouverneurs, des
intendants, puis un peu émancipée par le Statut, durera
jusqu'à l'annexion française[1].

Spontanément ou non, les villes du duché décidèrent
alors l'envoi des députations chargées d'offrir leurs
hommages au Roi ; celle de Chambéry se composait des
marquis de la Serraz, d'Oncieu, de Buttet de Tresserve,
de M. Dupuis et de l'abbé Fortin. Les députés[2] partirent

1. I. Syndics : M. d'Oncieu non acceptant et remplacé le 8
janvier par M. de Buttet et de la Chavanne. Conseillers : de
Buttet, de la Serraz, Morand de la Motte, marquis Costa,
général de Boigne, Morel, Pillet, Anthonioz, Chamoux, Dupuy.

II. Nommant 2 syndics et 24 conseillers, dont 12 nobles et 12
choisis parmi les avocats, procureurs, négociants et toutes personnes non nobles vivant décemment.

III. Portant le nombre des conseillers de ville, de 24 à 32,
renouvelables par moitié tous les deux ans.

IV. Réduisant définitivement le nombre des conseillers à 24.

V. La Commission royale du duché était formée du comte
Gattinara, du gouverneur d'Andezeno et du comte Buttet de
Tresserve.

2. 11 janvier : Indemnité de frais de représentation à M. de
Buttet, premier Syndic 360, livres ; au conseiller de ville Dupuy
et à l'abbé Fortin, 240 livres pour aller à Turin, outre leurs frais
de route. La députation partie le 22 janvier revint le 16 février :
frais de voitures, 651 livres ; d'auberge en route, 192 livres ;

le 22 janvier et rentrèrent le 18 février, enthousiasmés de la bonté avec laquelle Sa Majesté avait daigné accepter leurs protestations de fidèle dévouement. Annecy et Rumilly députèrent les comtes Chevron de Villette et de Rochette, le syndic de Rumilly, M. Ginet, et l'abbé Berson.

Pendant les premiers mois de l'année 1816 parurent de nombreuses patentes royales, édits, manifestes, de la Chambre des comptes, remettant en vigueur les lois et édits d'avant 1792, sur les mariages et successions, rétablissant les primogénitures et droits d'aînesse, sur les notaires royaux, rendant aux mainmortes le droit d'acquérir. Le 21 avril, édit royal sur les levées militaires, d'après le règlement du 4 mars 1737 ; le 19 janvier, autre édit *abolissant la torture*, comme si la Savoie n'avait pas été régie pendant 15 ans par le Code Napoléon ! Un édit du 9 mars supprima le jeu ; puis le comte Pullini de Saint-Antonin, directeur des postes, rétablit purement et simplement le règlement du 19 septembre 1772 sur les postes et voyages. Enfin, la patente royale du 4 janvier 1816, remettant en vigueur tous les édits royaux non abrogés avant 1792, complétait ce retour fâcheux à des lois impopulaires ou vieillies, à des usages oubliés et à des formalités absurdes. Par patentes royales, le Sénat[1] fut réorganisé le 8 mars, ainsi que

d'auberge à Turin, 520 livres ; carrosse de remise et valet de place pour l'audience royale, 45 livres : étrennes, 36 livres ; pour la rédaction du mémoire au Roi, 17 livres. Total : 1.461 livres. (*Comptes des syndics. Archives de la ville de Chambéry.*)

1. Le nouveau Sénat avait trois Chambres et trois présidents. Premier président : comte Gattinara, Piémontais ; M. Rose aîné et le chevalier Vialet de Montbel. Sénateurs : chevalier de la Fléchère, de Thiolaz, de la Grange, Portier du Bel-Air, Jano, Pacoret de Saint-Bon, Bracorand de Savoiroux, de la Grave,

l'École de droit ouverte à Chambéry le 16 février[1].

Le Roi, très sagement inspiré cette fois, avait tenu à donner à la bourgeoisie une marque de bienveillance en lui accordant plusieurs places au Sénat ; il en fut de même dans le nouveau Conseil de ville. Le gouverneur lui-même reçut l'ordre de comprendre la bourgeoisie dans les listes des personnes qui devaient être présentées aux souverains lors de leur prochain voyage en Savoie. Il était juste de donner quelques témoignages d'estime et de considération au Tiers-État et même au peuple, au moment même où le gouvernement replaçait la Savoie entière sous le régime du bon plaisir et de l'absolutisme. Le Corps de ville créé par l'édit du 5 avril, complété par le billet royal du 14 mai, fut ainsi composé :

Nobles. Premier syndic : Marquis de la Serraz, gentilhomme de la Chambre. Conseillers : de Buttet (remplacé peu après par le comte Clermont de Vars), de Saint-Sulpice, marquis de Costa, général Leborgne de Boigne, baron de Candie, de Chevillard, baron d'Athenaz,

Bourgeois, Rose cadet, Bain, Buttet de Tresserve fils, comte Jaillet de Saint-Cergues, Collet, Solar, d'Alexandry. Avocat fiscal général : de Montiglio ; Substitut : Piacenza, X. Vignet, Falquet, Avet, d'Entrèves, Picolet ; Avocat des pauvres : Bron ; Substituts : Peyssard, de la Charrière, Burdet ; Procureur des pauvres : Bonod ; Secrétaire civil : Gabet, Criminel, Vissal, notaire ; Juge du Consulat : Gavet ; Auditeur des guerres : Perret.

1. Une vieille estampe devenue très rare, mais reproduite par la photographie, représente le coin de la rue Couverte, place Saint-Léger, près de la rue de la Juiverie ; sous les cabornes, quelques boutiques *brisées* (ou petit détail) ; en face, le célèbre café-confiserie Barbe (place Saint-Léger), rendez-vous des promeneurs, des officiers, on y trouvait le *Journal de Savoie* et la *Quotidienne de Paris* ; devant la porte du café causent le vieux baron d'Athenaz, reconnaissable à son cornet acoustique, et deux ou trois officiers en uniformes bizarres de l'époque.

Louis Perrin, de la Chavanne, baron du Bourget, chevalier le Blanc.

Bourgeois. Deuxième syndic : Fleury, avocat, remplacé le 21 juin par M. Laracine. Conseillers : Pillet, Bouvier, Tiollier, Brunet, Morel, Chamoux, procureur ; Dupuy notaire ; Léger, Porraz, Dubertaud et Chevalier, commerçants.

Le 21 avril, le baron de la Tour, maréchal de Savoie, les marquis de Costa[1] et d'Oncieu avaient eu l'honneur d'une audience royale pour remettre à LL. MM. la médaille d'or commémorative de 1815 ; les trois commissaires revinrent porteurs de la promesse royale d'une visite de LL. MM. au berceau de leurs ancêtres.

Immédiatement, le gouverneur et les syndics se con-

1. Joseph-Henri de Costa de Beauregard, né en 1753 (famille Costa), Léon-Baptiste Costa, quatrième président de la cour des comptes, envoyé en Espagne ; la régente Christine le récompensa en érigeant sa terre de Villard en baronnie (18 septembre 1647); capitaine aux grenadiers royaux, avec son fils Eugène, fit la campagne de Tarentaise avec le corps autrichien du général Mercy d'Argenteau. En 1794, le marquis de Costa et son régiment étaient dans les Apennins, son fils Eugène blessé à l'affaire de Saccarella mourut héroïquement à 16 ans. — Il signa le triste armistice de Cherasco, 27 avril 1796, puis devint chef d'état-major du duc d'Aoste (le roi Victor-Emmanuel Ier) au camp de Carmagnole.

Après les victoires de Souvaroff et de Mélas, lorsque le roi Charles-Emmanuel IV déjà débarqué se voyait maître du Piémont, il nomma de Costa membre de la régence chargée de gouverner jusqu'à son arrivée. Marengo emporta quelque temps après les espérances royales et la Régence ! En 1800, le marquis se retira en Dauphiné chez les parents de sa femme, Mlle de Murinais. A la Restauration, le roi le créa de suite général-major du corps de l'état-major et grand-croix des saints Maurice et Lazare. Sa vie, admirablement écrite (*Un homme d'autrefois*) par son petit-fils le marquis Albert de Costa, est un hommage de vénération filiale et un noble enseignement.

certèrent pour donner le plus grand éclat à cette visite royale, la dernière datait de 1775 ; après mille difficultés causées par les changements de régime, on s'arrêta au programme suivant, approuvé par la cour de Turin.

Un portique fut construit au faubourg ; une peinture représentait la ville appuyée sur l'écu de Chambéry, une main sur son cœur. Quelques pas plus loin, se dressait un arc de triomphe avec ces mots :

A ses maîtres bien-aimés, longtemps attendus,
La ville de Chambéry heureuse et reconnaissante.

Enfin, une vaste décoration reliant les entrées des rues Turpin, Grand'Rue, cachant les toits de la rue Couverte (les fameuses cabornes devaient être fort poussiéreuses, puisque les comptes de la ville mentionnent un certain Horace chargé d'en enlever les araignées moyennant 4 livres), les draperies représentaient Bérold porté sur le pavois par quatre guerriers; aux deux angles, les portraits du Roi et de la Reine; des guirlandes vertes couraient le long des maisons, s'entre-croisaient, s'unissaient aux sapins plantés dans les rues. L'architecte Trivelli était l'auteur de cette ornementation digne du mauvais goût de l'époque.

La liste des jeunes filles honorées de la présentation royale avait été ainsi dressée :

La marquise de la Serraz et la comtesse de Costa devaient présenter à la Reine : MM^{lles} d'Aviernoz, de Buttet, MM^{lles} de Costa, du Noyer, MM^{lles} de Montbel, d'Oncieu, Louise Perrin, Céline de Salins, de Regard de Vars : de la noblesse.

MM^{mes} Bouvier et Léger étaient chargées de : MM^{lles} Antonioz, Blanc (de Beaufort), Bouvier, Chevalley, Plantard, Replat, Tiollier [1] : de la bourgeoisie.

Le grand jour approchait ; le gouverneur d'Andezeno était parti pour recevoir LL. MM. au Mont-Cenis. Le 9 juillet, le cortège coucha à Lanslebourg ; le lendemain matin, la cour entendait la messe dite par le vicaire, l'abbé Filliol, et fut ensuite complimentée par le curé Molin. Le 11, coucher à Saint-Jean-de Maurienne ; le 12, dîner à Aiguebelle, et ensuite route pour la capitale de la Savoie.

A Chambéry, tout le monde s'occupait fiévreusement des derniers apprêts. Les Chasseurs de la reine faisaient la haie jusqu'au ruisseau de la Boisserette à Saint-Jeoire, les chevau-légers au faubourg, la légion royale place Saint-Léger et au château, les pompiers à l'entrée du faubourg où deux amphithéâtres étaient élevés ; dans celui de droite, le gouverneur, les généraux et les syndics ; dans celui de gauche, les dames.

Laissons parler le chroniqueur ému et attendri : « Aux sons des cloches et d'une douce harmonie, deux longues files de jeunes vierges sous les habits de la candeur, ornées de leurs attraits naissants, portant dans de légères corbeilles les fleurs qu'elles allaient répandre sous les pas des hôtes illustres qui s'avançaient. » Ce même contemporain de Mme de Genlis et de Chateaubriand continue en ces termes, à propos des dames garnissant l'amphithéâtre gauche : « Là brillaient dans toute leur

1. Dans la séance du 6 juin, le corps de la ville décida que les Syndics reprendraient la robe, la toque, les bâtons armoriés comme avant 1792, et que les tambours de ville reporteraient la veste, culottes et bas rouges, l'étoile brodée sur le bras gauche de la veste, le chapeau bordé et les grands manteaux mi-parti blanc et rouge. Les robes des Syndics et le costume moyen âge des tambours ne reparurent plus après 1848.

fraîcheur les charmes de la jeunesse et de la beauté, et l'œil s'arrêtait avec délice sur ces groupes de jeunes personnes dont la modestie et le plaisir embellissaient les traits, semblables à une troupe de nymphes, attendant avec impatience la déesse objet de leur touchant hommage et s'apprêtant à déposer leurs guirlandes sur l'autel des grâces [1] ! »

Une acclamation grandiose et le carosse royal paraît : « la plume s'arrête, elle se refuse à peindre ce moment d'ivresse et de délire, pour lequel la langue manque d'expression et le pinceau de couleur. »

Cette plume si dépourvue d'expression pour peindre sa joie avait été nommée, le 3 mai, membre de l'Académie royale de Turin, en compagnie de Joseph et de X. de Maistre, de Berthollet : elle appartenait au professeur G.-M. Raimond, rédacteur du *Journal de la Savoie*.

Arrivé devant les amphithéâtres, le carrosse s'arrêta ; après l'inévitable discours du commandant général, le marquis de la Serraz fit présenter au Roi les clefs de la ville, par l'intermédiaire du gouverneur. S. M. les

1. 8 août 1816 : aux entrepreneurs Tournier et Dufraz pour les quatre arcs de triomphe, 1.000 livres ; à Dupuy et Robert pour la peinture des arcs dont 37 portraits de princes de Savoie, 630 ; au charpentier Perrier pour les galeries et estrades, 400 ; à Emery, menuisier, pour l'entrée des Carmes, 252 ; au sieur Louis pour les pots à feu et flambeaux, 539 ; au ferblantier Robert pour 2.000 lampions à 4 sols, 400 ; à Eustache, marchand, pour la garniture des clefs de la ville, 10 ; à demoiselle Martin, modiste, pour 66 chapeaux et rubans des bouquets, 268 ; à Marchand, *orphévré*, pour 112 croix de fidélité, 140 ; Claude Revel pour 30 paniers pour les bergères, 16 ; à la veuve Sages pour 43 paniers pour les demoiselles, 21 ; à Tissot, jardinier, pour les bouquets et corbeilles, 27 ; à Gorrin, imprimeur, pour 270 exemplaires des poésies en l'honneur du voyage de leurs Majestés, 513[1]. (*Comptes des Syndics. Archives de Chambéry.*)

ayant touchées les fit remettre aux syndics ; la Reine de son côté fut complimentée par Mlle de Costa.

Le carrosse doré contenant les Souverains et les princesses leurs filles se remit en route suivi des voitures de la suite, c'est-à-dire le comte de Roburent, grand écuyer, chevalier de l'Annonciade ; le comte Amat di Sorso, cavalier d'honneur de la Reine, honoré aussi de l'Annonciade ; du chevalier de Sonnaz, capitaine des gardes du corps, et de la marquise de Saint-Georges, de la comtesse de Saint-Peyre, dames d'honneur.

Arrivés au château, le Roi descendit le premier, puis la Reine et ses filles ; de suite, ainsi le voulait le traditionnel cérémonial, furent admis le clergé conduit par l'évêque, le Sénat par ses présidents, et les dames nobles de la ville.

Chambéry s'illumina d'une manière splendide en l'honneur de ses souverains et renouvela cette marque de sa joie les deux nuits suivantes, du reste la police y veillait ; on acclamait, on fêtait plutôt le retour de la maison de Savoie que les souverains eux-mêmes, complètement inconnus en Savoie[1].

Alors commença une suite de distractions qui nous paraissent bien calmes, bien simples, auprès des splendeurs royales modernes. Le lendemain de leur arrivée, les souverains se rendirent à midi à la cathédrale.

---

1. 26 juin : à Curtelin, boulanger, pour 800 kilogs de pain remis de la part de la ville à M. Rochais, curé de la Métropole, 440 francs ; à Porraz, épicier, pour un tonneau de vin rouge, 189 francs ; à Sonnet, drapier, pour les fournitures des robes syndicales, des habits des tambours de la ville, pour les tapis et bancs à l'église, 1.162 francs ; à Perrin, tailleur, pour les manteaux des tambours, 294 francs ; à Dupasquier, entrepreneur des fourrages de l'armée, pour foin et paille fournis au train d'artillerie portant les bagages de la cour, 219 francs.

Mgr de Soles leur offrit l'eau bénite, puis chanta lui-même le *Te Deum* ; puis une messe dite par le chanoine Moinier, assisté par les aumôniers du roi en Savoie, les abbés Claude de Piochet de Salins, Alexandre de Nicole de la Place, et l'abbé de la Chambre.

Il y eut ensuite parade au château, grande promenade au Vernay où les séminaristes lancèrent des ballons ; pour clôturer cette première journée de royale fête, baisemain le soir chez la Reine.

Le 14 était un dimanche ; après une audience à la noblesse, aux officiers, au Conseil de la Réforme des études, aux intendants de la province, et la messe à la Sainte Chapelle, la cour se rendit à Buisson-Rond et, après être montés au belvédère pour admirer la vue, les Souverains daignèrent accepter les rafraîchissements préparés par les soins du général de Boigne, qui allait bientôt mériter ses lettres de noblesse par ses générosités en faveur de Chambéry[1]. Le soir, le Roi, la Reine

1. Benoît, second fils de Jean Leborgne et d'Hélène Gabet, né le 8 mars 1751, mort à Chambéry le 21 juin 1830. Son père, Jean Leborgne, tenait une boutique de pelleteries rue des Cabornes, à l'enseigne de la Ménagerie, sous laquelle on lisait :

> *Vous avez beau faire, beau crier,*
> *Vous viendrez tous chez Leborgne le pelletier.*

L'aîné des enfants du pelletier, Joseph, né en 1749, mourut avocat à Turin en 1802 ; le second, Benoît, s'engagea à 17 ans dans les gardes françaises, passa ensuite au service de la Compagnie des Indes, puis à celui du radjah des Mahrrattes, devint général, remporta plusieurs victoires et rentra en Europe en 1796, ramenant un fils, Charles-Alexandre, né en 1792 à Delhi, d'une épouse hindoue, et lui-même épousa alors à Londres Anne d'Osmond (1798). Rentré à Chambéry avec la Restauration, le général Leborgne, devenu de Boigne, fut créé comte en 1816, et son frère cadet Pierre, ancien employé français à Saint-Dominigue, baron en 1826 ; leur sœur unique, Marie, née en 1738, avait été

parurent au théâtre où l'enthousiasme fut à son comble, lorsque l'orchestre commença l'air populaire des Restaurations : « Où peut-on être mieux qu'au sein de sa famille. » On jouait, ce soir-là, *Maison à vendre* et le *Calife de Bagdad*.

La journée 15 fut marquée par une audience privée et pleine d'émotions accordée à un vaillant défenseur de la Maison de Savoie, à un des très rares survivants du combat du col de l'Assiette, à un noble vieillard de 95 ans, le comte Capré de Mégève de Bomport[1], qui se présenta au Roi soutenu par ses deux fils.

Victor-Emmanuel montant ensuite à cheval, partit avec ses écuyers et le gouverneur pour la cascade du Bout du Monde ; la Reine suivait en calèche avec ses dames et le marquis d'Oncieu. LL. MM. furent salués par l'abbé Rolland, curé de Saint-Alban, puis au retour se firent montrer, par M. d'Oncieu, la papeterie de Leysse et la grande digue construite par François Ier pour préserver son camp de la Magdeleine. Le soir, au théâtre, le programme portait *Jean de Paris* et *Les deux jaloux*.

mariée à l'architecte Trivelli. Le second comte de Boigne, Charles-Alexandre, né à Delhi en 1792, marié en 1816 à Marie-Louise de Montbel, conseiller d'État, etc., mourut en 1833, laissant 10 enfants : le comte de Boigne, quatre autres fils et cinq filles mariées : au comte de Quincy, au marquis de la Chambre, au marquis de la Ville de Traverney, au comte de Buttet-Manuel et au baron du Noyer.

1. Charles-Augustin-Joseph Capré, comte de Mégève, officier au régiment de Savoie, né en 1721, marié à Christine Excoffon de Marcellaz, mort en 1817 ; ses deux fils, Eugène, né en 1762, mort en 1828, lieutenant général, grand de cour, grand-croix des saints Maurice et Lazare ; sa fille unique, Christine, épousa en 1815 le marquis de Saint-Marsan ; Maurice, né en 1763, mort en 1827, commandant de Chambéry, etc. ; ses petits-enfants continuent cette noble famille.

Le 17, le Roi visita les casernes et passa les chasseurs en revue ; le soir, grande réunion au château. MM^mes de Faverges, de Martinel, MM^lles Fanny de Buttet, de Livron, de Saint-Severin, et MM. de Faverges et de Saint-Severin chantèrent une cantate dont les paroles étaient d'un major, M. Andrioli, et la musique du sieur Sassi, chef de musique des chevau-légers. La Reine remercia d'un sourire les exécutants et ouvrit elle-même le bal.

Le lendemain, revue générale au Vernay ; le Roi la passe à cheval, tandis que la Reine admire les évolutions militaires du haut du balcon de la maison Pillet.

En rentrant au château, Marie-Thérèse admit soixante dames à son cercle, puis se rendit au théâtre dont le répertoire français amusait beaucoup les souverains ; ce soir-là, on donnait *le Prisonnier* et *le Nouveau Seigneur*, avec l'intermède d'une cantate composée par le colonel de Lannoy de Bissy,

Le 19, à 8 heures du matin, au Vernay, la cavalerie manœuvra sous les yeux du Roi qui chargea lui-même à la tête des chevau-légers et des chasseurs, car Victor-Emmanuel était, comme son père Victor-Amédée III et ses aïeux, passionné pour l'armée et tous ses exercices.

Sa Majesté partit, le soir, pour Aix-les-Bains [1].

1. À Aix-les-Bains, Victor-Emmanuel accorda au comte de Villette-Chevron le privilège pour 15 ans de la fabrication du fer-blanc pour la Haute-Savoie. C'est aussi à Aix-les-Bains que le Roi donna audience aux deux filles du général Desaix venant solliciter la grâce de leur père enlevé par la police la veille à Thonon et conduit en poste à Fenestrelle. Victor-Emmanuel reçut assez froidement MM^lles Desaix et ne leur fit aucune promesse, laissant entendre que le général suspect de bonapartisme avait été conduit en Piémont sur la demande du Gouvernement français effrayé alors par la conspiration de Grenoble.

Le général Desaix interné à Fenestrelle, puis à Verceil, reçut seulement en novembre l'autorisation de rentrer en Savoie.

Le 21, le roi passa d'abord sa petite revue quotidienne du 1er bataillon du régiment d'Aoste tenant garnison à Annecy, puis fit ses dévotions à saint François de Sales, dont les reliques étaient déposées, depuis la Révolution, à la cathédrale, et celles de sainte Jeanne de Chantal dans l'église de Saint-Maurice. Après avoir visité avec intérêt la fabrique de drap de M. Duport, le Roi repartit en poste pour Aix, où l'attendait le duc d'Angoulême arrivé la veille de Grenoble. Le Fils de France, logé à la maison Chevalley, inspecta avec le Roi les bains et les sources, et le 22, tous les deux revinrent en calèche jusqu'au Pont du Reclus ; là, ils montèrent à cheval et, aux accords de l'air d'Henri IV, l'oncle et le neveu passèrent devant les troupes une fois encore réunies au Vernay.

Le 23 août, le Roi toujours remuant et alerte, partit à cheval pour voir Montmélian, le fort, le château des Marches, et rentré à Chambéry retourna encore au Vernay faire manœuvrer la Légion. La Reine s'était rendue, avec la comtesse d'Andézeno, à la Motte où Sa Majesté daigna accepter pendant quelques instants l'hospitalité de la marquise de Costa.

Le 25, fête de la Saint-Barthélemy, Victor-Emmanuel et Marie-Thérèse, bien inspirés ou bien conseillés, tinrent à remettre en honneur un antique usage de leurs aïeux, en se rendant à la vogue de Bassens, qu'ils parcoururent à pied ; le Roi mit le comble à l'enthousiasme populaire en faisant deux fois le tour du fameux pré ombragé de vieux pommiers, souriant et applaudissant à la gaieté des danseurs. Ce fut l'honneur de la Maison de Savoie de toujours maintenir ses traditions de bonté paternelle et de facile abord ; ses peuples lui rendaient, par un amour et un dévouement sans bornes, cette absence de morgue et de faux orgueil.

Après avoir tenu un grand cercle au château, la Reine retourna au théâtre et s'amusa beaucoup du *Mari de circonstance*, des *Petits Savoyards* et de *Jadis et Aujourd'hui*, pièce d'actualité écrite en l'honneur des Bourbons.

Le 26, le Roi partit à 6 heures du matin admirer le tunnel de la Grotte creusé cependant par les ordres de l'Usurpateur ; il descendit dîner aux Échelles, où le curé, l'abbé Praz, lui offrit son plus beau compliment. Le soir, toute la cour applaudit la grande nouveauté de Grétry, *Richard Cœur de Lion*.

Le 27, il y eut une dernière manœuvre de cavalerie sous les yeux charmés du Roi, qui toute sa vie eut la douce manie de jouer au soldat. Le soir, grande réception d'adieux de la noblesse et des autorités. Le lendemain, à 8 heures du matin, les berlines royales se mirent en route escortées par le gouverneur et le marquis d'Oncieu jusqu'au haut du Mont Cenis.

Le Roi en partant remit au marquis Radicati, directeur général des postes, 1.200 fr. pour la cathédrale, 500 pour Notre-Dame, autant à Maché et 500 à Lémenc, enfin 1.500 aux hospices. Le total de cette royale charité représente peu de chose actuellement, mais l'offrande fut trouvée suffisante en 1816, les princes de Savoie n'étaient pas très riches et, après 26 ans d'absence, ils avaient beaucoup à donner dans leurs États.

La famille royale s'éloigna acclamée et fêtée sur toute sa route. La Reine avait paru encore très belle, mais un peu hautaine ; on louait la grâce et la fraîcheur radieuse des jeunes princesses Marie-Thérèse et Marie-Anne. Le peuple regrettait de ne point voir à leur côté un jeune duc de Savoie destiné à perpétuer la branche aînée, mais tout le succès avait été pour Victor-Emmanuel. La bonne figure du Roi, ses manières simples, son entrain, son brio à cheval avaient produit le meilleur effet sur la population.

Le clergé, tremblant encore des persécutions napoléoniennes, reçu avec déférence et amabilité, ne pouvait être que rempli de respect et d'attachement envers le pieux roi de Sardaigne, qui en rentrant à Turin avait ordonné la construction d'une église votive (la Mère de Dieu [1]) et était en instances auprès de Pie VII pour le rétablissement des évêchés de Savoie.

La noblesse revoyait ses beaux jours, les propriétés acquises sous le régime français avaient bien été déclarées inaliénables par les traités, mais le roi avait promis le rétablissement des majorats, des substitutions (patente royale du 5 décembre 1817), et une rente en faveur des émigrés de Savoie et de Nice. En effet, l'édit du 22 septembre 1818, déclarant inaliénables les biens acquis durant l'occupation française, établissait en même temps une rente de 400.000 livres en faveur de la noblesse. Les nobles retrouvaient les honneurs, les charges, les emplois diplomatiques. Le marquis de Seyssel d'Aix, chevalier de l'Annonciade, était nommé capitaine des gardes ; le chevalier de Maistre était fait colonel du régiment de Savoie ; le marquis de la Serraz, gentilhomme de la Chambre, ainsi que le marquis de Saint-Innocent, de Costa, de Costaz-Quinion, le comte de Clermont de Vars et les chevaliers Vecttier et de Ville de Quincy ; le marquis de Saint-Agneux (grand-croix des saints Maurice et Lazare, 15 août 1820) acceptait la grande maîtrise de la garde-robe ; l'illustre Joseph de Maistre était nommé ministre d'État (2 novembre 1815).

De même, dans l'armée réorganisée d'après les mêmes édits de 1737, les officiers nobles furent promus d'em-

1. Cette église, mauvaise copie du Panthéon, fut construite au bout du pont du Pô ; au bas des degrés de la façade à colonnes, s'élève, depuis 1878, une belle statue du roi Victor-Emmanuel Ier.

blée aux grades ou reçurent un avancement considérable. Quelques régiments d'infanterie relégués dans de tristes garnisons eurent seuls de rares et malheureux lieutenants roturiers. La Noblesse reprenant ainsi son rang, ses grades, son influence et une partie de ses biens, devait être profondément reconnaissante et attachée aux auteurs de changements si profitables.

La Bourgeoisie atteinte gravement par la réapparition de toutes les anciennes lois, barrières et distinctions de castes, fut en partie ramenée, par des places attribuées au Sénat, dans les Corps des Villes, et par les intentions bienveillantes du souverain. Que pouvait-elle faire de mieux? Ne voyait-elle pas l'Europe entière revenant en grandes enjambées en arrière ! Certes, la splendide éclosion des libertés françaises sous le sceptre fier et intelligent de Louis XVIII lui faisait faire d'amères réflexions sur sa situation, mais l'habitude aidant, la vie facile et économique dans un bon pays prospère, la crainte des tracasseries de la police, calmèrent, bon gré, mal gré, ses regrets. La Bourgeoisie de Savoie, assoupie, attendit avec patience les grandes rumeurs de 1848 pour se réveiller tout à fait; elle devait assister, indifférente et intimidée, aux bousculades militaires de 1821 et 1833.

Le peuple des villes et des campagnes était dans l'enchantement ; la Maison de Savoie retrouvait son glorieux prestige intact au milieu des robustes et fidèles montagnards dont beaucoup avaient vaillamment combattu pour leur Roi, lors de la défense des Alpes (1794). Ils partaient de nouveau, gaiement, pour leur huit ans de dur service, fiers d'être incorporés dans cette vieille Brigade de Savoie, bataillon sacré de la Monarchie, le premier toujours au feu, à l'héroïsme, à la victoire et le dernier à la retraite !

Du reste, le peuple, oubliant promptement les grandes

années françaises, ne se souvenait que des misères de la fin de l'Empire, des lourds impôts, des conscriptions privant l'agriculture et les familles des bras nécessaires, enfin des invasions répétées et de leurs charges. Les paysans n'avaient conservé aucune acrimonie contre les anciens seigneurs généralement charitables et aimés; partout, la religion était puissante et les curés influents, aussi, pendant 32 ans, dans les villes comme dans les campagnes, le peuple allait vivre tranquille et silencieux sous le régime paternel de l'absolutisme.

Les Souverains rentrèrent à Turin, ravis de l'accueil qu'ils avaient reçu, et se promettant bien de revenir dans leur fidèle duché. Le Roi se rendit à la Villa de la Vigne, et la Reine à Modène auprès de sa fille, la duchesse Marie-Béatrix.

Les fêtes finies, le gouvernement reprit son travail de restauration complète de l'ancien régime. Le 8 septembre, le Clergé sachant plaire en haut lieu, processionna dans les rues de Chambéry, en l'honneur du vœu de Victor-Amédée II, en 1711, lors du siège de Turin. Le Sénat fit republier, le 20 août, l'édit du 1ᵉʳ juin 1770 sur les cabarets, en en fixant le nombre. L'arrondissement de Chambéry devait en avoir 50, celui de Pont, 20; celui de Saint-Genis, 12.

Les patentes royales du 25 octobre, publiées par le Sénat le 30, rétablissaient la nécessité du mariage religieux. Le 5 novembre eut lieu l'installation du Collège de Savoie par le Conseil de la Réforme des Études dont le chanoine Girard était le président. L'étude de la langue italienne sera bientôt imposée et deviendra obligatoire pour passer en humanités (1818).

Chaque mois apporte son édit ou sa patente, effaçant comme un mauvais rêve les progrès ou les fautes de l'occupation française de 1792 à 1814. Les patentes du 16 décembre divisèrent la Savoie en neuf provinces :

SAVOIE PROPRE :

Chambéry, Aix, Montmélian, Saint-Pierre, La Rochette, Chamoux, le Châtelard, les Échelles, la Motte, le Pont, Saint-Genis, Yenne.

CHABLAIS :

Thonon, Évian, Abondance, Le Biot, Bons, Douvaine.

CAROUGE :

Saint-Julien, Reynier, Annemasse.

FAUCIGNY :

Bonneville, Cluses, Saint-Jeoire, Tanninges, Samoens, Megeve, Sallanches, la Roche.

GENEVOIS :

Annecy, Talloires, Duing, Faverges, Thônes, Thorens.

HAUTE-SAVOIE :

Ugines, Grésy, Conflans, Beaufort.

MAURIENNE :

Saint-Jean, Saint-Étienne-de-Cuines, Saint-Michel, Aiguebelle, La Chambre, Modane, Lanslebourg.

TARENTAISE :

Moutiers, Bourg-Saint-Maurice, Sainte-Foy, Bozel, Saint-Jean-de-Belleville.

Rumilly avec Seyssel, la Biolle, Ruffieux (cette dernière province, supprimée en 1818, fut réunie partie à la Savoie, partie au Genevois).

A la tête de chaque province, des Intendants ou des Vices-Intendants ; leurs appointements étaient plus modestes que ceux du plus petit préfet actuel. Ainsi l'Intendant de Savoie touchait 6.000 livres, son sous-intendant, 1.800 francs ; l'Intendant de Genevois, 3.600 francs ; le Vice-Intendant de Tarentaise, 3.200 fr., etc., etc.

Le dimanche 29 juin, dans l'église Notre-Dame, la Confrérie de la Sainte-Croix ou des Pénitents-Noirs fut rétablie en grande solennité. Cette Confrérie, autorisée par Charles-Emmanuel Ier le 20 juillet 1595, avait le droit d'avoir un mont-de-piété et d'élargir chaque année un criminel ; ses statuts furent approuvés, le 20 mars 1595, par Mgr de Fleshard, évêque de Grenoble.

Innocent VIII accorda à la Confrérie l'usage d'une chapelle particulière et l'élection du chapelain. Les papes Pie V, Clément VIII, Paul V, Léon X, Jules II, Jules III et Grégoire XIII continuèrent les mêmes privilèges. Les confrères devaient réciter tous les dimanches et les jours de fête, l'office de la Sainte-Croix, assister à la messe ; chaque vendredi assister à un sermon et à l'adoration de la Croix, faire quatre processions, une dans les églises le jeudi saint et trois au Vernay ; visiter les malades chez eux et dans les hôpitaux, assister les pauvres honteux, surveiller les jeunes filles dépourvues de ressources pour les préserver des pièges tendus à leur innocence ; enfin accompagner les condamnés à mort, ensevelir leur corps et quêter pour des messes à leur intention — le prieur fut Me de Montbel, président au Sénat.

Les Confrères à peine rétablis, revêtus de leur lugubre cagoule, accompagnèrent au gibet relevé du Vernay, Antoine Thomasset, de Marcellaz, condamné à être pendu par arrêt du Sénat du 14 juin 1817.

Les anciennes peines elles-mêmes reparaissaient, la pendaison pour les criminels, le pilori et la chaîne pour les simples délits. Un arrêt du Sénat du 6 mai 1818 condamna Jean-François Dancet Balmatin, coupable de blasphèmes en la paroisse de Gruffy, à la chaîne pour deux ans et à une heure de pilori à Annecy[1].

Pour un peu, le Sénat, dans son désir de plaire, aurait remis en vigueur un édit de la Régente Yolande de France (1477) bannissant les filles publiques du Vernay, sous peine du fouet et du pilori !

Les douanes, toujours favorables aux mesures les plus rigoureuses et les plus sottes, fermaient, avec une sévérité inouïe, les portes de la Savoie ; les opuscules, journaux et livres français ou suisses étaient surtout l'objet de la plus minutieuse surveillance ; jusqu'en 1848, les ballots de librairie, à leur arrivée à Chambéry, seront portés à la censure du Gouverneur, et, d'après un index rédigé à Turin, livrés au commerce ou au pilon. Les comptes rendus complets de la Chambre des députés de France n'étaient pas toujours admis ; seuls, les journaux ultra-royalistes pouvaient franchir la frontière, ainsi que les publications religieuses et quelques romans édifiants. Le *Journal de Savoie* (ancien journal de l'Empire), organe officiel du gouverneur, avec ses six petites feuilles, paraissant une fois par semaine, devait satisfaire ses abonnés par ses brefs renseignements étrangers, ses longs récits de fêtes à la cour, ses articles pieux et ses recettes de ménage. Le professeur Raymond le dirigeait dans les voies les plus pures. On put y lire cependant, dans le numéro du 3 août 1821, ces quelques lignes prudentes mais étonnantes : « S. M. la duchesse de Parme

1. Le 11 juin 1824, arrêt du Sénat exécuté le 17, condamnant Dumontel, qui avait tué sa mère au Reclus, à avoir le poing coupé, puis à être pendu et son corps brûlé.

et toute sa cour prennent le deuil pour trois mois à l'occasion de la mort de l'époux de la Princesse, décédé à Sainte-Hélène le 5 mai. » Voilà, c'est tout. On ne nomme même pas cet époux devant qui, dix ans auparavant, l'Europe presque entière était agenouillée, cet époux vainqueur des Empereurs et des Rois, l'Impérial soldat arrêté par la seule résistance du doux et inflexible Vieillard Romain, le Persécuté de Savone et de Fontainebleau ! A cette heure funèbre, tandis que les empereurs, les rois et ses maréchaux l'oubliaient, le doux et miséricordieux Persécuté, rentré en triomphe à Rome, donnait asile à la famille du Soldat déchu, et priait pour Napoléon dans une messe solennelle de *Requiem !*

L'Église de Savoie était confiée depuis 1805 à Mgr de Soles (Breton d'origine), aidé dans son administration laborieuse, car le duché entier ne formait alors qu'un diocèse, par les prêtres éminents de l'ancien clergé, dont plusieurs s'étaient exposés au martyre en 1793. L'illustre cardinal Billiet, dans ses belles pages sur l'époque révolutionnaire, leur a rendu un pieux et mérité hommage. Dans les premiers jours de 1815, un mandement épiscopal rétablissait beaucoup de fêtes supprimées par le Concordat. Le Sénat, par un arrêt du 19 novembre 1817, publiait les bulles pontificales du 17 juillet, érigeant Chambéry en archevêché.

Il y eut en cet honneur messe solennelle à la métropole (7 décembre), le Conseil de Ville offrit au Chapitre une croix de procession[1] aux armes du nouvel arche-

---

1. Mandat de la Ville de payer aux sieurs Genoud et Forest, la somme de 1.423 livres, montant de la dépense faite par la Ville pour la croix offerte à Mgr l'Archevêque, ensuite de la délibération du Conseil du 4 décembre 1816 — Chambéry, 1er février 1818.

vêque. Le Roi lui-même s'associa à ces fêtes en nommant évêques les abbés Bigex[1] et de Maistre[2], le premier à Pignerol, le second, frère de Joseph et de Xavier de Maistre, à Aoste. Mgr Yves de Soles[3], premier archevêque de Chambéry, devait occuper ce siège jusqu'au 23 mars 1823, sa cécité presque complète obligea alors cet aimable prélat à démissionner : il laissait son diocèse, qu'il avait reçu en 1804 pauvre et dépouillé, en florissant état, avec douze petits séminaires prospères ; les écoles des Frères, très nombreuses, les Capucins rétablis, les Jésuites rappelés, les Dames de la Visitation réinstallées à Lemenc et celles du Sacré-Cœur nouvellement réunies, autorisées par le Roi à acheter l'ancien couvent des Clarisses, hors ville, qu'elles occupent aujourd'hui.

L'archevêque s'occupa aussi de rendre les honneurs

1. L'abbé Bigex fut sacré à Turin dans l'église Saint-Philippe de Néri, par le cardinal Solaro de Villanova, ancien évêque d'Aoste.

2. L'abbé André de Maistre, docteur en théologie, chanoine de la Superga, vicaire général de Mgr de Montfalcon, dernier archevêque de Tarentaise, qui le nomma administrateur apostolique en 1793. Au Concordat, Mgr de Mérinville, évêque de Chambéry, en fit son vicaire général. Doyen du Chapitre, le Roi le nomma en décembre 1817 évêque d'Aoste ; préconisé en mai 1818, il mourut quelques jours après. C'était le frère de Joseph et de Xavier de Maistre.

3. Né à Auch le 19 mai 1744, tonsuré à 14 ans, étudie chez les Jésuites de Toulouse puis à l'Université de Paris et revient occuper la place de gérant de l'Officialité auprès de Mgr d'Apchon, archevêque d'Auch. Pendant la Révolution, le chanoine de Soles, vicaire général d'Auch, se retira dans les Pays-Bas ; le Concordat signé, il fut nommé évêque de Digne puis transféré à Chambéry ; démissionnaire en 1823, il se retira à Paris où il mourut quelques mois après. Napoléon Ier l'avait créé officier de la Légion d'honneur, et le roi de Sardaigne grand cordon des saints Maurice et Lazare.

funèbres aux restes du premier évêque de Chambéry, Mgr Conseil, mort de tristesse le 29 septembre 1793, et inhumé sans aucune cérémonie religieuse dans Sainte-Marie-Égyptienne où reposait aussi, depuis le 28 février 1624, le célèbre Président Favre ; les deux corps furent rapportés à la cathédrale et ensevelis en grande pompe dans les tombeaux actuels.

Suivant l'exemple de la France, de nombreuses missions furent prêchées dans les villes et les campagnes par les Pères Jésuites reconnus de nouveau par Pie VII en 1815, et par les Capucins toujours très populaires en Savoie. Après les guerres de l'Empire et le trop célèbre blocus, le commerce reprenait partout un bienfaisant essor, mais les anciens édits et les mesures piémontaises remises en vigueur gênèrent souvent les commerçants savoyards. En effet, le franc, le mètre, le litre, le kilogramme, le kilomètre n'existaient plus officiellement : dorénavant, c'étaient le rub de 25 livres piémontaises ou 9 kilog. 221 gr., la livre de 12 onces ou 369 gr. et le marc de 8 onces ; pour la longueur, le pied Lipranc ou $0^m 514$, le trabuc de six pieds ou $3^m 083$, la perche de 2 trabucs, la toise pour les blés et foins, et le mille de 800 trabucs, soit 2.466 mètres. Les mesures agraires redevinrent le point, le pied, la table de 12 pieds, le journal de 100 tables.

L'hémine valait 23 litres et le sac 115 litres, la brente, la pinte de 1 litre pour les boissons, divisées en bocal, quinte et verre. Ces anciennes mesures compliquées devinrent obligatoires dans tout traité, vente, acte fait en forme publique et notariée. Enfin, pour clore cette liste déjà longue, des prescriptions renouvelées d'avant 1792, le Code dit Napoléon fut absolument exclu et le Droit romain rentra souverainement en vigueur, sauf les restrictions apportées par les Princes ou les Sénats ; Justinien par lui-même ou ses interprètes de tous les âges devaient régner jusqu'en 1835, Charles Albert simplifia alors ce vénérable monument juridique en le remplaçant par les Codes Albertins.

Vivant ainsi en dehors du mouvement artistique, littéraire ou politique, la Savoie devait se contenter des plaisirs qu'elle pouvait trouver soit chez elle, soit dans les fêtes de la cour, les passages princiers, les visites royales, les *Te Deum*, les processions, les cérémonies funèbres (en l'honneur de Charles-Emmanuel IV, mort chez les Jésuites, à Rome, le 6 octobre 1819, et de Victor Emmanuel 1er, décédé à Moncalieri le 10 janvier 1824), les changements de régiments, l'arrivée et le départ des diligences[1], les parades, étaient autant de distractions dans la calme vie provinciale de la petite capitale ou des villes situées sur les grandes routes royales.

Du voyage de 1816 à la venue de Charles-Félix en 1824, la Savoie fut traversée par de nombreux hôtes illustres profitant de la paix pour voyager et se rendre aux eaux. Le 24 et le 25, le Pont de Beauvoisin fut édifié par la piété de l'Infant François de Paule assistant aux trois messes de la Noël et laissant une abondante aumône au curé.

---

1. Départs et arrivées des Courriers 1816.

Turin. — Départs : lundi, mercredi, vendredi, à 2 heures. Arrivées, mêmes jours, à 10 heures du matin.

Paris par Lyon. — Mêmes jours, à 2 heures. Arrivées, mêmes jours, 9 heures du matin.

Genève-Annecy. — Mêmes jours, à 5 heures du soir. Arrivées, mêmes jours, à 8 heures du soir.

Moutiers. — Départs : lundi, vendredi, à 5 heures du soir. Arrivées : mardi, samedi, à 8 heures du matin.

Grenoble. — Départs : lundi, vendredi, à 10 heures du matin. Arrivées : lundi, vendredi, à 8 heures du matin.

L'Infant venait de voir son père, le Roi Charles IV, à Rome, et rentrait à Madrid ; au Pont, il logea dans la maison Cretet que Pie VII avait déjà illustrée par sa présence en 1805.

Le 4 août 1817, le jeune prince de Carignan[1], âgé alors de dix-neuf ans, le futur Charles-Albert, arrivant de Saxe, coucha simplement à l'hôtel de la Parfaite Union, puis repartit pour Turin.

Le 16 décembre, ce fut le tour du Grand-Duc Michel[2] de Russie, que l'État-Major du Duché était allé attendre à Rumilly. Son entrée dans Chambéry fut annoncée par une salve de 21 coups de canon. En octobre 1818, la

---

1. Le jeune prince Charles-Albert revenait alors de Dresde où son excentrique mère s'était réfugiée en 1815. Sur le désir manifeste du Roi et de la reine Marie-Thérèse pressés de le savoir marié, il était allé à Dresde pour voir une de ses cousines de Saxe. Le mariage ne réussit point ; la terrible douairière de Carignan ayant en tête une double union avec la maison de Bavière qui lui aurait ainsi économisé la dot de sa fille, la belle princesse Élisabeth. A son retour à Turin, le prince de Carignan devait trouver avec le collier de l'Annonciade d'autres projets préparés par sa famille, qui le conduiront à Florence où, le 30 septembre 1817, il épousera l'archiduchesse Marie-Thérèse, fille du grand-duc de Toscane, Ferdinand III. La reine de Sardaigne, dans sa volumineuse correspondance avec le duc de Genevois, tout en se montrant très satisfaite de ce beau mariage pour le jeune prince si bon, mais si mal élevé, ajoute mélancoliquement : « Pour moi, je désire que cela réussisse car cela sera un bonheur pour lui et notre famille, mais je remercie Dieu de ne pas devoir y contribuer, car, à moins que d'être bien légère, je ne puis croire que l'épouse sera fort heureuse, malgré que je sois convaincue que le prince ne sera jamais vicieux ni malhonnête ! ». — *Archivio de Stato : Casa reale.* — *Gli Ultimi Reali di Savoia de D. Perrero.*

2. Michel Paulowitch, quatrième fils de Paul Ier, né en 1798, mort en 1849, marié en 1824 à Charlotte de Wurtemberg, née en 1807, morte en 1873.

fameuse Caroline[1] de Brunswick, princesse de Galles, épouse séparée du Régent d'Angleterre, traversa la ville, sous le nom de Comtesse Oldi.

Le 24 mars 1821, le prince de la Cisterna (grand-père de feue la duchesse d'Aoste), compromis dans le soulèvement militaire d'Alexandrie, et fuyant le Piémont, passa inaperçu dans Chambéry, mais fut arrêté le lendemain au Pont.

Le prince de Carignan, dont la situation était plus que difficile à la Cour après les malheureuses journées de 1821 et la terrible colère de Charles-Félix contre lui, quitta aussi le Piémont pour aller se battre en Espagne avec les troupes françaises sous les ordres du duc d'Angoulême. Il était accompagné par le marquis de Faverges et le comte Sylvain Costa de Beauregard[2]. La guerre d'Espagne terminée, Charles-Albert regagna Paris avec le duc d'Angoulême, fut comblé d'amitiés par Louis XVIII et les Princes, reçut le Saint-Esprit, la Toison d'Or, et une médaille, frappée en son honneur et sous ses yeux à la Monnaie et offerte par les Grenadiers de la Garde royale.

La folie de jeunesse, noblement réparée, fut presque oubliée ; le prince repassant par Chambéry le 5 février descendit au château en prince héritier et non plus à l'auberge comme un parent pauvre.

1. Caroline de Brunswick, née en 1768, mariée en 1795 à son cousin Georges, prince de Galles, le Prince régent; reine d'Angleterre en 1820, morte en 1821. Elle était depuis 1797 séparée de son capricieux époux, et très aimée et populaire en Angleterre.

2. Sylvain Costa de Beauregard, né en 1785, quatrième fils du marquis Joseph Costa de Saint-Genis Beauregard (l'historien et le général), major général, grand de cour, premier écuyer du roi Charles-Albert, après avoir été son fidèle compagnon en Toscane au moment de son mariage, puis en Espagne; commandeur des saints Maurice et Lazare, mort célibataire à Turin en 1836.

Les anniversaires des princes, leurs fiançailles, autant de causes à réjouissances, illuminations, revues, etc., etc. Le 23 février 1817, les officiers de la garnison donnèrent une brillante fête au Vernay avec tournoi et bal. Grâce à cette avance de la garnison, les bals furent très nombreux cet hiver-là dans la société de Chambéry.

Le 16 août 1820, il y eut fête champêtre à la Boisse en l'honneur des fiançailles de la princesse Marie-Thérèse[1], seconde fille du Roi, avec l'Infant de Lucques, Charles-Louis de Bourbon. Le théâtre était très brillant et très suivi ; Mlle Mars y donna, en janvier 1819, *Sémiramis*, *Mérope*, *Frédégonde* et *Gabrielle de Vergy*.

Les eaux d'Aix reprirent leur vogue dès 1816. Nous avons vu l'impératrice Marie-Louise y ramener le mouvement et le profit des beaux jours de l'Impératrice Joséphine. Les baigneurs augmentèrent d'année en année : 850 en 1818 ; 2.600, dix ans plus tard ; la rareté des communications coûteuses en excluaient les petites gens. Aix devint bientôt le rendez-vous du grand monde international ; l'organisation d'un casino, en 1824, placé sous le patronage royal, assura aux baigneurs les quelques distractions dont on se contentait alors.

Au fond de la Tarentaise, les eaux de Brides retrouvées depuis peu furent aussi aménagées à l'usage des baigneurs. Le *Journal de la Savoie*, dans un article élo-

1. Marie-Thérèse de Savoie, née en 1803, morte à Viareggio le 16 juillet 1879, mariée le 15 août 1820 à Charles II de Bourbon, né en 1799, duc de Lucques à la mort de sa mère l'infante Marie-Louise d'Espagne (13 mars 1824), échange le duché de Lucques contre celui de Parme en 1847, abdique en 1849, meurt à Nice en 1883. Leur fils, Charles III, duc de Parme, né en 1823, assassiné à Parme en 1854, marié en 1845 à Louise de France, sœur du comte de Chambord ; son fils, le duc Robert de Parme (né en 1848), a été l'héritier presque universel des biens de sa tante maternelle, l'Impératrice Marie-Anne de Savoie, morte à Prague en 1884.

gieux, engageait ses abonnés à s'y rendre, leur annonçant qu'ils y trouveraient *une bonne auberge, deux cabines de bain fermées* et deux chaises à porteur. Le gouverneur et la comtesse d'Andozeno se hâtèrent de profiter de la nouvelle et modeste installation ; ils y retournèrent presque chaque été. Le service des diligences se faisait avec exactitude et sûreté, mettant Chambéry en relations continues et fréquentes avec Turin, Lyon, Genève, Grenoble et Moutiers.

Une innovation très curieuse fut même apportée dans le service des postes du royaume ; cette mesure excellente, devançant de vingt ans l'apparition du premier timbre-poste en Europe, passa inaperçue au milieu de la réogarnisation rétrograde et tomba même bientôt dans l'oubli, grâce à l'ignorance des gouvernants et gouvernés. Victor-Emmanuel avait ordonné, par ses lettres patentes du 7 novembre 1818, la fabrication d'un papier timbré de poste ; la vente en était confiée aux bureaux de poste, avec une remise en faveur des employés (principe appliqué depuis à la vente des timbres-poste dans les bureaux de poste et de tabac).

Il y avait trois sortes de papier à lettres timbré : à 15 centimes pour les distances de 15 milles ; de 25 centimes, de 15 à 25 milles, et de 50 centimes au-dessus de 25 milles. La jolie vignette de papier timbré représentait un petit amour galopant à cheval en jouant du cor. Les premiers papiers furent timbrés à blanc, les seconds, entourés d'une ligne bleuâtre, ainsi que les figurines. L'Europe ne fit aucune attention à cette première grande facilité donnée à la correspondance, et en 1840, le premier timbre anglais eut tous les honneurs de la nouveauté. Pour compléter cet aperçu sur la Savoie pendant le règne de Victor-Emmanuel, voici le tableau complet de son administration (1819).

Archevêque : Mgr de Soles.

Vicaires Généraux : De Thiollaz, Rochaix, Pillet, Fortin.

CHAPITRE :

De Thiollaz, de Loche, de la Palme [1], Dubouloz, Morinier, Rey, Rochaix, Gazel, Fortin, Gilbert, Tollet.

CHANOINES HONORAIRES :

De la Place, Montréal, Duport, de Vars, de Buttet. Girard, Pillet, Billet, Martinet, Falco.

GOUVERNEMENT DE LA SAVOIE :

Gouverneur, Comte Gabaleone d'Andezeno, grand-croix des saints Maurice et Lazare.

Adjudant général et chef d'État-Major : Baron du Noyer ✠, l.-col. de caval. ; sous-adj. Andioli, comte de Sonnaz ✠, aide de camp de Sa Majesté, attaché à l'État-Major ; Vial, secrétaire du Gouvernement.

ÉTAT-MAJOR DES PLACES :

De Ruphy, colonel d'inf. : Commandant de Chambéry ; comte Cafré de Megève ✠, l.-col. d'infant., Major de la place ; comte Martin du Montu ✠, commandant du Pont de Beauvoisin ; Valette, Major de Montmélian ; de Birrague, colonel de caval., Commandant de Chablais ; De Chevillard ✠, colonel d'inf. ; C. de Carouge ; Chevalier

---

1. Jean-Baptiste Aubriot de la Palme, né à La Motte le 25 novembre 1752, docteur en théologie, supérieur du séminaire et chanoine en 1780, vicaire général pour la Savoie pendant la Révolution, nommé évêque d'Aoste en 1819, sacré le 11 juillet, se démet le 21 août 1823, mort à Chambéry le 7 février 1826. (*Patentes de noblesse de 1778.*)

d'Ossan, C. de Faucigny ; Chevalier Le Blanc ✠, colonel d'inf., C. de Genevois ; Chevalier Portier du Belair, Major d'Annecy ; Bourgeois, lieut.-col., C. de Maurienne ; De la Palud ✠, lieut.-col., Haute-Savoie ; André, Major en Tarentaise ; Brun de Cussari, capit. com. des Carabiniers royaux.

SÉNAT DE SAVOIE :

Marquis Vincent Busca ✠, premier président ; Roze et Vialet de Montbel, présidents.

SÉNATEURS :

De Thiollaz, Roze, d'Alexandry, Vella, Bron, Portier du Bellair, comte de Savoiroux, de Buttet, Vignet, Carron de Briançon, Pacoret de Saint-Bon, Bourgeois, Bain, Deville, Pillet, Bal, comte Jaillet de Saint-Cergues.

Comte Somis, avocat fiscal général, Claude Tardy, procureur au Sénat.

INTENDANCE :

Comte Tornielli de Vergano [1], intendant-général : sous-intendant, comte Petitti, de Rosetto ; avocat, Brunet ; secrétaire, Fr. Rosset ; trésorier, Simondi ; contrôleur à la Trésorerie, Frédéric d'Alexandry ; trésorier, Treppier ; archiviste, Léger ; commission des Forêts, quatre Piémontais et quatre Savoyards, sous la présidence du comte Petitti ; juge mage, d'Alexandry [2] ; lieutenant, avocat Delabeye.

1. Grand-père de l'Ambassadeur actuel d'Italie à Paris.

2. Balthazar Alexandry d'Orengiani, né en 1733, marié en 1773 à Jeannette Gerboix de Sonnaz, mort à 100 ans moins six mois, 11 octobre 1833 ; c'était le frère de Christophe d'Alexandry, né en 1832, mort curé de Cognin en 1812 après s'être rétracté dès 1707 du serment civique qu'il avait eu la faiblesse de prêter en 1793 comme doyen d'Aix.

CONSEIL DE LA RÉFORME DES ÉTUDES :

Vialet de Montbel, sénateur président.

Chanoine, Girard, de Buttet, sénateur, membres ; réformateur visiteur, Delabeye : Dr Guilland, vice-proto-médecin.

Commissaire des guerres, Testafochi ; génie civil, Chianale ; douanes, Favre ; gabelles, Camino, Portes, Castellinard.

Le 10 mars 1821, à l'instigation de plusieurs officiers, probablement du prince de Carignan et sûrement de ses amis, la garnison d'Alexandrie se mutina, aux cris de *Vive la constitution espagnole de 1812*, obtenue par la révolte à Madrid et à Naples ; le 12, les troupes de Turin suivaient le même exemple. La bonté et l'honnêteté du Roi le poussèrent immédiatement à remettre le pouvoir entre les mains de Charles-Albert avec le titre de régent, et à se retirer à Nice. Victor-Emmanuel ne voulait pas engager une lutte sanglante contre ses troupes infidèles ni appeler à son aide les armées autrichiennes prêtes à entrer en Piémont ; d'un autre côté, il avait promis aux puissances de ne point accorder de Constitution. Pris entre sa vieille haine pour l'Autriche (haine datant des abandons de 1799 et 1800) et sa parole d'honneur, le souverain abdiqua, le 13 mars, en faveur de son frère, le duc de Genevois, alors à Modène, se réservant les honneurs royaux et une rente d'un million. Malgré la police, ces fâcheuses nouvelles avaient transpiré en Savoie, mais on ne savait rien de précis. Le 23, le *Journal de la Savoie* eut l'ordre d'en dire quelques mots à tout hasard ; le 26, le gouverneur d'Andezeno, suivi du marquis d'Oncieu, vint à cheval lire sur la place Saint-Léger la Proclamation de Charles-Félix, datée de Modène le 16 mars, déclarant nulle toute promesse de constitution, nul tout désir d'amoindrir la royale autorité et publiant la pleine et entière soumission du prince de

Carignan faite à Novarre (la ville fatidique de ce prince) !

Bientôt le duc de Genevois, par une lettre autographe, donnait sa parole d'honneur que la Savoie n'aurait jamais à craindre la garde d'une armée étrangère, et annonçait la venue de la brigade de Savoie, commandée par les deux cousins de la Fléchère, famille célèbre en Savoie par sa vieille fidélité et sa bravoure. Ce corps d'élite arriva à Chambéry le 11 avril et fut fêté par toute la population : le même jour, les Autrichiens occupaient Alexandrie, et le marquis de Faverges, à la tête de six pièces d'artillerie et des Chevau-légers de Savoie et de Piémont, entrait dans Turin.

Victor-Emmanuel ayant renouvelé son abdication à Nice, le 19 avril, le duc de Genevois prit le titre royal sous le nom de Charles-Félix. Le gouverneur et le marquis d'Oncieu furent récompensés d'avoir maintenu le calme en Savoie ; le premier, par une pension de 4.000 livres, et le second, par la grand-croix des saints Maurice et Lazare ; mais ils durent bientôt organiser une commission d'enquête, recherchant la conduite de tous les employés durant les jours d'incertitude révolutionnaire. Après la dureté, la clémence : le nouveau Roi[1], avant d'entrer à Turin, publia à Govone (5 octobre) une amnistie pour les personnes en général ; mais ordonnant de surveiller avec une sévérité redoublée les écrits et les sociétés secrètes.

1. Charles-Félix n'oublia jamais les journées révolutionnaires de 1821 à Turin, aussi ne revint-il dans sa capitale que le 15 octobre et pour un court séjour. Les préférences du nouveau Roi l'attirèrent souvent et longuement à Gênes, plusieurs fois à Nice et régulièrement tous les deux ans en Savoie. Jamais non plus Charles-Félix ne voulut habiter les grands appartements du palais de Turin qui avaient aussi vu les scènes de 1821. Pendant tout son règne, il se contenta du rez-de-chaussée et du palais Chablais que sa sœur lui légua et qu'il donna à son tour, par testament, au duc de Gênes.

Les premiers jours de 1822 [1] furent occupés dans toute la monarchie à la prestation des serments des autorités.

A Chambéry, le corps de ville prêta serment le 17 janvier entre les mains de Mgr Bigex, venu en carrosse, précédé d'un abbé à cheval portant la croix archiépiscopale ; le 27, serment des troupes à la Métropole ; à la tête de l'état-major, le colonel, comte de Villette, la main sur les Évangiles, récita la formule du serment ; les soldats défilèrent ensuite en disant tous : « Je le jure. »

Le 11 février, la noblesse remplit à son tour ce devoir de fidélité envers son suzerain.

1. La Sainte Chapelle du Château, ce bijou gothique, fermée depuis 1792, fut enfin rendue au culte en 1822, le gouverneur y nomma comme aumônier royal l'abbé piémontais Fioretto, jadis aumônier du Régiment de Montferrat.

III

CHARLES-FÉLIX (1821-1831)

Le nouveau Roi, malgré son titre de duc de Genevois, était inconnu en Savoie ; on le savait bon, honnête, un peu bigot, entêté, mais n'ayant pas l'extérieur avenant de son frère Victor-Emmanuel ; ses goûts étaient paisibles, sa tranquillité lui était particulièrement chère : « Je ne suis pas roi pour être tourmenté, disait-il à ses conseillers ! » Il aimait les arts, la musique, et surtout le théâtre dont il fut toujours le protecteur malgré sa dévotion. Par une exception unique dans l'histoire des princes de Savoie, Charles-Félix ne se plaisait pas aux exercices militaires ; la vie des camps lui avait été odieuse, aussi, sous son règne pacifique, l'armée fut-elle un peu délaissée. Par sa correspondance avec ses frères, avec la reine Marie-Thérèse, par son journal, on voit que le Roi avait l'esprit moqueur de sa race, beaucoup de jugement et une prudence rendue encore plus affinée par l'exil et les tristesses de 1796 à 1814. Depuis longtemps, Victor-Emmanuel consultait son cadet sur toutes les graves questions politiques ou familiales ; les renseignements particuliers, sur la vie orageuse du duc de Berry à Londres, qu'il en reçut à Cagliari, en 1809, furent certainement la cause principale du refus opposé par le Roi à la demande de Louis XVIII, très désireux d'assagir son neveu en le mariant à la belle princesse Marie-Béatrix de Savoie, depuis duchesse de Modène. Charles-Félix en 1821 avait 56 ans, il était le quatrième fils de Victor-Amédée III et de Ferdinande d'Espagne. Il avait eu une jeunesse très effacée comme il sied à un cadet ; mais en 1802, l'aîné, Charles-Emmanuel IV, veuf de Clotilde de France, se retira chez les Jésuites à Rome ; le duc de Montferrat, Victor-Amédée (né en 1762), était mort de chagrin après les tristes campagnes de 1799, et le duc d'Aoste, roi Victor-Emmanuel Ier, n'avait plus qu'une fille ; aussi le duc de Genevois, sur les conseils de son frère, se décida au mariage. Pour les princes de Savoie, pauvres et abandonnés, relégués en Sardaigne, le choix était difficile. On s'adressa aux Bourbons de Naples, confinés aussi en Sicile et dont la famille était nombreuse. Le 7 mai 1807, à Palerme, Charles-Félix épousa Marie-Christine (âgée de 28 ans), fille de Ferdinand IV et de la fameuse reine Caroline ; leur union fut toujours stérile. Au physique, Charles-Félix avait l'air assez paternel, nous dirions même bonhomme, des traits réguliers, avec le nez fort ; comme tous les enfants de Marie-Ferdinande d'Espagne et de Victor-Amédée III, il aimait peu les cérémonies, et n'oubliant pas la conduite des habitants de Turin en 1821, il se plaisait davantage à la campagne dans ses châteaux d'Aglie[1], de Govone[2] ; préférait à la vie officielle[3] l'étiquette adoucie de ses séjours en Savoie, à

1. Aglie, près de Turin, légué par le Roi à Ferdinand de Gênes.
2. Govone, près de Turin, légué aussi au duc de Gênes, vendu depuis.
3. D'idées absolutistes, il ne comprenait que le pouvoir royal dans sa pleine puissance, aussi eut-il toujours en horreur la haute bourgeoisie et les professeurs, désireux d'obtenir à leur tour une part au gouvernement ; pour lui, le Roi c'était tout, l'armée, le clergé, la noblesse suffisaient à l'entourer. Moins indulgent que son frère, il ne se décida à rappeler à Turin le prince de Carignan qu'après

Nice, et de ses nombreux voyages à Gênes, Naples,
Modène. La reine Marie-Christine, née à Naples en 1779,
grandie dans la cour équivoque de Ferdinand Iᵉʳ, élevée
sans grands soins, loin de sa terrible mère la reine Caroline, se recueillit d'elle-même avec sa sœur Marie-
Amélie, dans la piété et l'éloignement des folies princières. Reine majestueuse par sa haute taille, par son
noble visage très bourbonien, elle fut vite populaire
grâce à son aménité et à sa charité inépuisable.

Victor-Emmanuel, la Reine et leurs deux filles quittèrent Nice le 29 mai; ils se rendirent de Villefranche à
Livourne, puis à Lucques auprès de leurs enfants; ce ne
fut qu'en 1823 que le Roi revint s'installer à Moncalieri
où il mourut le 10 janvier 1824.

Le changement de règne accompli, la Cour enfin rentrée à Turin, la Savoie paisible, Chambéry reprit sa
petite existence calme et sans soucis durant les années
1821-22-23. Les libéralités du général de Boigne furent
le grand événement de 1822. Il avait déjà donné
100.000 fr. pour la réfection du théâtre en 1820; il offrait
encore à la ville un revenu de 40.000 livres, un capital
de 500.000 pour l'aider dans les créations suivantes :
Collège des Jésuites, dépôt de mendicité, dix lits à l'Hôtel-Dieu pour les contagieux, quatre lits pour les voyageurs. Un prêt de 200.000 livres pour la démolition des
cabornes de la rue Couverte et la percée d'une rue du
château au boulévard. Enfin 50.000 livres pour une
façade à l'Hôtel de Ville. Le général donna encore 30.000
livres aux Capucins pour leur chapelle, dont il posa la
première pierre et qui fut consacrée le 9 septembre 1823

la guerre d'Espagne et à lui donner « l'Altesse Royale » que sur
les instances très pressantes de Louis XVIII; mais, pas plus que
Victor-Emmanuel Iᵉʳ, il n'avait songé à le déshériter; son testament
du 5 avril 1825 en fait foi.

par Mgr de la Palme, évêque d'Aoste; de Boigne reçut alors la grand-croix des saints Maurice et Lazare[1].

Le Sénat fit publier la Bulle Pontificale du 15 février 1822 rétablissant le siège épiscopal d'Annecy, uni à celui de Genève; et la noblesse fut heureuse de la distinction accordée au comte de la Tour[2], au marquis d'Yenne, gouverneur de Gênes[3], au chevalier de Sonnaz des Habères[4], nommés chevaliers de l'Annonciade. Les deux premiers mois de 1824[5] furent assombris par les cérémonies funèbres en l'honneur du roi Victor-Emmanuel. L'archevêché de Chambéry étant vacant depuis août 1823, ce furent les vicaires généraux capitulaires, Rey, Martinet, qui ordonnèrent les services dans toutes les églises du duché. Les obsèques royales furent célébrées à la Métropole le 17 janvier, avec oraison funèbre par le chanoine Rey, et le 21 à la Sainte Chapelle. (La ville paya 1.911 livres pour le service.) Le Roi, dont on annonçait la prochaine visite, créa comte l'intendant Joseph Fernex, le 20 mai, et le 5 avril, la marquise de Saint-Agneux, née d'Oncieu, et la comtesse de Villette-Chevron, née de Dampierre[6], furent nommées dames du Palais. Le 24 mai, au Consistoire, le pape Léon XII

1. Le 16 mars 1822.
2. 4 mai 1821.
3. 22 octobre 1821.
4. 28 octobre 1822.
5. Le 6 mars, à Ripaille, qu'il avait acheté en 1802, s'éteignit le général, comte du Pas, né en 1761 à Évian, entré en 1775 aux Dragons Piémont, puis au régiment suisse de Châteauvieux en France, capitaine en 1792 dans la légion des Allobroges, commandant du Caire en 1799, colonel des Mamelucks (1803), général de brigade, de division à Austerlitz (1805), comte de l'Empire en 1809.
6. Antoinette de Dampierre, dame du Palais, dame de la Croix étoilée d'Autriche, mariée en 1804 à François, comte de Chevron-Villette, morte en 1818. Son mari adjudant général, né en 1775, fut un des principaux membres de la Société de Fidèles pour la complète restitution de la Savoie et ses princes en 1816; aussi la

transféra l'évêque de Pignerol, Mgr Bigex [1], à l'archevêché de Chambéry, et nommait à Pignerol, le chanoine Rey ; le nouvel archevêque fit son entrée publique
le 18 juillet, et le 20, bénit le drapeau des chevaliers
Tireurs, présenté par le général de Boigne avec 1,000
livres pour la Compagnie. Les célèbres Chevaliers
Tireurs, organisés en trois compagnies : une d'archers,
une d'arbalétriers, une de coulevriniers, par le duc
Charles III en 1509, montrèrent toujours un dévouement sans bornes à la maison de Savoie ; en 1515, ils
résistent à François Ier ; en 1600, à Henri IV, devant
Montmélian, le chevalier tireur Parsin arquebusa le
marquis de Canaples, ami du roi de France ; en 1629,
au maréchal du Hallier, etc. En 1742, unis par Charles-
Emmanuel III aux troupes royales, ils contribuèrent
à la défense du château d'Apremont [2] ; ce vieux castel
démantelé s'étant rendu au bout de cinq jours aux Espagnols, l'Infant don Philippe invita à sa table les commandants, les comtes d'Evieux et de Saint-Oyen et leur
fit servir au dessert une croquante représentant Apremont en leur disant : « Cette forteresse résistera moins
que celle que vous avez si bien défendue. »

En 1772, l'Abattue de l'Oiseau fut fêtée par la présence
du duc de Chablais : roi, le comte de l'Hôpital ; reine,
Mlle Marianne Dufresne.

ville de Chambéry lui fit don d'une médaille commémorative. Il
mourut en 1829. Leur fils Théophile, né en 1816, mort en 1871,
fut page de Victor-Emmanuel Ier, de Charles-Félix, écuyer de
Charles-Albert, gentilhomme de la Chambre et député de Savoie.

1. Mgr François Bigex, né à La Balme de Thuy en 1751, administrateur, au péril de sa vie, en Savoie pendant la Révolution,
vicaire général de Mgr de Soles, sacré évêque de Pignerol en
1817, à Turin, transféré à Chambéry en 1824, mort le 19 février
1827 à Chambéry.

2. Apremont, à 8 kilomètres de Chambéry, près de Myans, appar-
tient à présent à M. J. Tardy.

En 1775, les Chevaliers Tireurs prirent une large part aux fêtes nuptiales du prince de Piémont, par l'ordre exprès de Victor-Amédée III; depuis la Ravoire, ils marchèrent devant le carrosse royal, leur capitaine marquis de Cordon en tête. Le 2 septembre, ils allèrent aussi jusqu'à Saint-Thibaud de Couz à la rencontre de LL. MM., ramenant Mme Clotilde de France, et pendant la cérémonie du mariage, ils firent la haie devant la Sainte Chapelle. Le marquis de Cordon présenta alors au Roi un vétéran des guerres de 1742, le sieur Porraz, qui lui dit : « J'ai servi sous votre père, c'était un bien brave homme. » Naïf et touchant témoignage de la popularité de Charles-Emmanuel III. Le 12 août, l'Abattue, et le soir grand bal où le prince de Piémont dansa le menuet avec la marquise de Cordon, et le marquis de la Serraz avec la duchesse de Chablais. — Les six provinces du Duché :

Savoie...............	Mlle Laure de Saint-Sulpice
Maurienne..........	Mlle de Buttet
Tarentaise..........	Mlle Marcelle de Saint-Sulpice
Faucigny...........	Mlle de la Bâtie
Genevois...........	Mlle de Saint-Agnès
Chablais	Mlle de Traverney

complimentèrent la reine qui les embrassa toutes.

En 1787, l'Abattue eut encore lieu devant le duc et la duchesse de Chablais : roi, J.-B. Vivian; reine, Mlle H. de Saint-Sulpice (future marquise d'Arvillard). Enfin, au temps du péril et de l'ingratitude, le marquis de Perraz offrit au roi sa compagnie entière de Chevaliers Tireurs pour la défense de ses États, envahis par les Français ; Victor-Amédée III, ne voulant pas exposer ces braves gens aux vengeances de la République, les fit remercier par une lettre digne et reconnaissante du ministre de la guerre, marquis Cravazana, septembre 1792.

La Cour quitta Turin le 19 juillet ; le gouverneur du Duché l'attendait au Mont Cenis ; le 22, à 6 heures du soir, le Roi, la Reine, la duchesse de Chablais[1] arrivèrent au faubourg ; après l'inévitable discours du comte d'Andezeno, douze jeunes filles offrirent des fleurs emblématiques à Marie-Christine. Les jeunes filles étaient : MM^{lles} de Salins, Finas, Martin, Pointel, patronnées par la marquise de Traverney et le conseiller de ville Brunet ; MM^{lles} de Costa, Besson, Morand, Marin, par la marquise d'Oncieu et le conseiller Verney ; MM^{lles} d'Aviernoz, Millet, Fortis, par Mme Portaz et le comte Balbis de Sambuy ; MM^{lles} de Châteauneuf, de la Chambre, Domenget, par Mme Verney et le colonel de Chevillard. Les fleurs offertes avaient été savamment choisies : le peuplier blanc (temps), la pervenche (sérénité), le lys (candeur), la campanule (reconnaissance), la violette (modestie), le tilleul (fidélité), le myosotis (souvenir), la pensée, le chèvrefeuille (liens d'amour), le laurier (gloire), et l'aubépine (espérance). Au château, l'archevêque et Mgr de la Palme saluèrent le Roi qui, aussitôt, mit le feu à une fusée allant embraser le feu d'artifice installé au bas de Jacob. Le 23, réception de toutes les autorités et grand cercle à la Cour où, d'après l'étiquette, les dames parurent coiffées de turbans à la Mme de Staël ; les voitures, peu nombreuses, étaient suppléées par les vinai-

1. Marie-Anne de Savoie, née en 1757, troisième fille de Victor-Amédée III et de Ferdinande d'Espagne, mariée en 1775 à son oncle paternel Benoît-Maurice de Savoie, duc de Chablais, veuve le 10 janvier 1808, morte au château de Stupinigi le 11 octobre 1824. Après son veuvage, la duchesse de Chablais entièrement dominée par un de ses écuyers, Pascal Conti, créé comte, grand-croix des saints Maurice et Lazare, grand maître de sa maison, qui la traitait sans ménagements, fut assez malheureuse pour supporter jusqu'à sa mort le joug brutal de ce favori. (Voir le Journal du duc de Genevois.)

grettes, roulant rapidement sur les cailloux pointus et trainant au château les élégantes admises à la grande faveur du Cercle de la Reine. Mais Charles-Félix préférait le théâtre [1] à toute autre distraction, aussi, presque chaque soir, le Roi, la Reine et la duchesse se rendaient-ils au nouveau théâtre, construit par une Société d'amateurs en 1774, inauguré durant les fêtes du mariage royal en 1775, et incendié en 1862. Le 24, *les Fausses Confidences et la partie de chasse de Henri IV* ; le 25, *le Légataire Universel et les Petits Savoyards* ; le 28, *le Mari et l'Amant et le Dépit amoureux.*

Dans la journée, la Reine faisait de pieuses visites : le 30, au Sacré-Cœur où les religieuses et les pensionnaires eurent la faveur du baise-main ; le 31, à la Visitation dont Mgr Bigex fit les honneurs ; Mlle de Faverges, âgée

1. Les patentes du 24 juillet 1820 autorisaient la ville à acheter le théâtre à l'ancienne Société de 1775, d'autres patentes du 21 mai 1821 approuvèrent le plan de reconstruction (adjudication de 123.000 fr. avec l'entrepreneur Denarié), l'achat de la maison du sieur Tanin, d'un terrain et d'une tour des anciens remparts à la veuve Ravet, et d'un four banal aux Hospices pour l'agrandissement. Peu de jours avant de se rendre en Savoie, Charles-Félix accorda le titre de Théâtre Royal, réservant la loge de droite au Gouverneur, celle de gauche aux Syndics, une aux héritiers de Boigne, une au général et une aux conseillers de ville (22 juin 1824). Les mêmes patentes autorisaient les spectacles toute l'année, sauf en Carême et l'Avent, et permettaient à la ville d'y faire vendre des boissons, confitures, etc., et d'y tenir jeux de billard et de cartes ; mais le répertoire devait être soumis d'avance au Gouverneur, toujours maître de le changer ou d'y apporter des corrections *gratis.*

Enfin le 2 octobre 1828, Charles-Félix toujours favorable aux gens de théâtre, en échange des franchises de douanes accordées en 1790 pour leurs costumes et accessoires, leur alloua 1.800 livres de pension. Pour perpétuer le souvenir du séjour du Roi et de la Reine à Chambéry, en 1824, la ville fit alors élever l'obélisque de la route de Lyon au prix modeste de 2.350 livres.

de sept ans, complimenta la souveraine qui, en descendant, s'arrêta chez les Orphelines du Reclus (actuellement la propriété Tardy).

Le 1er août, le soir, au Vernay, la Cour, dans les fameux carrosses dorés, de style égyptien, se montra au bon peuple, tandis que les deux musiques des Dragons de Genevois et de la Brigade de la Reine jouaient sous les vieux arbres.

Le 29, les Souverains avaient fait une première halte à Aix-les-Bains où, modestement, ils avaient dîné dans la maison Duvernay, avant d'aller en voiture jusqu'au lac ; au retour, L.L. M.M. passèrent quelques moments au Cercle des Baigneurs encore installé dans la maison Guilland.

La cour, au complet, arriva à Annecy le 9 ; le 10, à Bonneville, à Thonon, à Évian, et rentra le 14 août à Annecy pour l'Assomption. Le 16, le Roi posa la première pierre de la Visitation actuelle, et, revenant à Chambéry par l'Hôpital-Conflans, il accomplit la même cérémonie pour la digue de l'Isère. Le 26 août, les Chevaliers Tireurs [1] reprirent la coutume joyeuse de l'Abattue de l'oiseau, interrompue depuis 37 ans ; le roi du tir

1. L'antique compagnie des Chevaliers Tireurs venait d'être réorganisée en l'honneur de la venue des Souverains en Savoie ; l'établissement du tir au Vernay, les frais d'uniforme, etc., avaient été payés grâce à un prêt de 14.000 fr. du général de Boigne, transformé en 1824 en une rente de 5.000 fr. Le nouvel uniforme : habit rouge, croisé sur la poitrine, à revers de velours noir et double rangée de boutons aux armes de la compagnie, pantalon de casimir blanc à grand pont, chapeau long à plume blanche, épée et épaulettes d'or. Ce brillant costume a malheureusement disparu depuis l'annexion. Le drapeau de la compagnie était bleu de Savoie avec les armes de Chambéry et celles des Tireurs. Voir *La Bazoche, les Abbayes de la jeunesse et les compagnies de l'Arc, de l'Arbalète et de l'Arquebuse en Savoie*, par André Perrin — Chambéry 1865.

fut le gouverneur d'Andezeno et la reine Mlle Olympe Jacquemoud ; on fêta aussi l'ancienne reine de 1787, la marquise d'Arvillard. Mme de Launay, en s'accompagnant de la harpe, chanta une cantate composée par l'abbé Charamont, organiste de la cathédrale.

Le soir, grand bal au théâtre, les Souverains y restèrent jusqu'à minuit.

Le 27, le Roi visita le collège des Jésuites dont le Père Leblanc était recteur, et la maison de Saint-Benoît ; le 29, toujours simples et populaires, Charles-Félix et Marie-Christine se promenèrent au milieu de leur peuple sur le fameux pré de la vogue de Bassens et, après une course aux Échelles, une revue au Champ-de-Mars présidée du haut du balcon Pillet, car Charles-Félix ne galopait pas comme son frère Victor-Emmanuel ; ils quittèrent Chambéry le 4 septembre. Ce premier et long séjour en Savoie acquit à Charles-Félix une immense popularité. Bientôt on apprit que le Roi avait racheté Hautecombe et allait faire restaurer l'abbaye ; tous les métiers y trouvant leur bénéfice, l'amour pour le Souverain ne fit qu'augmenter encore. De son côté, le Roi aimait beaucoup la Savoie ; il était si content d'y séjourner que les voyages royaux se répétèrent en 1826, 1828, 1830[1].

1. 26-30 juin, 12 juillet, Comptes des Synd. Arch. de Chambéry.

Pour la musique de ville.

Instruments vendus par Tabard, de Lyon :

Deux cors d'harmonie avec tous les tons, à 150 fr. pièce, 300 fr. ; 4 clarinettes en ut, 180 fr. ; 1 en fa, 33 fr. ; 1 basson, 130 fr. ; 1 serpent à gueule de serpent, 130 fr. ; 1 petite flûte, 15 fr. : 1 caisse roulante, 45 fr. ; à Besson, tapissier, 4.347 fr. ; à la veuve Barangeard, marchande de plumes, rue Mercière, 12, à Lyon : 22 plumetis blancs avec *étuy*, 121 fr. ; 2 plumets de vautour, 23 fr. ; 22 schakos, 264 fr. ; à Sevezi, peintre, pour les statues et trophées des arcs, 500 fr. ; à Dupuy, pour le feu d'artifice de 27 pièces avec un dragon, le grand caducée, etc., 1.173 fr. ; au sieur Collet, sculpteur,

Le 4 janvier 1825, un édit royal créait une Chambre d'agriculture et de commerce à Chambéry (seulement installée le 4 janvier 1826). L'École royale des Mines s'ouvrit aussi à Moutiers le 1er juillet. En septembre, le chanoine de Loches, prévôt du chapitre, et le chanoine Martinet, archidiacre, l'un à Saint-Jean, l'autre à Moutiers, publièrent la bulle pontificale du 5 août, rétablissant ces deux sièges épiscopaux pourvus au consistoire du 19 décembre par la nomination de Mgr Martinet à Moutiers

pour les armoiries royales du théâtre, 968 fr. ; à Viale, rue Couverte, pour les dorures de la loge du roi, 655 fr.; à Chevalier fils, de Paris, pour le lustre à quinquets du théâtre, 1.856 fr.

9 août : 500 l. pour 1.200 rations de pain, de viande, de vin, distribuées par les quatre curés.

21 août : frais du Ballet amené de Lyon.

Au conseiller Fortis et au sieur Claparade, directeur du théâtre, pour leur voyage à Lyon, 142 fr.; pour le voyage des danseuses, payé à Besuchet 129 l.,; 3.000 l. aux danseuses engagées pour quinze jours, plus à Mlle Celina, 1re danseuse, 17 l.; aux figurants, 240 l.; au grotesque, 45 l.; au répétiteur, 60 l., pour deux jours de séjour, en plus 408 l., et la ville très satisfaite du corps de ballet ajoute une gratification de 300 l.

Logis de Mlle Celina chez Rivaud, traiteur, 32 l.; à Claparade, pour l'acteur venu de Paris, 600 l.; à François Burnier, cirier, pour l'illumination du théâtre, 884 l.; pour la fête de l'Abattue de l'oiseau, 133 l.; pour les sept violons et la vielle au Vernay.

A Comberousse, pour les lampions, 380 l. pour le modèle d'un pont en fil de fer, présenté au roi à la bibliothèque, 281 l.; à Rivaud, maître de poste, pour les cinq voitures qui ont conduit les demoiselles de la ville, le 22, 110 fr.

Le 24 mai 1824, au château de La Motte, mourut le marquis Costa de Saint-Genis Beauregard (Joseph-Henri), né en 1752, fils du marquis Joseph-Barthélemy et de Geneviève d'Auberjon de la Murinais, marié en 1777 à sa cousine Geneviève de la Murinais, général d'état-major, signataire de l'armistice de Cherasco (1795), grand-croix des saints Maurice et Lazare, auteur des Mémoires historiques sur la Royale maison de Savoie. Il avait eu 4 fils : l'aîné, Eugène, né en 1778, lieutenant aux grenadiers royaux, mourut des blessures reçues au Col Ardent (1794); le second,

et de Mgr Billiet à Saint-Jean. Le 16 et le 23 septembre, des brevets royaux créèrent comtes MM. Fortis et de Buttet. De nombreux brevets encourageaient l'industrie; un du 26 février 1822, publié le 2 septembre, accordait pour 10 ans au sieur Louis Frèrejean le privilège exclusif de la fabrication du fer fondu pour les ustensiles de cuisine.

Une ordonnance royale enjoignit un deuil de six mois, trois de laine, trois de soie, pour la mort de Ferdinand de Naples, père de la Reine.

Ce fut, du reste, une année de royales fêtes, le sacre de Charles X à Reims, les entrevues impériales de Milan enfin la visite que firent au Roi à Gênes l'Empereur[1],

Victor, né en 1779, continua la branche aînée; le troisième, Camille, né en 1781, marié à Adélaïde de Sainte-Marie d'Agneaux, mort en 1841, créa la branche Costa, dite des Marches, éteinte à présent; le quatrième, Sylvain, né en 1785, mourut célibataire en 1836.

Le 31 décembre, le chanoine Dubouloz mourut à Chambéry à 78 ans; c'était un des héroïques missionnaires de 1793. Arrêté à Thonon en 1798, condamné à la déportation à la Guyane, conduit enchaîné à La Rochelle, les croisières anglaises empêchèrent heureusement le départ pour Cayenne des malheureux déportés. Délivré par le Concordat, il fut nommé chanoine de la Métropole par Mgr de Mérinville, ainsi qu'un autre de ses compagnons de chaine, l'abbé Dunoyer, mort curé de La Motte en 1842.

1. François Ier, empereur, né à Florence en 1768, empereur en 1792, mort à Vienne, 2 mars 1835, marié en quatrièmes noces.

A Charlotte-Auguste de Bavière, née en 1792, fille du roi de Bavière, Maximilien Ier, et de Marie de Hesse, impératrice en 1816, morte à Vienne en 1878.

Marie-Thérèse d'Autriche, reine-veuve de Sardaigne.

François Ier de Bourbon, roi de Naples, frère de la reine.

Isabelle d'Espagne, reine de Naples.

Léopold II, grand-duc de Toscane depuis 1824.

Marie-Louise, veuve de Napoléon Ier, duchesse de Parme.

François IV, duc de Modène, Charles II, duc de Lucques.

Marie-Béatrice de Savoie, duchesse de Modène.

l'Impératrice d'Autriche, la reine Marie-Thérèse, le roi
et la reine de Naples, le grand-duc de Toscane, Marie-
Louise, les ducs et duchesses de Modène, de Lucques,
le prince et la princesse de Salerne (31 avril). Un bal
magnifique fut donné le 4 juin par la ville de Gênes au
Palais ducal, la polonaise royale fut dansée par l'Empereur avec la Reine, le Roi avec l'Impératrice, le roi de
Naples avec Marie-Louise, la reine de Naples avec
l'archiduc Rénier, et le Premier Syndic avec la comtesse
Laczanski, grande maîtresse de l'Impératrice. Le 25,
fêtes des Régates chez le prince Doria; le 6, banquet à
Voltri chez le marquis Brignole-Sales, etc. Les fêtes de
Gênes finies, les rois de Naples se rendirent à Milan,
tandis que la cour de Sardaigne pélerinageait à N.-D.
de Miséricorde ou le Santuario, près de Savona; le Roi
et la Reine repartirent quelque temps après de Turin
pour visiter Marie-Louise à Parme et séjourner longuement chez leur nièce de Modène.

1826 débuta pompeusement par le double sacre à la
Métropole (19 mars) des nouveaux évêques de Tarentaise
et de Maurienne, Mgrs Martinet et Billiet, consacrés par
l'archevêque et les évêques de Belley et d'Annecy. De
nouveau, les syndics annoncèrent la prochaine venue des
Souverains qui entrèrent en ville le samedi 15 juillet, à
6 heures du soir; le lendemain, ils apparaissaient fidèlement au Vernay et au théâtre. Le 23, escortés par le
marquis de la Serraz depuis Carouge, arrivèrent de

Marie-Thérèse de Savoie, duchesse de Lucques.

Léopold de Bourbon, prince de Salerne, frère du roi de Naples
et de la reine de Sardaigne.

Marie-Clémentine d'Autriche, fille de l'Empereur, mariée au
prince de Salerne en 1816. Leur fille, Marie-Caroline, née en
1822, devint, en 1844, duchesse d'Aumale.

Genève le duc[1] et la duchesse d'Orléans (sœur de la Reine), avec leurs enfants : le duc de Chartres, Mesdemoiselles d'Orléans, de Valois, et Mademoiselle. Le lendemain, dans la loge royale, les souverains et les princes applaudissaient l'opéra nouveau *Le Barbier de Séville*. La famille d'Orléans séjourna jusqu'au 1er août ; le Roi promena ses hôtes à la Grotte, à Hautecombe, à Aix et au Tir de l'Oiseau : roi, Jean Deperse ; reine, Mlle d'Avernioz, qui salua la cour à son entrée au bal des Chevaliers Tireurs où le jeune duc de Chartres et ses sœurs dansèrent plusieurs contredanses[2]. Le Roi et la Reine demeurèrent à Hautecombe du 3 au 9 août pour la consécration de l'église restaurée et la bénédiction des tombeaux des ancêtres, par Mgr Bigex (5 août), puis donation fut faite de l'abbaye et de ses terres aux Bernardins de la Consolata de Turin (actuellement les Cisterciens). Le 1er septembre, la cour étant encore à Hautecombe, on donna sur le lac le simulacre nocturne du combat naval devant Tripoli. 40 bateaux, commandés par les chevaliers de Rochette et Albiny, représentèrent

1. Louis-Philippe, duc d'Orléans, puis roi des Français.

Marie-Amélie Bourbon de Naples, reine des Français, duchesse d'Orléans, sœur de la reine.

Louis-Ferdinand, duc de Chartres, d'Orléans, mort en 1842.

Louise d'Orléans, née en 1812, reine des Belges, morte en 1850.

Marie-Christine d'Orléans, duchesse de Wurtemberg, née en 1813, morte à Pise en 1839. Elle était la filleule de la Reine,

Adélaïde d'Orléans, née en 1777, morte en 1847, sœur de Louis-Philippe.

2. 1826, 23 juillet. Mandat de 1.200 l. aux Chevaliers Tireurs pour les aider dans la décoration du bal; 11 septembre, 1.547 l. pour un logis meublé loué rue Juiverie pour les personnes de la Cour.

sur le Bourget la sévère leçon infligée par les frégates du Roi aux pirates barbaresques [1].

Le 18 août, les Souverains arrivèrent à Annecy ; le lendemain fut solennellement célébrée la translation des reliques de saint François de Sales rapportées de la cathédrale à la nouvelle chapelle de la Visitation, ainsi que celles de sainte Jeanne de Chantal, et déposées dans de superbes châsses offertes par la famille de Sales. La foule fut immense (36.000 personnes en quatre jours), plus de six cents prêtres entouraient les archevêques de Paris [2], de Chambéry, d'Amasie, les évêques d'Annecy, de Tarentaise, de Maurienne, du Puy et de Lausanne. Ce fut Mgr Rey, évêque de Pignerol, qui prononça le panégyrique du glorieux Docteur de la Savoie [3].

D'Annecy, par Ugines et l'Hôpital, la Cour alla visiter la petite capitale de la Tarentaise, Moutiers, où elle fut reçue par le nouvel évêque Mgr Martinet, le Commandant de Charbonneau, le vice-intendant Orsi, M. Petit-Jean, syndic, et par MM^mes Seytier et Petit-Jean.

---

1. *Comptes des Syndics, 1826. (Archives de la Ville).*

802 l. pour les frais de la fête sur le Bourget, dont 32 l. de frais d'auberge et 12 l. de gratification au conseiller Fortis pour ses soins.

2. Mgr de Quélen, archevêque de Paris, mort en 1839.

Mgr Bigex, archev. de Chambéry.

Mgr de Pins, administrateur de Lyon.

Mgr de Thiollaz.

Mgr Martinet.

Mgr Billiet.

Mgr de Bonald, évêque du Puy en 1823, archevêque de Lyon 1840, cardinal 1842, mort en 1870.

Mgr Pierre Yenny, élu et consacré en 1815, mort en 1845.

3. Ce fut pendant le séjour royal que fut aussi inauguré le théâtre d'Annecy par les Amateurs, comédie de M. Dumont, avocat à Saint-Julien, et dédiée au Roi. Voir *Le Théâtre en Savoie,* par Mugnier.

Le Roi et la Reine restèrent encore quelques jours à Chambéry, prenant un vif plaisir aux célèbres automates, pianistes, écrivains, dessinateurs, etc., inventés et présentés par Droz, puis repartirent pour le Piémont.

Après la saison d'automne, à Govone, Charles-Félix, toujours voyageur (7 novembre), s'embarqua à Gênes, avec la Reine, sur la frégate *Marie-Thérèse* pour Villefranche. La mer étant belle, les Souverains débarquèrent le 8 au matin, et à 4 heures du soir entrèrent à Nice dite la Ville Fidèle ; les pêcheurs dételèrent le carrosse royal et le traînèrent jusqu'à la Préfecture. Les réjouissances furent aussi nombreuses : le 12, on célébra douze mariages, chaque couple recevant 500 francs du roi ; le 17, le Corps de Ville offrit des tributs du pays : deux caisses en bois d'oliviers, doublées de velours turquin, remplies de parfums et de pâtes odoriférantes ; deux autres garnies de velours blanc et de fruits confits ; deux caisses de vins de Bellet et Braguet ; une caisse d'olives, une de figues et deux corbeilles dorées pleines d'oranges. Le 18, fête marine, annoncée par l'apparition du fils du premier syndic, Ratti, habillé en amour, couché dans une conque nacrée. Le 20, pèlerinage royal à Aguet. Le 23, combat naval simulé dans le port de Limpia[1]. Le 27, fête de l'agriculture sur le Corso, orné de fleurs, d'arbres, d'un temple chinois, de guirlandes fleuries et d'un joyeux ballet de dix-huit jeunes filles et dix-huit garçons. Le

---

1. Louis-Philippe Courtois d'Arcollières, né en 1806, second fils du comte Marie-Antoine (1745-1823), colonel d'infanterie, etc., entré dans la marine en 1816, commandant du brick Zeffiro à Tripoli (1825), contre-amiral en 1848, vice-amiral en 1859, président de trois conseils de marine, grand officier des saints Maurice et Lazare, de l'Aigle Rouge de Prusse, de Sainte-Anne de Russie, de Saint-Grégoire le Grand, et mort en 1870. Il avait épousé, en 1829, Adèle, fille du marquis Dei-Mari, morte en 1883 ; leur fils unique, officier de marine, mourut en 1881 en laissant une fille.

29, grand bal de la Ville, dans une salle élevée au bout des terrasses; une partie de cette salle était montée sur pivot du côté du théâtre où des acteurs français jouèrent *Le passage d'Hercule par les Alpes-Maritimes*. Le pivot fonctionnant et la toile du fond se levant, la Cour émerveillée contempla les terrasses illuminées et le feu d'artifice. Cette curieuse décoration montre que Nice n'attendait pas les Carnavals modernes pour étonner les étrangers par ses nouveautés amusantes.

Le 2 décembre, grand bal à la Cour; beaucoup d'hivernants eurent l'honneur d'y être invités.

Le 9, promenade aux Pouchettes chez le consul de Naples, M. Clerissi, pour admirer la vue du haut de la tour de Bellauda. Le 12, départ pour Villefranche où pendant trois jours on espéra vainement un apaisement de la tempête; le Roi et la Reine fatigués d'attendre, revinrent à Nice le 15 et y restèrent jusqu'au 30, édifiant leur peuple en assistant à la cathédrale aux trois messes de la Noël, dites par l'évêque Mgr d'Istria.

En Savoie, 1827 fut une année calme; Chambéry perdit le 11 février son archevêque, Mgr Bigex, qui, peu de jours avant, assistait dans la Métropole à la fête de Saint-François de Sales, célébrée par l'archevêque de Gênes, Mgr Lambruschini[1], rentrant de Paris. Le nouveau nonce en France, le cardinal Macchi[2], passa en ville le 25 avril. Au même moment, le général de Boigne complétait ses libéralités en donnant encore 60.000 francs

1. Luigi Lambruschini, né à Sestri Levante, 2 juin 1776, archevêque de Gênes 1819, nonce en France, cardinal du titre de Saint-Calixte, 30 septembre 1831, secrétaire d'État du pape Grégoire XVI de 1831 à 1846, candidat à la tiare en 1846, mort en 1854.

2. Vincent Macchi, né à Capo di Monte, 31 août 1770, archevêque de Nisibe, cardinal du titre des saints Jean et Paul, 2 octobre 1826, nonce à Paris 1827-1830, légat à Bologne, mort en 1859.

pour le collège des Jésuites, 400.000 francs pour l'hospice des aliénés au Betton et une rente de 6.500 francs en faveur de la Maîtrise de la cathédrale. En juin, la rue Neuve ou de Boigne était achevée, de la place Saint-Léger au Château. L'Abattue de l'oiseau fut faite par le comte d'Avernioz, capitaine de la brigade, qui choisit pour reine Mlle Amélie Besson.

Le commandant de Chambéry, comte Capré de Megeve, mourut en juillet, et les patentes royales du 11 août accordèrent à Noble Regnault de Lannoy le titre de vassal de Bissy.

Le nouvel archevêque, Mgr Martinet, entra le 13 avril 1828 ; peu de temps après s'éteignit à la Visitation, Mme de Virieu-Faverges, dernière religieuse du célèbre couvent du Panthémont, à Paris, dernière abbesse de Saint-André-le-Haut, à Vienne, morte à 95 ans.

Le Roi bien-aimé de la Savoie et la Reine revinrent, à la grande joie de la ville et du duché, le 31 juillet[1] ; ils devaient rester au château jusqu'au 3 septembre. Ce séjour royal, assez semblable aux précédents, par les visites à Hautecombe, à Annecy, fut agrémenté par la venue du grand-duc de Toscane[2], neveu de la Reine, qui fut reçu au Bourg-Saint-Maurice, le 6 août, par le mar-

---

1. 5 août (1828). Au sieur Piato, pour dix drapeaux de papier bleu, 10 l.

Aux Chevaliers Tireurs pour leur bal, 1.886 l.

20 juin. La Ville accorde au chef de la musique Zirmmerman, 3 clarinettes de plus et 2 schakos ; aux aubergistes Rivaud, Longue, Chiron, Fleury, Richard, Rey, pour les logements des Gardes du Corps, 886 l.

(Comptes des syndics 1828. Arch. de la Ville).

2. Léopold II, grand-duc de Toscane, né en 1797, fils de Ferdinand III et de Louise-Amélie de Naples (sœur de la Reine), marié en 1817 à Marie-Anne de Saxe, veuf 1832, remarié en 1833 à Marie-Antoinette de Naples, encore vivante. Mort en 1867.

quis de Costa, arriva au château le 7 ; le lendemain, sa sœur, l'archiduchesse Louise[1], vint le rejoindre. Les rois et les princes allèrent deux fois au théâtre puis à la Grotte et à Hautecombe. Le Grand-Duc ayant calmé les dernières irritations du Roi, son beau-frère repentant, Charles-Albert et sa femme purent enfin se présenter devant Charles-Félix qui les accueillit très affectueusement le 11 août et les garda auprès de lui jusqu'au 19. En leur honneur, il y eut bal à la Cour, gala au théâtre, bal des Chevaliers Tireurs après l'Abattue où le prince de Carignan daigna tirer lui-même : roi, M. Puthod ; reine, Mlle M. de Villette, et grand cercle de Cour où parurent les fameuses Osages. La Reine, avant de quitter Chambéry, fidèle à son culte pour saint François de Sales et sainte Jeanne de Chantal, passa une après-midi à la Visitation (31 août). Mme de Viry et Mlle Perissin la complimentèrent ; mais Marie-Christine s'intéressa surtout à la causerie de Mme de Virieu de Beauvoir et de Mme de Salins, âgée de 86 ans. Le Roi monta aussi à la Visitation chercher la Reine et tous deux prièrent pieusement dans la vieille église de Lemenc.

CLERGÉ ET CHARGES DE COUR (1828).

Archevêque de Chambéry :
Mgr Martinet, né à Queige en 1766, préconisé le 19 décembre 1825, sacré évêque de Moutiers, 19 mars 1826, par Mgr Bigex, Mgr de Thiollaz et Mgr Devie, évêque de Belley, transféré à Chambéry en 1828.

---

1. Ses sœurs : Louise de Toscane, née en 1798, morte en 1860 et Marie-Thérèse de Toscane, née en 1801, mariée le 30 septembre 1817 à Charles-Albert de Savoie-Carignan, roi de Sardaigne, veuve en 1849, morte à Turin en 1855. Mère de Victor-Emmanuel II et du duc de Gênes. (Le fils de Charles-Albert, oublieux et ingrat, devait détrôner son oncle Léopold en 1860 !).

Chapitre :

Fortin-Girard, Revel, Pillet, Turinaz[1] (vicaire général), Vibert[2] (vicaire général), Rey[3], Rendu[4], Charvaz[5], chanoines d'honneur ; Chuit, Desgeorges, Chevray, de la Place, aumônier du Roi.

Évêque d'Annecy, Mgr de Thiollaz (1752-1823-32).

Évêque de Maurienne, Mgr Billet (1783, 19 mars 1826, archevêque de Chambéry 1840, cardinal 1861, mort en 1873).

Évêque de Moutiers, Mgr Rochaix (1762-1828-1837).

Cour. — Chambellans en Savoie :

Gentilshommes de la Chambre, marquis Salteur de la Serraz, les deux marquis d'Orlié de Saint-Innocent, comte d'Antioche, comte Costa de la Mothe, comte

1. Mgr Turinaz, né au Châtelard, 6 avril 1786, vicaire général de Chambéry, sacré évêque de Moutiers dans la Métropole le 6 mai 1838, par Mgr Martinet, Mgr Billet et Mgr de Forbin Janson, évêque de Nancy, démissionnaire en 1866, mort à Saint-Genis d'Aoste en 1868, oncle de Mgr Turinaz, évêque actuel de Nancy.

2. Mgr Vibert, né à Yenne en 1800, vicaire général de Chambéry, succède à Mgr Billet sur le siège épiscopal de Maurienne en 1840, sacré à Rome le 25 mars 1841, mort à Yenne en 1880.

3. Mgr Rey, né à Mégevette 22 avril 1770, préconisé évêque de Pignerol dans le Consistoire du 24 mai 1824, sacré à la Métropole le 1er août, par Mgr Bigex, Mgr la Palme, Mgr de Thiollaz, transféré à Annecy en 1832, mort en 1842.

4. Le futur évêque d'Annecy.

5. Mgr Charvaz, né à Hautecour, 25 décembre 1793, précepteur des ducs de Savoie et de Gênes, sacré évêque de Pignerol dans la Métropole le 9 mars 1834, par Mgr Martinet, Mgr Rey, Mgr Billet, Mgr Rochaix, Mgr Jourdain d'Aoste (tous Savoyards), archevêque de Gênes 1852, mort en 1872.

d'Oncieu de la Bâtie, marquis Millet, d'Arvillard, baron du Verger, vicomte de Menthon, marquis de Ville de Traverney, marquis Chaumont de Vuache, gentilhomme de la Chambre en Savoie.

DAMES D'HONNEUR :

Marquise Mareste de Saint-Agneux, comtesse de Villette ; marquise d'Oncieu de Chaffardon, née Favier, baronne du Verger. Grand maître de la Garde-Robe, marquis de Mareste de Saint-Agneux. Dame d'honneur de la reine douairière, baronne du Noyer.

L'année 1829 fut animée par le passage du roi[1] et de la reine de Naples conduisant leur fille Marie-Christine[2] à Madrid ; les souverains napolitains avaient été reçus à Traforello (22 octobre) par Charles-Félix et Marie-Christine (oncle et tante-marraine de la jeune princesse), qui les avaient amenés au château d'Aglie où la Cour séjournait alors. Le 25 octobre, LL. MM. visitèrent Turin, assistèrent à un grand concert offert par le marquis de Bassecourt, ambassadeur d'Espagne, et se rendirent au théâtre. Le 27, départ ; le Roi et la Reine accompagnèrent leurs parents jusqu'à Rivoli, leur disant au revoir en Savoie à leur retour d'Espagne.

Le 30 octobre, à 6 h. 1/2 du soir, LL. MM. siciliennes firent leur entrée dans Chambéry illuminé en leur honneur ; les trois corps présentèrent leurs hommages, le

1. François Ier, de Bourbon, roi des Deux-Siciles, né le 19 août 1777, mort le 8 mai 1830, fils de Ferdinand IV et de Marie-Caroline d'Autriche, marié en deuxièmes noces, en 1802, à Isabelle d'Espagne (fille de Charles IV et de Louise de Bourbon-Parme), née en 1789, remariée en 1832 morganatiquement, morte en 1848.

2. Marie-Christine de Bourbon, née le 27 avril 1806, mariée à son oncle Ferdinand VII, le 11 décembre 1829, veuve en 1833, remariée à Fernand Munoz, duc de Rianzarez, régente d'Espagne, morte en 1878, mère de la reine Isabelle II et de la duchesse de Montpensier.

comte de Menthon d'Aviernoz étant Premier Syndic. Le public trouva le Roi de Naples fort gros, mal habillé, l'air peu avenant; la Reine petite, noiraude et disgracieuse, mais leur fille Marie-Christine fraîche, bien faite et très jolie.

Le lendemain matin, après avoir entendu la messe à la Sainte Chapelle, visité la cathédrale, la cour de Naples repartit à 10 heures pour Grenoble. A Chapareillan, le duc de Blacas la reçut au nom du roi de France; à Grenoble, la duchesse de Berry [1], le duc [2] et la duchesse d'Orléans [3], l'Infant François de Paule [4] et l'Infante Louise attendaient leurs parents de Naples.

Le Roi et la Reine ne vinrent pas en Savoie cette année-là; ils visitèrent la cour de Naples au printemps; partis de Gênes le 12 mai sur la frégate la *Marie-Thérèse*, escortée du *Berold* et de l'*Eurydice*, ils arrivèrent à Naples le 20 et y séjournèrent jusqu'au 13 juillet. Le 13 novembre, la Cour rentra à Nice. Elle fut reçue par le marquis de Faverges, gouverneur; le baron Caravadassi del Toelto, premier syndic, et complimentée par Mlle Thaon, fille du deuxième syndic. Les pêcheurs dételèrent le carrosse royal et le traînèrent jusqu'au Palais (la Préfecture), tandis que les pêcheuses l'entouraient de leurs chants et de leurs danses. Le séjour des Souverains à Nice dura tout l'hiver; les fêtes furent nombreuses. La plus brillante, en l'honneur de l'anniversaire de la

1. Marie-Caroline de Bourbon, née le 5 novembre 1798, fille de François Ier, roi de Naples, et de Clémentine d'Autriche, mariée en 1816 au duc de Berry, veuve le 16 février 1820, morte en 1870.

2. Louis-Philippe Ier, roi des Français (1773-18-50).

3. Marie-Ar.élie de Bourbon-Naples, sœur du roi François Ier et de la reine de Sardaigne (née 1782, veuve 1850, morte 1866).

4. François de Paule de Bourbon, frère de Ferdinand VII, né en 179 , mort en 1865, marié en 1819 à Louise-Caroline de Bourbon-Naples, fille de François Ier et sœur de Marie-Christine, née en 180 , morte en 1844.

Reine (8 janvier). *Te Deum*, défilé, cercle, théâtre et grand bal de la noblesse ; le Roi, enchanté des manifestations populaires, remit au premier syndic, le commandeur Arson, une tabatière enrichie par le chiffre M. C. en diamant. Le 16 mars 1830, la Cour regagna Turin par Gênes.

Turin vit, au printemps de 1829, la première exposition installée à Valentino.

A Chambéry, le 5 mai, à la Métropole, on célébra les solennelles funérailles du célèbre pape Léon XII[1], et le 5 avril un *Te Deum* y fut chanté pour l'élection de son sucesseur le pape Pie VIII[2].

Un service funèbre fut aussi célébré à la Métropole pour Mgr de Moutiers[3] de Mérinville, ancien évêque de Chambéry[4].

1. Léon XII. Annibale della Genga, né à la Genga le 2 août 1760, cardinal le 8 mars 1816, du titre de Sainte-Marie au Transtévère, vicaire du pape Pie VII, élu le 28 septembre 1823, mort en 1829.

2. Pie VIII. François-Xavier Castiglione, né à Cingoli, 20 novembre 1761, cardinal 1816, évêque de Frascati, grand pénitencier, élu pape en mars 1829, mort en novembre 1830.

3. René de Moustiers de Mérinville, né en 1742, sacré évêque de Dijon en 1787, nommé évêque de Chambéry en 1801, démissionnaire en 1803.

4. Le 30 mai, à Paris, des suites d'un accident de voiture, mourut le comte Curial, grand maître de la Garde-Robe du Roi, Pair de France, né à Saint-Pierre-d'Albigny en 1774, fils de Curial, avocat au Sénat de Chambéry. Curial engagé dans la légion des Allobroges, capitaine en 1793, colonel de la garde impériale, général de brigade (1807), de division (1809), inspecteur général d'infanterie (1818), commandant la 5e division en Espagne (1823), fit toutes les campagnes de 1793 à 1823. L'Empereur le créa baron en 1808, comte en 1813 ; le roi Louis XVIII, pair de France en 1814, premier chambellan en 1822, et grand-croix de la Légion d'honneur en 1815, puis chevalier et commandeur de Saint-Louis (1823) ; enfin Charles X lui remit le Saint-Esprit le 13 juin 1827, après le camp de Saint-Omer. Il avait épousé en 1808

Enfin, les étrangers avaient été plus nombreux que jamais à Aix : 2.200 baigneurs, chiffre inouï pour l'époque.

L'hiver de 1830 fut très rude (13 degrés en février). Le 5 janvier mourut le comte de Varax (Annonciade)[1], gouverneur d'Alexandrie ; à cette époque aussi, le marquis de la Chambre (Annonciade) eut l'honneur d'être nommé capitaine de la première compagnie des Gardes du Corps. Le 1ᵉʳ mai, la Ville inaugura le Dépôt de mendicité fondé par le général de Boigne déjà malade : le grand bienfaiteur de Chambéry s'éteignit le 21 juin ; ses funérailles furent magnifiques. Le marquis d'Yenne, gouverneur de Gênes, était mort aussi le 16 juin. L'arrivée de LL. MM., le 7 juillet, ramena la joie dans Chambéry ; le 8, elles allèrent attendre à la Grotte le roi et la reine de Naples qui descendirent chez le marquis de Costa ; le soir même, les Souverains parurent au théâtre. Le 11, messe à la cathédrale, puis tir de l'oiseau abattu par le chevalier de Chambost, qui choisit pour reine Mˡˡᵉ Bernard. La Cour tint un grand cercle et, selon la préférence royale, retourna au théâtre. Le 12, visite à Hautecombe ; le 13, la reine de Naples, escortée par le prince de Scylla et le marquis de Costa, excursionna au Bout du Monde ; en revenant, elle visita les pépinières Martin Budin. Le soir, bal des Chevaliers Tireurs. Le 14, les deux reines se promenèrent à Buisson-Rond, à la Mendicité et à Saint-Benoit.

Le 15, les princes napolitains partirent accompagnés

Mˡˡᵉ Beugnot ; ses descendants continuent en France. Son cousin germain, Hippolyte Curial, ancien receveur des finances en France fut créé baron par Charles-Albert en 1834.

1. Un des fidèles de la cour en Sardaigne, grand-croix des saints Maurice et Lazare en 1812, chevalier de l'Annonciade 15 août 1820.

par le Roi et la Reine jusqu'à Montmélian : la Cour séjourna ensuite à Hautecombe du 17 au 23.

Le 31, fête de la reine[1], *Te Deum*, gala à la Cour ; au théâtre, prologue allégorique : *Alliance de la Savoie et de Naples*; puis la reine du tir et deux chevaliers offrirent un bouquet à la Reine. Le spectacle commença : *La Vallée de Barcelonnette* et *Les Voitures versées*. Illuminations générales. Au Vernay, quatre orchestres pour les danses populaires, et distribution de vin et de comestibles aux frais de la Ville.

Ce fut à Hautecombe que Charles-Félix[2] apprit la Révolution de Paris, le Roi et la Reine revinrent donc à Chambéry le 6 août ; le soir, les acclamations enthousiastes qui les accueillirent au théâtre proclamèrent la parfaite fidélité de la Savoie. Inquiète des terribles nouvelles de juillet, grondements étouffés d'un orage lointain, la Cour tranquillisée reprit la route de Turin, le 11 août[3]. Le bon Roi ne devait plus revoir sa Savoie bien-aimée.

Après avoir reçu le baron de Barante comme ambassadeur de Louis-Philippe, le Roi et la Reine repartirent pour Gênes. Le jour de Noël, Charles-Félix publia les fiançailles de sa nièce Marie-Anne avec l'archiduc héri-

1. 27 juillet (1830), pour le vin distribué aux troupes le jour de la fête de la Reine, 446 livres ; pour les vivres distribués au Vernay le jour de la fête de la Reine, 3.646 livres ; aux ménétriers Darmaisin et Gatinelle, 12 livres ; aux Chevaliers Tireurs, 3.000 livres. (*Comptes des Syndics 1830. Archives de la Ville.*)

2. Charles-Félix en apprenant la triste Révolution de juillet répondit alors en parlant de Charles X : « Le Roi ne devait pas jurer la Charte, ou l'ayant jurée, il ne devait pas y porter la moindre atteinte. »

3. Le 8 août, le Roi et la Reine avaient fait le grand honneur au comte Grimaldi du Puget de tenir sa fille sur les fonts baptismaux dans la Sainte Chapelle.

tier Ferdinand d'Autriche. La Cour rentra à Turin en janvier 1831; le 20, la reine veuve, Marie-Thérèse, avec ses deux filles, arriva au Château. Le 22, à 11 heures du matin, l'ambassadeur extraordinaire de l'Empereur, comte de Senfft-Pilsach, fut amené au Palais par le comte Garetti di Ferrere, grand maître, et par le comte Gazelli de Rossano, maître des cérémonies, dans un carrosse à six chevaux. Les marquis Pes di Villamarina et Boyl de Putifigari le reçurent au bas du grand degré pour l'introduire dans la salle du trône. L'ambassadeur fit la demande au Roi, puis se rendit aux audiences des reines afin de remettre à la princesse le portrait, orné de diamants, de son impérial fiancé. Les fêtes commencèrent le soir même par un gala au Regio; le lendemain, bal à la Cour, ouvert par la princesse avec l'envoyé d'Autriche; le 24, grand concert chez l'ambassadeur de l'Empereur, en l'hôtel du comte Balbiano-Viale : le 29, bal offert par la noblesse au théâtre Carignan; plus de 2.000 invités. Enfin le 12 février, le mariage par procuration fut béni par l'évêque d'Acqui, entouré des évêques d'Ivrée, de Pignerol et de Saluces.

Le Roi et la Reine accompagnèrent la nouvelle archiduchesse jusqu'à Milan où ils furent reçus par l'archiduc Rénier et sa femme la belle Élisabeth de Savoie-Carignan. Le soir, gala à la Scala.

En Savoie, le marquis d'Oncieu, nommé gouverneur le 18 janvier, donna un grand bal, le 22, au château, et le 2 février, la Division de Savoie, commandée par le chevalier de la Flechère, rendit le bal.

Charles-Félix compléta la joie de ses États en déclarant le prince Carignan Altesse Royale, montrant ainsi qu'il avait entièrement oublié les erreurs juvéniles de Charles-Albert. Peu après, il l'envoya en Savoie pour l'organisation de la garde de sûreté, sorte de garde nationale, créée par le billet royal du 21 janvier 1831. A Chambéry, la Garde était divisée en dix compagnies, y compris les pompiers, formant un ensemble de 1.000 hommes sous les ordres du baron Fortis, colonel.

L'inspection de la nouvelle garde de sûreté n'était que le prétexte officiel du voyage princier, car le Roi et ses ministres épouvantés par les rassemblements de réfugiés italiens à Lyon et sur la frontière suisse redoutaient ou l'envahissement de la Savoie ou son soulèvement; leurs craintes étaient à peine exagérées. En effet, dans Lyon en pleine fermentation, les Italiens réfugiés annonçaient déjà l'abdication du Roi, l'entrée provocatrice des Autrichiens en Piémont, etc. Aussi le 27 février une bande de révolutionnaires quitta Lyon par la route de Bresse pour aller délivrer la Savoie : le préfet du Rhône éperdu envoya plusieurs escadrons de dragons et de gendarmes pour lui barrer la route; les Italiens rattrapés à Meximieux se débandèrent aussitôt et s'engagèrent en nombre dans la Légion Étrangère. Le 3 mars, ordre fut donné à tous les Italiens de sortir de Lyon dans les vingt-quatre heures.

Le gouverneur du duché marquis d'Oncieu plus rapproché des rumeurs révolutionnaires et fort inquiet annonça l'arrivée du prince de Carignan par cette proclamation timide et embarrassée :

« C'est avec la plus grande satisfaction que j'annonce
« aux fidèles habitants de ce Duché que S. M. a voulu
« leur donner un haut et éclatant témoignage de l'intérêt
« qu'il prend à leur bonheur et qu'elle m'a en consé-
« quence fait connaître qu'elle charge l'héritier présomptif
« de la Couronne d'examiner en personne l'état des choses
« par suite des circonstances connues depuis quelques
« jours et de faire l'inspection des troupes des divers
« points militaires. S. A. ne révoque point en doute que

« ses braves soldats qui sont appelés à marcher ne riva-
« lisent de zèle et que leur enthousiasme et leur cou-
« rage ne s'agrandissent en pensant à l'honneur qu'ils
« auront de combattre sous un prince de la Maison de
« Savoie qui s'est déjà montré digne de ses ancêtres.
« Braves habitants de la Savoie je me suis rendu caution
« de votre dévouement au Souverain légitime. Quand
« ai-je eu plus de motifs de me féliciter avec vous qu'au-
« jourd'hui où se trouve placé à notre tête le prince
« digne de son nom et de la confiance que notre bien-
« aimé Souverain a mise en lui ! »

D'ONCIEU.

Le 6 mars, le prince Charles-Albert passe la revue des troupes au Champ-de-Mars ; le 7, il inspecte Aix et Annecy et repart hâtivement le 9 pour Turin ayant reçu de mauvaises nouvelles de la santé du Roi ; Charles-Félix s'était alité le 8, souffrant d'une fièvre rhumatico-gastrique ; le 17, se sentant plus abattu, il remit le gouvernement à la Reine. Le 5 avril, toujours plus gravement malade, le Roi fit ses Pâques devant toute la Cour ; le délire avec des intervalles de lucidité ne discontinua plus jusqu'au 27 avril, où il mourut à 2 heures 3/4 de l'après-midi. Charles-Albert, ayant mandé de suite au palais sa femme et ses deux fils, reçut le serment des ministres, tandis que le maréchal de la Tour, gouverneur de Turin, le faisait jurer aux gardes. En Savoie, le 28, deux proclamations, l'une du marquis d'Oncieu, l'autre du marquis de Traverney, syndic, apprirent à Chambéry la mort du vieux bon Roi ; le 29, les troupes prêtèrent le serment à Charles-Albert.

Pour la dernière fois la Savoie en deuil allait assister aux funérailles superbes de son Roi-Duc, venant reposer auprès de ses ancêtres dans sa chère abbaye d'Hautecombe restaurée par ses soins. Le cortège funèbre partit de Turin le 2 mai, accompagné jusqu'à la porte de Suse par les évêques d'Ivrée, Pignerol, Saluces, Fossano, Alexandrie ; le 9, à 11 heures, il entrait à Chambéry, toutes boutiques fermées. Les chevau-légers de Savoie étaient au faubourg : deux bataillons de Pignerol, place Saint-Léger ; deux aussi place Métropole avec les Chevaliers Tireurs ; à Lemenc, trois canons tiraient de temps en temps. A 9 heures du matin, les évêques, le Chapitre, les capucins, les paroisses étaient sortis de la cathédrale pour rejoindre au Colombier le gouverneur. attendant là la royale dépouille.

Le cortège reprit sa marche : la cavalerie, le premier écuyer, marquis Roero di S. Severino, portant l'épée de S. M., le char, entouré par les clercs de la Chambre, les Gardes du corps et les Suisses, le marquis d'Oncieu faisant fonctions de grand chambellan, ayant le collier de S. M. sur un plateau d'argent, les pages et les carabiniers. Le cercueil fut déposé à la cathédrale et veillé pendant le jour par les chanoines, et la nuit par les capucins et les séminaristes. Le 10, messe pontificale, absoute par tous les évêques, puis le funèbre pèlerinage recommença, et, par la place Saint-Léger, la Porte de Maché, la rue de la Visitation, le pont du Reclus, Aix, atteignit le port Puer ; la traversée fut rapide : à Hautecombe, l'archevêque, le prieur reçurent les restes mortels de leur Roi. Le lendemain, le dernier mâle de la branche aînée de Savoie descendit dormir dans la crypte de la chapelle de Saint-Bernard, dite de Belley : le chanoine Vibert prononça son oraison funèbre. La reine Marie-Christine, après le règlement de son douaire, partit en juin pour Naples chez son frère le prince de Salerne, où, fidèle à ses préférences familiales, elle devait bientôt préparer une nouvelle alliance entre les maisons de Bourbon et de Savoie.

IV

CHARLES-ALBERT (1831-1849)

LES VOYAGES EN SAVOIE. LES PREMIÈRES RÉFORMES. LE STATUT.

Le nouveau roi Charles-Albert[1], déjà très aimé en Savoie, augmenta promptement sa popularité en donnant à son fils aîné Victor-Emmanuel le titre de duc de

1. La branche de Savoie-Carignan descendant de Thomas de Savoie, cinquième fils du duc Charles-Emmanuel Ier et de Catherine d'Autriche, marié en 1624 à Marie de Bourbon-Soissons dont il eut deux fils : Emmanuel-Philibert de Savoie-Carignan, marié à Catherine d'Este, et Eugène de Savoie-Soissons, marié à la fameuse Olympia Mancini, une des nièces de Mazarin. La ligne des Savoie-Soissons s'éteignit à Vienne en 1736 avec le célèbre prince Eugène ; celle de Carignan se perpétua par Victor-Amédée (le sourd-muet), époux de Victoire-Françoise, fille naturelle du duc Victor-Amédée II, par Louis-Victor de Savoie-Carignan (1721-1778), marié en 1740 à Christine de Hesse Rheinfeld (1717-1778) ; ils eurent neuf enfants : Carlotta (1742-1794), Victor-Amédée son successeur (1743-1780), marié en 1768 à Joséphine de Lorraine-Armagnac (1753-1797) ; Léopolda (1744), mariée en 1767 à Jean, prince Doria-Pamphili ; Gabrielle, mariée à Ferdinand, prince Lobkowitz ; Polyxène (1746-1762) ; Thomas (1751-1753) ; Maria-Thérésa (1749-1793), mariée en 1767 à Louis de Bourbon, prince de Lamballe, veuve en 1768, massacrée à Paris aux journées de Septembre ; Eugène (1753-1793), marié en 1779 à Anne Magon, morte en 1834 ; Catherine (1762-1823), mariée en 1780 à Philippe, prince Colonna. Ces mariages avaient ainsi apparenté la maison de Savoie-Carignan avec de simples familles patriciennes de Rome et d'Autriche, et avec la branche légitimée des Bourbons par l'union de la charmante et infortunée Marie-Thérèse au jeune et débauché prince de Lamballe, petit-fils du comte de Toulouse. Après son veuvage, la princesse de Lamballe demeura auprès de son beau-père, le débonnaire duc de

Savoie; une députation savoyarde alla aussitôt à Turin remercier le Roi; elle se composait du comte de la Tour,

Penthièvre; sa fidèle amitié pour la reine Marie-Antoinette, son abnégation héroïque, la haine suspecte de son beau-frère le duc d'Orléans Philippe-Égalité, en firent une des plus touchantes victimes des horreurs de la Révolution. Ce fut malgré la volonté formelle du roi Victor-Amédée III qu'en 1779 Eugène de Savoie-Carignan épousa Anne Magon; le mariage fut cassé par le parlement de Paris; mais en 1786, grâce aux démarches de la princesse de Lamballe, le Roi daigna le confirmer dans la forme morganatique seulement : leur fils Joseph, dit le chevalier de Savoie, ne jouit jamais des prérogatives princières rendues en 1834 à ces trois enfants par leur cousin le roi Charles-Albert. On voit par ces alliances successives que la maison de Carignan n'avait pas à la cour de Turin la même situation ni les mêmes honneurs que celle d'Orléans à la cour de Versailles. Aussi lorsque de 1790 à 1796 la princesse douairière de Carignan chercha une femme pour son fils unique Charles-Emmanuel (1770-1800), elle rencontra le refus absolu du roi Victor-Amédée III d'agréer son projet favori de marier son fils à une des archiduchesses de Milan, sœurs de celle qui venait de s'unir au duc d'Aoste, second né du Roi. Après bien des hésitations, la princesse mère se décida pour la fille du prince Charles de Saxe, fils de feu Auguste III, roi de Pologne, duc honoraire de Courlande, et de la belle et noble Polonaise Marie de Corvin-Krasinska. Le Roi consentant, le mariage fut célébré à Augsbourg le 24 octobre 1797; les époux entrèrent à Turin le 29 novembre se rendant de suite au baise-main royal au Château (la princesse baise la main au Roi et à la Reine); elle était en grand habit couleur de rose. Elle est grande, brune, de grands yeux noirs, très bonne façon, parle bien, ne paraît pas embarrassée, mais elle n'est pas belle (*Journal du duc de Genevois*, cité par M. Perrero). La nouvelle princesse de Carignan avait à peine 18 ans; intelligente, hardie, élégante, riche (30.000 florins de rente, ce qui surtout avait facilité le mariage), elle allait bientôt fronder la cour, sympathiser avec les novateurs, les amis de la Révolution française même, les envoyés du Directoire et entraîner son faible époux aux compromissions les plus déplorables pendant les événements de 1798.

Après les scènes de 1798, le départ du Roi, les époux de Carignan au lieu d'accompagner la famille royale en exil jouèrent

maréchal de Savoie, ministre des affaires étrangères ; du marquis de Mareste de Saint-Agneux, du baron de la

aussi aux d'Orléans, en restant à Turin au mieux avec les représentants du Directoire jusqu'au jour où ce même Directoire leur imposa l'internement en France. C'est à Chaillot, près de Paris, que le pauvre prince Charles-Emmanuel mourut à 30 ans, le 16 août 1800, laissant à sa veuve deux enfants, Charles-Albert et Elisabeth. Vivant très retirée sous le Consulat, la jeune princesse douairière reparut sous l'Empire ; les bonnes grâces de Napoléon lui furent toujours acquises et elle s'en servit habilement pour préparer l'avenir de son fils en lui faisant assurer un majorat de 100.000 francs de rentes. Entre temps, la princesse avait rencontré M. de Montléart, de bonne noblesse de l'Orléanais, et elle l'avait épousé (1er février 1810), sans se soucier une minute de l'autorisation du roi Victor-Emmanuel Ier, alors relégué en Sardaigne. Lors de la Restauration, le Roi ne voulut à aucun prix laisser les enfants de Savoie-Carignan à la garde de leur fantasque et imprudente mère ; mais il ne la voulait pas davantage à Turin ; grâce à l'intervention personnelle de Louis XVIII, Victor-Emmanuel se décida à créer M. de Montléart prince sarde (1816) sous la condition que l'empereur d'Autriche lui conférerait la dignité princière en Autriche, en échange d'acquisitions de terres faites dans l'Empire par les époux de Montléart (1822). (Jules-Max Thibaut de Montléard, né en 1785, veuf, en 1831, de la princesse de Carignan, se remaria en 1860 à Luiza Heir Grant, et en 1861 à Félicie de la Trémouille, veuve quelques mois après et encore vivante.)

La princesse et son mari furent très bien traités par le roi de Saxe leur cousin, habitué comme tous les princes allemands aux unions dites morganatiques. Le prince Charles-Albert avait gagné Turin sur l'ordre du roi et sans regrets, car les rapports étaient et seront toujours assez froids entre la mère et le fils. C'est donc à Dresde que la princesse, avec son esprit hardi, cherchait un établissement facile pour sa fille, la très belle princesse Elisabeth. Après certains projets contrecarrés par le roi de Sardaigne, la cour de Saxe favorisa alors avec succès le mariage d'Elisabeth de Savoie-Carignan avec l'archiduc Renier, plus âgé qu'elle de 17 ans, mais frère de l'Empereur et vice-roi de Lombardie. La princesse de Montléart disparut alors dans l'oubli de ses terres de Galicie. Pas une seule fois, le Roi, son fils, ne l'attira à Turin durant son règne ; ce fut seulement sous Victor-

Chambre, capitaine des gardes ; du baron de Montoux, major général. D'autres faveurs marquèrent encore le changement de règne : le marquis Claude de Seyssel d'Aix fut nommé premier écuyer et gentilhomme de la Chambre ; le marquis Pantaléon de Costa[1] et le chevalier de Seyssel d'Aix, seconds écuyers ; le comte de Sonnaz et le chevalier Sylvain de Costa[2], grands de cour. La marquise Fanny d'Arvillard[3], née le Buttet, dame du Palais, ainsi que la comtesse d'Avernioz de Menthon, née du Noyer[4]. Le comte de Boigne reçut la charge de confiance de Major commandant la garde de sûreté. Enfin, création plus importante, plus populaire, une rente sur l'État à 5 0/0 fut établie par les Patentes du 19 juin 1831.

Emmanuel II, son petit-fils, que la vieille Christine de Saxe-Courlande, devenue Madame de Montléart, revit ses petits-enfants, le palais Carignan et Turin. Peu de mois après elle mourait à Paris (1851). Son fils du second mariage, Maurice-Jules de Montléart, né en 1812, mourut seulement à Vienne en 1887 ; c'était le grand-oncle du Roi Humbert.

1. Louis-Marie-Pantaléon, fils du marquis Victor et d'Elisabeth de Quinson, né à Marlieux (Isère), 29 septembre 1807, premier écuyer du roi, député de Chambéry en 1848, et commandeur des saints Maurice et Lazare et de la Légion d'honneur, marié en 1834 à Marthe de Saint-Georges de Vérac, mort à la Motte en 1864, laissant neuf enfants dont le marquis Albert de Costa, de l'Académie Française.

2. Sylvain de Costa, fils du marquis Joseph et de Charlotte d'Aubergon de la Murinal, oncle du précédent, né à Beauregard en 1785, major général, grand de cour, ami du roi Charles-Albert et son compagnon en Espagne, mort à Turin en 1836.

3. Anne-Françoise-Fanny de Buttet, fille de Simon de Buttet et de Joséphine Compagnon de Ruffieux, née en 1800, mariée en 1820 au marquis Frédéric Milliet d'Arvillard.

4. Marie-Antoinette du Noyer, fille de Louis, baron du Noyer, et de Jeanne de Lescheraine, mariée en 1827 au général comte de Menthon d'Aviernoz, morte en 1871.

Malgré le deuil et les révolutions, la saison d'Aix-les-Bains fut très réussie ; la haute société européenne se contentait alors des bains primitifs, des modestes logements de la place et des petites rues voisines : un ou deux hôtels-pensions, que dédaigneraient actuellement les commis-voyageurs, voyaient à leur table d'hôte les princes russes, les lords, les magnats, et même le tout-puissant cardinal Lambruschini, secrétaire d'État du nouveau pape Grégoire XVI. Charles-Félix, troublé dans sa quiétude par les révolutions belge, italienne, polonaise, inquiété par les complots des Sociétés secrètes menaçant le Piémont et la Savoie, allait, dit-on, abdiquer plutôt que d'accorder la Charte que sa prudence sentait nécessaire et que sa promesse royale donnée à l'Autriche ne pouvait accorder. Aussi dès que Charles-Albert fut monté sur le trône, l'Autriche redouta, la France attendit, la bourgeoisie de Savoie espéra la publication de cette fameuse Constitution de 1812, jadis jurée en 1821 par Charles-Albert de Savoie-Carignan ! Craintes, espérances, attente furent vaines [1]. Charles-Albert très libéral comme prince héritier, devenu roi par la grâce de Dieu, comprenant mieux alors toutes les satisfactions du *buon governo* rétabli en 1814, oublia facilement son engouement pour les Chartes anglo-françaises et se contenta de créer le conseil d'État (Édit du 18 août). Ce conseils partagé en trois sections, intérieur, justice, finances, fut composé des sommités du pays :

1. Les préférences absolutistes du roi Charles-Albert maintiendront le *buon governo* jusqu'en 1848 ; elles étaient si connues en Europe que lors des affaires de 1840, M. Thiers, prévoyant qu'en cas de guerre générale, le Piémont s'allierait avec l'Autriche contre la France, demanda à Louis-Philippe d'ordonner toutes les mesures nécessaires à un prompt envahissement de la Savoie et du Piémont en disant au roi hésitant : « Il y aurait niaiserie, Sire, à respecter la neutralité des grandes routes ! »

la Savoie fournit Mgr Rey, le marquis d'Oncieu et Hyacinthe Avet, délégué spécialement à la justice. Un autre
édit modifiait la composition de l'armée : à partir du
1er janvier 1832 chaque brigade devait comprendre deux
régiments de trois bataillons et six compagnies, une de
grenadiers, une de chasseurs et quatre de fusiliers. Enfin
le 19 décembre Chambéry vit s'ouvrir son École de
médecine: la chaire de pathologie interne était confiée au
Dr Borson, celle de physiologie au Dr Revel, celle d'ana-
tomie au Dr Blain, celle des accouchements et opérations
au Dr Rey.

Le 18 février 1832, le marquis Centurione fut nommé
intendant général de Savoie. Annecy prit le deuil le 24
mars pour la mort de son charitable évêque Mgr de
Thiollaz, et le royaume tout entier le 29 mars pour la
mort de la reine Marie-Thérèse, décédée à Gênes dans le
magnifique palais Doria Tursi qu'elle avait acheté.

Marie-Thérèse d'Autriche Este, née à Milan le 31
octobre 1773 (*fille aînée* de l'Archiduc Ferdinand [1], gou-

---

[1]. Ferdinand, troisième fils de Marie-Thérèse et de François Ier,
né en 1751, gouverneur de la Lombardie de 1770 à 1800, mort en
1806, marié en 1771 à Marie-Béatrice d'Este, héritière de son
père Hercule III, duc de Modène, et de sa mère Marie, duchesse de Massa ; né en 1750, mort en 1829.

Leurs enfants :

a. Marie-Thérèse, reine de Sardaigne, née en 1773, morte en
1832.

b. Marie-Léopoldine, née en 1776, mariée en 1796, contre son
gré, à l'Électeur de Bavière, Charles-Théodore, plus âgé qu'elle
de 52 ans, veuve en 1799, morte en 1849.

c. François, né en 1779, duc de Modène 1814, marié en 1812 à
sa nièce Marie-Béatrice de Savoie, veuf en 1840, mort en 1846.

d. Ferdinand, né en 1781, feld-maréchal, mort en 1850.

e. Maximilien, né en 1782, grand maître de l'ordre Teuto-
nique, mort en 1863.

f. Marie-Béatrice, née en 1787, mariée en 1808 à l'Empereur
François II d'Autriche, morte en 1816.

verneur de la Lombardie, et de Marie-Béatrix d'Este),
filleule de son illustre grand'mère l'Impératrice-Reine,
fut fiancée à 16 ans au duc d'Aoste, qu'elle épousa à
Novare le 25 avril 1789 ; les époux firent leur entrée à
Turin le 26. Le roi Victor-Amédée III inquiet de la
stérilité de Clotilde de France, mariée depuis 14 ans au
prince de Piémont, avait choisi pour son second fils,
beaucoup plus brillant que l'aîné, une princesse jeune et
belle afin de charmer Victor-Emmanuel qui avait mené
jusque là une assez joyeuse existence d'officier aux gardes.
Cette union fut heureuse : le Duc avait été promptement
dominé par la hautaine et virile intelligence de sa séduisante compagne ; la naissance d'un fils, Charles-Emmanuel, en 1796, adoucit les tristesses de l'exil en Sardaigne ; ce dernier mâle des aînés de Savoie mourut
hélas ! en 1799 ; ses quatre sœurs[1], au contraire, lui
survécurent de longues années.

1. — a. Maria-Béatrice, née le 6 décembre 1792, mariée le 20 juin
1812 à son oncle François IV, duc de Modène, morte le 15 septembre 1840 ; elle fut la mère du dernier duc de Modène François
V (1819 à 1875), de la comtesse de Chambord (Marie-Thérèse,
1817-1884), de l'infante Marie-Béatrice, née en 1824, mère de Don
Carlos, encore vivante dans un couvent à Gratz, et de Ferdinand
(1821-49), père de la princesse Marie-Thérèse, héritière actuelle de
Bavière, et d'Angleterre pour les derniers partisans des Stuarts.
b et c. Marie-Thérèse et Marie-Anne, nées jumelles à Rome le 19
septembre 1803. Marie-Thérèse épousa le 15 août 1820 Charles II,
duc de Lucques puis de Parme ; elle était la grand'mère du
duc Robert de Parme ; elle mourut dans la plus haute piété, à
Viareggio, le 16 juillet 1879.
Marie-Anne fut mariée assez tard, le 27 février 1833, à Ferdinand
Ier, empereur d'Autriche, prince bon et doux, mais fort disgracié
de la nature ; après 1848, ils se retirèrent à Prague. L'empereur
mourut en 1875, l'impératrice le 4 mai 1884, adorée par la population entière de la capitale bohème. Avec Marie-Anne s'éteignit la
ligne aînée de Savoie.

La nouvelle Duchesse était belle, l'esprit vif, l'humeur enjouée ; le duc très épris, était celui des quatre fils de Victor-Amédée III qui ressemblait le plus à leur illustre aïeul, Charles-Emmanuel III. Sa franchise, son entrain, sa belle santé, ses aptitudes militaires contrastaient avec la timidité entêtée, les crises nerveuses, l'extrême piété de son aîné, le prince de Piémont. De même la princesse de Piémont, Clotilde de France, douée dès son enfance d'un embonpoint extraordinaire, vouée à la dévotion la plus outrée, affiliée ainsi que son époux au Tiers-Ordre de Saint-Dominique, n'avait aucun des charmes de Marie-Thérèse. De suite, le jeune couple d'Aoste eut les faveurs des courtisans et du public ; les trois Princes-Frères[1],

d. Marie-Christine, née le 14 novembre 1812, mariée le 21 novembre 1832 à Ferdinand II, roi de Naples, morte à 21 ans en mettant au monde le roi François II (31 janvier 1836). Marie-Christine n'a vécu que quatre années à Naples, mais sa mémoire vénérée comme celle d'une sainte jouit déjà de la béatification accordée par le pape Pie IX en 1872, et le procès de canonisation se continue en cour de Rome.

1. Jamais la maison de Savoie n'avait paru plus assurée de l'hérédité directe. Victor-Amédée III avait eu neuf enfants de son mariage avec Ferdinande d'Espagne, cinq fils et quatre filles.

a. Charles-Emmanuel IV, prince de Piémont, né en 1751, marié à Chambéry, en 1775, à Clotilde de France, roi 1796, abdique 1802, meurt à Rome en 1819.

b. Victor-Emmanuel Ier, duc d'Aoste, né en 1759, marié en 1789, à Novare, à Marie-Thérèse d'Autriche-Este, roi en 1802, abdique en 1821, meurt à Moncalieri en 1823.

c. Maurice, duc de Montferrat, né en 1762, meurt célibataire en 1799.

d. Charles-Félix, duc de Genevois, né en 1765, marié, à Palerme, à Marie-Christine de Naples, en 1806, roi 1821-31.

e. Joseph, comte de Maurienne, né en 1766, meurt célibataire à Sassari en 1802.

f. Joséphine, née en 1753, mariée à Versailles, en 1771, au

enchantés de trouver un peu plus de liberté dans la petite Cour de Victor-Emmanuel, en devinrent les fidèles intimes et les confidents; de là des querelles de jalousie avec les Piémont, envenimées par la hauteur de Clotilde de France[1]. Pourtant Victor-Emmanuel cadet, désintéressé, empêcha deux fois Charles-Emmanuel IV d'abdiquer, et lorsque le Roi, désespéré de la mort de la reine Clotilde, réalisa enfin son projet pour se retirer à Rome, il le fit sans en parler à son frère et héritier.

La reine Marie-Thérèse était faite pour un grand trône; mais son affection pour le Roi, pour ses filles atténua ses rêves ambitieux. Très intelligente, très instruite, comme le sont toutes les archiduchesses, elle vécut des jours tristes et lents à Cagliari, séparée des siens, sans cesse exposée aux gronderies anglaises, aux économies obligatoires du Roi. Pourtant dès 1814, redoutant presque les réalités de la couronne, elle prolongea son séjour de Sardaigne et ne rentra à Turin qu'en septembre 1815. Aussitôt les meneurs libéraux, redoutant son influence sur le Roi, tentèrent de la rendre impopulaire en la dénonçant comme favorable à l'Autriche et à toutes les réactions. A Turin, leurs progrès furent rapides, l'*Austriaca* sentit grandir autour d'elle l'affreuse haine dont sa tante la reine de France avait été la victime; rien ne pouvait faire trembler la petite-fille de Marie-Thérèse.

comte de Provence, depuis Louis XVIII, morte en Angleterre en 1810.

g. Marie-Thérèse, née en 1756, mariée à Versailles, en 1773, au comte d'Artois, depuis Charles X; morte en Angleterre, 1805.

h. Anne, née en 1757, mariée en 1775 à son oncle Benoit, duc de Chablais, veuve en 1808, morte à Stupinigi en 1821, faisant le duc de Gênes son héritier. Palais Chablais à Turin.

i. Adélaïde, née en 1764, mariée en 1781 à Antoine de Saxe, morte à Dresde en 1782 à 18 ans.

1. *Journal autographe du duc de Genevois (Archives Royales).*

La Reine tint tête à l'orage ; mais sans grande confiance dans l'habileté ou la ténacité de certains ministres du Roi, la révolte militaire de 1821 ne fut point pour elle un étonnement. Cette princesse, que ses ennemis représentaient comme ambitieuse et avide, fut alors la meilleure conseillère du Roi pour le maintien de son abdication. Devenue veuve, elle ne vécut plus que pour ses filles auprès desquelles elle résidait longuement à Modène et à Lucques. Marie-Thérèse aimait les arts et la musique avec passion, aussi se plaisait-elle beaucoup à Rome ; lors de son séjour en 1824, le pape Léon XII lui remit solennellement la *Rose d'or* à la villa Massimo ; c'est de Rome aussi qu'elle commença les négociations matrimoniales pour sa troisième fille Marie-Anne.

Un historien savoyard [1] a dans le récent ouvrage que sa reconnaissance a dédié à la mémoire du roi Charles-Albert, reprenant les arguments haineux des libéraux piémontais envers la reine Marie-Thérèse la montre ennemie acharnée, implacable du prince de Carignan. Un historien piémontais puisant aux sources des Royales Archives a vengé le souvenir de la Reine par les extraits de sa correspondance avec le Roi, avec Charles-Félix, avec Charles-Albert lui-même [2]. M. Perrero ne laisse debout aucune des injustes accusations portées contre Marie-Thérèse. Au contraire, la Reine, affectueuse, presque maternelle avec le sombre et méfiant prince de Carignan, s'efforce de détruire les préventions de son époux et de son beau-frère envers le fils malheureux, à peine élevé, de la trop célèbre princesse de Carignan

1. *Le roi Charles-Albert*, 2 volumes, par le marquis de Costa, de l'Académie Française. Paris, 1889.

2. *Gli Ultimi Reali di Savoia del Ramo Primogenito ed il Principe Carlo Alberto di Carignano*. 1 volume Domenico Perrero. Turin, 1889.

devenue Madame de Montléart. La Reine était la fidèle correspondante de Charles-Albert ; elle faisait l'impossible pour relever cette âme pessimiste, pour lui rendre courage, espoir ; elle facilita son mariage en donnant sur ce prince ténébreux des indications indulgentes et pleines de bonté,

Le train train paisible de Chambéry fut un peu remué par le séjour du cardinal de Rohan [1], en mai, et l'annonce des fêtes du mariage royal à Gênes. Le Roi, la Reine avaient accompagné leur jeune cousine Marie-Christine ; la Reine veuve les attendait à Gênes ; le 15, la flotte napolitaine entra dans le port amenant le roi-fiancé Ferdinand II. Le mariage fut célébré le 21 novembre, à N.-D. de l'Eau-Sainte, par le cardinal Morrozzo. Le 26, le roi de Naples et la nouvelle reine s'embarquèrent pour Naples où ils abordèrent le 30. Le marquis de Costa avait eu l'honneur d'escorter la princesse de Savoie jusque dans sa capitale.

La Reine veuve, de Gênes se rendit par Turin-Chambéry à Hautecombe prier sur la tombe de son époux. Après un assez long séjour à l'abbaye, la Reine alla vénérer le tombeau de saint François de Sales puis rentra à Rome en sa villa.

1833. A douze années d'intervalle, le royaume vit alors se renouveler les mêmes scènes de révolte militaire qui avaient été la cause de l'abdication de Victor-Emmanuel Ier en 1821 ; mais par la fatalité inévitable, la conspiration visait en 1833 le chef même du mouvement constitu-

---

1. Louis-François de Rohan-Chabot, né à Paris le 1er mars 1783, archevêque d'Auch en 1827, puis de Besançon en 1828, créé cardinal le 5 juillet 1830 par le pape Pie VIII ; obligé de fuir de son diocèse au moment de la Révolution du juillet à cause de son attachement à la famille royale, il allait y rentrer pour y mourir bientôt héroïquement en soignant les cholériques de Besançon, 1832.

tionnel de 1821, le roi Charles-Albert. La vérité historique nous oblige à montrer, par quelques extraits des jugements de 1833, combien la répression du libéral prince de Carignan devenu roi à son tour fut plus cruelle que le châtiment infligé en 1821 par le tyran débonnaire Charles-Félix [1].

Cette conspiration militaire une fois découverte par trahison fut tenue aussi secrète que possible ; malgré la police, la censure, les bruits terrifiants se répandaient dans le royaume ; subitement les journaux publièrent par ordre la liste des condamnés, compromis, recherchés, tous accusés d'avoir eu entre les mains des écrits séditieux, et connaissance, sans les avoir révélés, de complots tendant au renversement du paternel gouvernement de S. M. et à l'établissement d'un gouvernement démocratique par toute l'Italie. Les exécutions furent nombreuses en Piémont, en Savoie, à Gênes. En Savoie, le conseil de guerre présidé par Morri, commandant la brigade de Pignerol, condamna à la mort ignominieuse (la pendaison) après la dégradation, le brûlement des uniformes et l'amende honorable :

le 28 avril, le fourrier J.-B. Canale, 1er régiment de la brigade de Pignerol. Canale ayant tout avoué, sa peine fut commuée en galères perpétuelles ;

1. Les conspirations militaires concordaient avec le complot contre le roi préparé par Mazzini. L'assassin devait poignarder Charles-Albert à son passage quotidien lorsqu'il se rendait à la messe. L'horreur et la lâcheté d'un pareil crime retinrent le misérable confondu dans la foule des solliciteurs qui, chaque matin, à l'aller et au retour de la chapelle, pouvaient facilement approcher et entourer le Roi. Le criminel, n'ayant pas osé frapper, s'enfuit. Les arrestations obligèrent encore Mazzini et ses fidèles à la fuite en Suisse ; on devait voir un jour les ministres du roi Humbert, petit-fils de Charles-Albert, inaugurer officiellement les monuments que la reconnaissance maçonnique élevaient à Mazzini !

le 10 juin, Elisée Totta, lieutenant du même régiment exécuté le 11[1];

le 18, Alexandre de Gubernatis, de Nice, sergent-fourrier, âgé de 20 ans, même régiment, exécuté le 21;

le 10 juin, François Manfredi, d'Albenga, lieutenant-adjudant-major; Etienne Fissore, capitaine des chasseurs dudit régiment; Pierre Muzio (de Voghera), lieutenant-adjudant-major du 2ᵉ régiment; tous les trois à la destitution; le 1ᵉʳ à 5 ans de prison, le 2ᵉ à 3, et le 3ᵉ à 1 an;

le 18 juin, Charles Agosti (de Cava), caporal, 10 ans de galères. Jean Morasca, sergent, Pantasso, sergent, Berrutti, caporal, 1 an de chaîne; Caire, fourrier-major, cassé; tous de la brigade de Pignerol. Enfin, après d'actives recherches inutiles, les révoltés ayant pu fuir en France et en Suisse, le conseil de guerre de Chambéry condamna encore à mort les contumaces Nicolas Adorno, lieutenant de Pignerol, principal organisateur du complot; Vicarezza, sous-lieutenant, et les sergents Vernetta, Enrici, Giordano et Cerina[2].

A Alexandrie, on fusilla Dom Ferrari et on pendit Menardi, Regosso, Casta, Marini, sergents de la brigade de Coni. A Gênes, le 15 juin, Gavotti (maître d'armes), Biglia, Miglio, sergents dans les grenadiers gardes, furent exécutés; enfin le 22, à Alexandrie, on pendit encore le procureur André Vochieri qui avait propagé les écrits séditieux dans la garnison. A Chambéry, c'est le

1. Dans le peloton chargé de fusiller le lieutenant Totta, se trouvait son ordonnance qui refusa bravement de tirer; il fut aussitôt arrêté et emprisonné.

2. Le 2 juin, dans la nuit, on arrêta à Chambéry un vétéran des guerres de l'Empire, le général Guillet; le capitaine d'Isola, aide de camp du gouverneur, l'officier Taffa, etc.; le général Guillet, impotent, enfermé malade à Fenestrelle, y mourut quelques mois après.

22 mai que la Conspiration militaire fut connue dans le public : un maréchal des logis d'artillerie avait été arrêté et fusillé, un second obtint un sursis ; les rues et les places furent gardées par des postes, des patrouilles nombreuses circulaient partout, et, pour mettre le comble à l'effroi général, le Gouverneur coucha à la caserne. Le 26, les pompiers institués cependant par Charles-Félix furent désarmés et Chambéry terrifié vit passer les troupes se rendant à la messe sac au dos et armes chargées : aucun journal n'arrivait plus de l'étranger ; la *Quotidienne* elle-même était confisquée à la douane : la police brutale et tyrannique perquisitionnait un peu partout, envoyant enfin ses prisonniers dans les cachots du fort de Bramans. Dépassant toutes les mesures arbitraires du gouvernement de Charles-Félix après la révolte de 1821, les ministres de Charles-Albert, Caccia, de l'Escarène, Pensa, Barbaroux, contresignèrent l'odieuse ordonnance du 28 mai défendant l'introduction des livres, journaux, etc., contraires à la Religion, à la Morale, à la Monarchie, sous peine de prison ou de fer jusqu'à cinq ans. La même ordonnance menaçait aussi de cinq ans de fers les imprimeurs, et les colporteurs des écrits suspects ; et de, deux ans, *les étourdis* qui les ayant reçus sans consentement ne les remettaient pas immédiatement aux commandants ou syndics ; enfin la moitié de l'amende de cent écus était libéralement remise au dénonciateur. On racontait à voix basse, entre intimes, que quelques sous-officiers de la brigade de Pignerol, dînant avec quatre sous-officiers de la brigade en garnison à Turin, mais alors en permission à Chambéry, leur avaient fait part des préparatifs de révolte leur proposant d'y participer. Les quatre Savoisiens répondirent qu'ils voulaient réfléchir, l'un deux repartit au contraire de suite pour Turin où il raconta tout ce qu'il savait des apprêts de l'insurrection : le Roi, en sa qualité d'ancien conspirateur remercia le dénonciateur en le nommant officier et en lui offrant une épée et des épaulettes!

Les morts vont vite, quelques années encore et le roi Charles-Albert reprenant les projets des pauvres fusillés et pendus, appellera l'Italie entière à la révolte contre ses légitimes souverains, et son fils appliquera, dans les États parents ou voisins, la politique des complots militaires ou civils, payant ensuite par une statue ou une plaque commémorative sur les places de Rome, de Naples, de Milan, de Parme, les vies ignorées, oubliées, de ceux qui lui ont donné la couronne d'Italie une. Certes, le Roi, les ministres, les affiliations maçonniques de l'Italie officielle actuelle, en inaugurant chaque année quelque monument à un héros du Risorgimento, devraient au moins un souvenir public aux misérables condamnés de 1833, leurs précurseurs.

Les premiers mois de 1834 furent encore troublés par l'apparition de bandes armées soit en Piémont, soit en Savoie. Le 26 janvier, une bande composée d'Italiens et de Polonais, organisée à Berne, tenta un mouvement insurrectionnel en Chablais. Les Italiens refusèrent de s'embarquer à Vevey ; les Polonais partis de Nyon débarquèrent à Bellerive où ils furent désarmés par les milices cantonales de Genève; mais la populace genevoise ayant repris les armes à l'arsenal les porta à Carouge où de nouvelles bandes se formèrent; le général Ramorino, les commandant, les menant sur Saint-Julien.

Le *Journal de Genève*, épouvanté, publiait un supplément spécial annonçant la déconfiture du gouvernement royal, le soulèvement des garnisons aux cris de : « A bas le roi, les tyrans, les nobles ! » La troupe de Ramorino, forte de 700 hommes, se réunit au plan des Ouattes, passa la frontière de nuit, saisit 800 francs à la douane d'Annemasse, à minuit, et marcha sur Thonon en appelant les populations à la révolte. A Thonon, les soldats en non activité de la Brigade, s'unissant à la garnison, aux paysans amenés par le tocsin, les arrêtèrent ; Ramorino s'enfuit à Genève : ses hommes se débandèrent au point de n'être plus que 80 lorsque la milice genevoise, sous les ordres du capitaine Pictet, les désarma à Carouge.

Le plan de l'insurrection [1] était préparé par les réfugiés sardes en Suisse ; la proclamation affichée et surtout habilement distribuée annonçait comme toujours : la *Liberté*, l'*Égalité*, la *Fraternité*, l'*Indépendance*, l'*Unité*. Le gouvernement provisoire, au nom du peuple : « Regar- « dant l'insurrection comme le plus saint des devoirs, en « face du despotisme, appelle les citoyens aux armes, en « faisant abattre le drapeau du tyran et arborer celui de « l'Insurrection. »

Il recommande d'essayer de fraterniser avec les troupes avant de les combattre, de s'emparer des mairies, d'élever des barricades. Le gouvernement provisoire déclare traîtres les fonctionnaires qui abandonneront leur poste ; et les femmes, les enfants, les vieillards sous la sauvegarde du peuple. *Vive la République!*

Saint-Julien, 1er février 1834.

Joseph MAZZINI, RUFFINI, MELEGARI, RUBIN [2].

1. Les insurgés en uniformes (pour plus de 100.000 francs d'uniformes, cocardes, confectionnés à Lausanne) campèrent près d'Annemasse ; ce camp fut la promenade à la mode des Genevois très favorables aux Italo-Polonais, en haine de Charles-Albert.

2. Après cette tentative de Mazzini, le Sénat de Savoie condamna à mort par contumace le général Ramorino, l'avocat Rubin, d'Annecy, Foex de Boëge, etc., tous réfugiés en France.

L'insurrection organisée par Mazzini devait attaquer le gouvernement royal par les deux frontières de la Savoie : Ramorino et sa bande par Genève, une autre troupe par le Dauphiné. En effet, le 3 février, à 4 heures du matin, 200 démocrates réunis à Voiron surprennent les Échelles et font prisonniers le brigadier et deux carabiniers ; le troisième s'échappe à cheval, galopant au Pont, demande du secours. Aussitôt le lieutenant Viario avec 25 carabiniers se mettent en route ; à 11 heures du soir, ils atteignent les insurgés campés à la Grotte, et les dispersèrent ; il y eut deux tués, de nombreux blessés. D'autres bandes pillèrent les douanes de Layssaud, d'Etrambières ; un malheureux carabinier, revenant de Chambéry, arrêté par les démocrates, et refusant de crier *Vive la République*, fut fusillé près de la Grotte. Le commandant du Pont, d'Orcier, fut obligé de parcourir le pays avec des colonnes mobiles ; enfin tout se calma, et le 2 mars, le gouverneur comte Casazza de Valmonte distribua solennellement des récompenses aux officiers et aux carabiniers.

Ces appels insurrectionnels restaient sans écho en Savoie dont les populations rurales fortement attachées à leur Roi, aux seigneurs, aux curés, ne bougèrent point. Si dans les villes, la bourgeoisie subissait en rechignant la suzeraineté de la noblesse tout en attachant un prix extrême à la moindre de ses faveurs, elle était avant tout pacifique et terrifiée par l'étroite surveillance d'une police sans égards ; du reste, l'influence du clergé encore partout incontestée, fortifiait le prestige de la maison de Savoie. Aussi, malgré ces petites échauffourées, la Cour pouvait donc venir en Savoie, l'accueil le plus fidèle l'y attendait[1].

1. Le règlement de 1833 sur l'administration de la ville approuve : pour les syndics, la ceinture bleue déjà accordée en 1831 ; pour

En l'honneur des nouveaux souverains, les préparatifs étaient aussi considérables que pour la fameuse entrée de mai 1816. Quatre arcs se dressaient place Saint-Léger, à l'entrée de la rue de Boigne à peine achevée. Un autre arc s'élevait au Faubourg ; deux Renommées portant les armes de la Ville, encadrées par les statues de la Force, de la Fidélité, de la Bonté et de la Sagesse, avec l'inscription.

CARLO ALBERTO REGI — P. A. F.

BELLI PACISQUE ARTIBUS SPECTATISSIMO

AD REGNI FELICITATEM CŒLITUS DATO

OB AUSPICATISSIMUM ILLIUS ET INCLYTÆ M. T. UXORIS

ADVENTUM

GRATISSIMA CIVITAS

La haie était faite, au faubourg, par Gênes-cavalerie ; rue Croix-d'Or, par les pompiers et la garde de sûreté ; place Saint-Léger, rue de Boigne, par les deux régiments de la brigade de Savone ; l'artillerie au château et rue Juiverie. Les Chevaliers Tireurs avaient l'honneur de la grille au château. Le 3 juin, à 4 heures, le Roi et la Reine entrèrent dans Chambéry : le gouverneur les harangua ; le 1ᵉʳ Syndic, comte Perrin, offrit les clefs, puis la comtesse Perrin, Mᵐᵉ Forest (femme du 2ᵉ syndic), entourées de douze jeunes filles [1], saluèrent la Reine, com-

---

les commissaires de police, le pantalon et l'habit noir, le chapeau troussé et la canne noire avec cordon aux couleurs de la Ville ; pour les sergents, la redingote bleue à passepoil rouge, le gilet et pantalon bleu, le chapeau troussé avec un galon jaune et un sabre demi-espadon.

1. MMˡˡᵉˢ de Vars, de Châteauneuf, Gruat, de Launay, Richard-Bellemin, Pasquier, de Menthon, Morand, Marin, Desmaisons, Milliet de Saint-Alban, Besson.

plimentée par Mlle Marin. Au château, l'archevêque, le Sénat, la noblesse attendaient la Cour. La Reine entra dans ses appartements, le Roi redescendit aussitôt passer les troupes en revue. Le soir, illumination générale, tandis que Charles-Albert se promenait à cheval.

Le séjour royal à Chambéry dura jusqu'au 30 juin; il fut égayé par les plaisirs modestes de l'époque : le Roi passait beaucoup de revues, la Reine se promenait et tenait cercle le soir. Le 5, grande revue au Champ-de-Mars; le 7, Marie-Thérèse alla à pied au Sacré-Cœur et à la cascade de Jacob. Le dimanche 8, messe royale à la cathédrale; le soir, gala au théâtre où, dans un entre-acte, Mlle Jenny Bernard chanta des couplets de circonstance.

Le 9, grande innovation; une véritable révolution dans l'étiquette formaliste, audience publique de midi à 3 heures. Les souverains visitèrent ensuite la Charité, Saint-Benoît, la Mendicité, le Collège, et sortirent le soir pour admirer le feu d'artifice du Champ-de-Mars et l'illumination du Vernay (6.000 verres de couleurs, du Vernay au théâtre).

Le 10, à Hautecombe, où le marquis d'Oncieu offrit un grand déjeuner au nom de la reine Marie-Christine; au retour, inauguration à Aix des Thermes Albertins.

Le 13, nouvelle revue. Le 15, audience des envoyés Helvétiques présentés par le baron de Vignet, ministre du Roi à Genève. Le 14, la Reine pèlerinage à Notre-Dame de Myans, où elle fut reçue par l'archevêque; le 15, elle visite la Visitation, et le 17, le Calvaire; le 22, les Carmélites; le 24, les Orphelines du Reclus. Le 16, le Roi était parti pour Annecy, Bonneville, Thonon et l'Hôpital-Conflans.

Enfin, le 25, grande fête des Chevaliers Tireurs; roi, M. de Chambost; reine, Mlle Morand; grand bal dans la salle du tir, ornée de drapeaux, d'aigles, d'inscriptions : *Fidélité au roi, Honneur et Loyauté, Soins et respects aux Dames*. Deux orchestres ; les souverains honorèrent le bal de leur présence. Le 28, bal de la Ville[1] au théâtre ; la Reine l'ouvrit avec le roi du tir ; elle dansa plusieurs fois ; la Cour se retira assez tard. Le 26, le Roi et la Reine firent le grand honneur d'une visite au marquis de Costa en son château de la Motte. Le 30, les souverains quittèrent Chambéry après avoir nommé l'archevêque, l'évêque d'Annecy, grands Cordons des saints Maurice et Lazare ; commandeur, Mgr Billet ; chevaliers,

1. Juin 1816. 7.000 livres de dépenses générales pour les fêtes, dont 2.535 l. à Arban, artificier de Lyon, pour le feu d'artifice ; idem pour la petite guerre sur la colline de Chanay, en face du château ; à la manufacture royale des verres et cristaux de Laffin et Peravex :

Pour 5.500 petits lampions,	296 l.
Pour les arcs de triomphe,	4.616 l.
Pour les bouquets à la reine,	40 l.
Au gymnase enfantin de Grenoble, engagé par le baron Fortis, au même baron directeur du bal donné par la Ville, un remboursement de	22 l.
par lui avancées au coiffeur Ducret et à la tailleuse Meugnier.	
A Strauss, chef d'orchestre,	650 l.
A Genoud, marchand, pour les rubans des commissaires,	95 l.
A Rive, boulanger, pour craquelins et gâteaux de Saint-Genis,	48 l.
A Bovet, confiseur, pour les bonbons de la buvette,	24 l.
A Marguery, cafetier, pour les rafraîchissements,	1.037 l.
A Fosseti, confiseur, pour les pâtisseries,	91 l.
A Quoqui, confiseur, pour les pâtisseries,	52 l.
A Burnier, cirier,	617 l.
A Carrajal, pour les cartes à jouer,	42 l.
A Mᵐᵉ de Villette, pour frais de logis de M. de Germagnano, écuyer du roi,	60 l.
Et en autres frais de logement,	1.167 l.

(*Comptes des syndics 1834. Archives de Chambéry.*)

les chanoines de Rolland (prévôt d'Annecy), du Tour
d'Héry (prévôt de Moutiers), Turinaz et Vibert, vicaires
généraux : les sénateurs de Tours, Picolet, de la Charrière, le comte Perrin, M. Forest et le comte de Boigne.

Le Roi, malgré sa raideur toujours un peu triste, avait
produit une excellente impression. Sa jeunesse chevaleresque succédant à la tranquillité paternelle de Charles-
Félix attirait la nouvelle génération déjà irrespectueuse
envers les modes vieillies et les usages surannés de l'ancienne cour. Charles-Albert, très grand, très mince, fort
laid, montant supérieurement à cheval, se plaisant
aux exercices militaires, frappait le peuple par son attitude royale. La noblesse lui était très attachée, car le
Roi s'entoura de plusieurs nobles savoyards ; la bourgeoisie espérait toujours en ses anciennes idées libérales
et constitutionnelles ; le clergé admirait honnêtement sa
piété un peu sombre, mais indulgente à lui-même, et
l'armée proclamait sa bravoure au Trocadéro ; tout était
donc pour le mieux en Savoie.

La reine Marie-Thérèse d'Autriche-Toscane, déjà
entrevue en 1828, reparaissait toujours aussi douce,
aussi résignée ; sans être belle, elle avait de jolis yeux et
un beau teint ; son intelligence cadenassée par les règles
étroites de l'étiquette ne se montra qu'à quelques
intimes, car son glacial époux ne la consulta jamais sur
rien. La Reine ne laissa en Savoie qu'un pâle souvenir ;
le peuple la croyait heureuse ; à la Cour on respectait en
silence son abnégation continuelle, car jamais elle ne
parla de l'immensité de ses chagrins, commencés avec
les infidélités du Roi et achevés par les débordements de
ses fils.

Les années suivantes parurent plus lentes, plus calmes,
après la série des voyages royaux. On s'en consolait en
vivant bien et en fêtant joyeusement les célèbres ven-

danges de 1834[1]. Les événements politiques en France, la guerre d'Algérie intéressaient aussi vivement les citadins de Chambéry en rapports si fréquents avec Lyon et Grenoble. La route d'Italie amenait souvent en ville des voyageurs illustres ; la princesse[2] de Beira et ses neveux, les Infants de Portugal, couchèrent à l'hôtel de la Poste le 17 juillet 1835 ; ils repartirent le lendemain après avoir entendu la messe chez les Jésuites, ainsi qu'en 1839, l'Infant Sébastien, au même hôtel. Le duché applaudit à l'édit du 20 juin 1837, annonçant la publication des Codes Albertins, devant remplacer, à partir du 1er janvier 1838 la vieille collection des ordonnances, édits, etc., datant de plusieurs siècles. La même année, le 6 décembre, le comte Rodolphe de Maistre était nommé gouverneur de Nice en remplacement du chevalier Etienne de Candie, admis à la retraite.

1838 vit apparaître les Codes Albertins, les nouvelles lanternes éclairées au gaz[3], et le premier bateau à vapeur

1. Le 26 octobre 1834 mourut à Marclaz, près Thonon, le général Joseph-Marie Dessaix, né en 1764 à Thonon, fils du docteur Dessaix, proto-médecin royal, noble syndic de Thonon en 1781, et de Marie Favrat de Bellevaux ; capitaine dans la légion des Allobroges en 1792, présent au 10 août, général de brigade en 1803, de division et comte de l'Empire en 1809, grand officier de la Légion d'honneur en 1812, gouverneur de Berlin en 1813, retiré en Savoie avec une pension de 6.000 francs. — Son buste devait attendre jusqu'en 1850 l'autorisation royale pour être placé à la Bibliothèque.

2. Marie-Thérèse, née en 1793, fille de Jean VI, roi de Portugal, et de Charlotte d'Espagne, mariée en 1810 à Pierre, infant d'Espagne, veuve en 1812, remariée en 1838 à Don Carlos, veuve en 1855, morte en 1874. Leur fils Sébastien, Infant d'Espagne, né en 1811, marié en 1832 à Amélie de Naples, veuf en 1857, mort en 1875.

3. Traité du 29 mai 1837. Société anonyme d'éclairage au gaz. (Bonnard, directeur, et Pillet, directeur de l'usine), subvention de

parti de Lyon et amené au port Puer le 17 août ; le 19, un dimanche, il fit la première traversée du lac jusqu'à Hautecombe. Ce service entre le Bourget et Lyon eut de suite la vogue de la nouveauté et de l'agrément. Enfin, le 10 décembre, les trop fameux Éléphants du sculpteur grenoblois Sappey furent inaugurés et livrés à l'admiration et à..... la moquerie du public.

Mgr Martinet s'éteignit le 6 mars 1839. Dans le clergé et chez tous, son successeur était désigné et désiré, c'était Mgr Billiet, évêque de Maurienne.

Le jeudi 3 octobre, le Roi arriva à Chambéry pour présenter à ses fidèles Savoyards son fils aîné, Victor-Emmanuel, duc de Savoie, âgé alors de 19 ans ; leur séjour fut court et bien rempli. Le 4, à pied du château au Champ-de-Mars par la rue de Boigne, Charles-Albert et son fils admirèrent la colonne des Éléphants[1], et, arrivés devant les troupes de la brigade de Piémont, ils ordonnèrent les manœuvres, le tir à la cible, etc. En revenant, visite de l'Hôtel-Dieu et de l'hôpital militaire, où le marquis Doria, chef d'état-major, reçut S. M. et S. A. R.

Le 5, à 1 heure 1/2, le Roi et son fils inaugurent le railway[2] en bois de Chambéry au Bourget ; ils s'embar-

la Ville de 75 livres par lanterne ; en 1838, compte de 3.750 livres pour 50 lanternes dont le nombre sera augmenté progressivement.

1. Cette colonne, de style soi-disant hindou, portée par quatre éléphants tronqués, ornée de trophés, surmontée de la statue du général de Boigne, fut un hommage de reconnaissance sinon de bon goût de la ville de Chambéry à la mémoire de son munificent bienfaiteur.

2. Le railway, véritable tramway sur rails de bois, trainé par deux chevaux, ne fit pas ses affaires, les voyageurs étant trop peu nombreux à l'arrivée et au départ des bateaux pour Lyon. On voit encore son tracé entre deux haies d'arbustes le long de la route du Bourget.

quèrent sur un bateau à vapeur pour Hautecombe. En entrant dans la chapelle funéraire de leurs ancêtres, Charles-Albert, grave et pensif, dit à son héritier plus occupé des réalités mondaines : Dites un *Requiem*, mon fils !

Le dimanche 6, messe à la cathédrale par Mgr Rochaix, évêque de Moutiers, la Compagnie du Tir, sous les ordres de M. de Chambost, formait la haie sur la place et reçut, au passage, un royal éloge sur sa parfaite tenue.

Le 7, départ à 4 heures du matin pour Annecy et l'inauguration du pont de la Caille, nommé depuis pont Charles-Albert ; retour à Annecy, réception et couché à l'évéché. Le 8, par Faverge, à l'Hôpital-Conflans réunies désormais par un royal parrainage sous le nom d'Albertville, le Roi et le duc de Savoie montèrent encore dans un railway de bois jusqu'à Aiguebelle pour aller dîner à Saint-Jean chez Mgr Billiet et repartir le soir même pour Turin.

Le 15 janvier 1840, les Codes Albertins entraient en vigueur et modernisaient ainsi la législation vénérable mais compliquée des Sénats de Savoie et de Piémont. Le dernier et vingt-sixième descendant des de Coudrée, le marquis d'Allinges-Coudrée[1], né en 1761, ancien page de la reine Clotilde, s'éteignit le 26 février dans

1. La plus ancienne famille noble de Savoie, filiation suivie depuis 996, seigneur de Coudrée, marquis d'Allinges (1655), de Lullins, comte d'Apremont, etc., a donné de nombreux et célèbres serviteurs à l'État ; parmi ceux-ci, Marie-Joseph, marquis d'Allinges, cornette blanche de la noblesse de Savoie, chevalier de l'Annonciade, gouverneur et ajo des princes, fils de Victor-Amédée II, gouverneur de Savoie, ambassadeur à Vienne, à Paris à Londres, né en 1660, mort vers 1734, grand-père du dernier marquis, né en 1761, mort en 1840. Plusieurs membres de cette illustre famille furent chanoines-comtes de Lyon, chevaliers de Malte, etc. Le 21 novembre 1810, le roi créait comte Hyacinthe Avet, conseiller d'État et régent de la grande chancellerie.

le vieil hôtel encore appelé aujourd'hui hôtel d'Allinges, rue Juiverie. Enfin le 27 avril, le pape Grégoire XVI préconisait Mgr Billiet pour le siège archiépiscopal de Chambéry qu'il allait illustrer pendant plus de trente ans; dans le même Consistoire, l'évêque du Puy, Mgr de Bonald, était nommé au siège primatial de Lyon.

Le printemps approchait après un hiver sans grands froids, la Savoie vivait dans la continuation de sa facile et tranquille soumission lorsque Chambéry, le duché et le royaume entier furent attristés par l'épouvantable incendie de Sallanches. Le feu, mis par imprudence, éclata à 4 heures 1/2 de l'après-midi, le jour de Pâques, et en quelques heures détruisit l'église, l'Hôtel de Ville, la moitié de la ville; il y eut pour plus de 10 millions de ruines, et les assurances, encore rares à cette époque, ne s'élevaient qu'à 85.000 francs. Le Roi envoya aussitôt le comte de Sales :

« Désirant soulager autant qu'il est en notre pouvoir
« le sort des malheureux habitants de Sallanches, je crois
« ne pouvoir mieux faire, mon cher comte, que de vous
« charger de diriger dans ce moment difficile toutes les
« dispositions qui devront être prises et tous les secours à
« donner. J'éprouve, dans l'affliction dont mon âme est
« navrée, un soulagement en songeant que je remets à
« votre piété et à votre sagesse des soins dont je regrette
« de ne pouvoir m'occuper moi-même. Faites mes amitiés
« à l'Évêque d'Annecy et croyez, mon cher comte, à ma
« bien sincère affection. — C. A. »

Le Roi ajoutait à sa lettre 25.000 francs et les frais du camp qu'il devait tenir en août : les souscriptions s'ouvrirent partout en faveur des pauvres incendiés, à Genève, à Paris, à Lyon, aux bureaux du Réparateur (10.541 francs), à Turin (35.000 francs), où le marquis de Rora fit tirer, dans ses salons, une loterie de 14.000

billets à 2 lires. A Chambéry, avec la souscription, les envois de secours (les Frères donnèrent 20.000 francs), il y eut un grand concert de charité avec loterie le 24 mai. Le sénateur comte Millet de Saint-Alban fut député pour rétablir les titres de propriété par voie de notoriété. La jolie Sallanches avait été déjà détruite par le feu le jeudi saint 14 avril 1519. Charles III, pour la relever, lui avait accordé de grands priviléges encore étendus par Charles-Emmanuel Ier en l'honneur de sa belle défense contre les Français en 1536, renouvelée avec ardeur en 1793. Le fondateur du collège des Jésuites de Chambéry en 1564, le Père Louis Codret, était Sallanchais, ainsi que la fondatrice des Bernardines de Maché (1652), Marie de Viollat, morte en 1663.

Le 14 juin, Mgr Alexis Billiet entra en grande solennité à Chambéry ; l'archevêque vint des Capucins à Saint-Benoît où il prit la mitre et la crosse ; alors le marquis de Travernay le complimenta au nom de la ville, puis le prélat s'étant placé sous le dais porté par quatre conseillers et suivi des syndics, se rendit à la cathédrale entre la haie des Pompiers et de gardes de sûreté. Le nouveau prélat, malgré sa physionomie sévère et ses manières un peu rudes, était déjà très connu et très aimé à Chambéry ; on le savait austère pour lui-même, très charitable, d'une haute intelligence et d'une simplicité évangélique.

Sa Grandeur consacra, le 26 août, la nouvelle église de Saint-Alban. Quelques jours après (2 septembre), le chanoine Vibert, vicaire général, bénissait à Hautecombe les deux premiers bateaux à vapeur du lac du Bourget, l'*Allobroge*, construit à Paris, et la *Ville de Turin*, à Chalon-sur-Saône, tous deux de la force de 50 chevaux. « Qui de nous, s'écrie le *Courrier des Alpes*, eût pensé, il y a dix ans, que l'Industrie, avec ses bras d'airain, ses tourbillons de fumée, son fracas assourdissant, sillonnerait un jour ce lac, dont les eaux bleues murmuraient naguère des harmonies pour le poète, et semblaient destinées à ne bercer jamais que les pensées des âmes douces et contemplatives! » Le nouveau service entre le Bourget, Aix et Lyon eut de suite un grand succès, malgré la rareté des voyages, car Aix continuait à progresser. L'été de 1840 vit plus de 2.680 baigneurs, et parmi eux le roi de Wurtemberg [1], logé à l'hôtel Venat (encore bien simple) et qui vint en calèche à quatre chevaux visiter Chambéry le 13 juillet. Ce fut pendant les vacances que circulèrent pour la première fois dans la haute société savoyarde les projets matrimoniaux de la famille royale. En effet, du 19 août au 5 septembre, le Roi et la Reine reçurent à Racconiggi l'Archiduc Renier, l'Archiduchesse Élisabeth, sœur de Charles-Albert, leurs deux filles et quelques-uns de leurs fils. Après ce séjour familial, on pensait que l'archiduc donnerait sa fille aînée, Marie-Caroline, au duc de Savoie, et la seconde, Marie-Adélaïde, au jeune empereur du Brésil, son autre cousin [2].

1. Guillaume Ier, né en 1781, fils du roi Frédéric Ier et de Caroline de Brunswick, succède le 30 octobre 1816, marié en 1816 à Catherine Paulowna, et en 1820 à Pauline de Wurtemberg, mort en 1864.

2. Quelques années auparavant (1836), les ducs d'Orléans et de Nemours, revenant de Vienne où l'aîné des fils de Louis-Philippe, par soumission filiale, avait vainement demandé la main de l'archiduchesse Marie-Thérèse refusée par le prince de Metternich, s'arrêtèrent à Milan chez le vice-roi, archiduc Rénier, leur parent par leur mère, la reine Marie-Amélie. Le beau et brillant duc d'Orléans plut à Milan comme à Vienne; mais à Milan, on lui plut aussi beaucoup et il rentra à Paris fort épris de sa jeune et jolie cousine l'archiduchesse Marie-Caroline. La politique empêcha encore ce mariage, au vif déplaisir des jeunes princes et de leurs parents. Un an après, le duc d'Orléans épousait par raison Hélène de Mecklembourg, et en 1843, la pauvre archiduchesse mourait à Monza.

Ces bruits de mariage cessèrent ensuite, pour recommencer en 1841 et devenir plus sérieux à l'automne de la même année, mais avec d'importants changements de personnes. Les derniers jours de décembre amenèrent à Chambéry le violoniste Philippa dont le succès fut immense ; nous le trouverions aujourd'hui plus acrobate que violoniste puisque son triomphe consistait à jouer sur un violon unicorde, ou sur un alto à cinq cordes avec un archet flexible et recourbé.

1841 s'ouvrit avec des projets de chemin de fer entre Genève et la Chanaz sur le Rhône, où il se serait raccordé avec les bateaux à vapeur ; cette idée assez pratique fut abandonnée comme tant d'autres : le moment n'était pas encore venu.

Le vicaire général Vibert, désigné par le Roi pour l'évêché de Saint-Jean-de-Maurienne, fut préconisé par le pape le 1er mars et sacré le 25 du même mois à Rome par le cardinal Lambruschini, secrétaire d'État, et les archevêques de Tarse et d'Édesse, Mgrs Cadolini et Asquini, tous deux futurs cardinaux. Mgr Vibert, après un long séjour à Rome, à Turin, à Yenne, sa patrie, entra en grande pompe à Saint-Jean, le 24 juin, au milieu de l'allégresse et des illuminations générales [1].

Le 17 avril, la reine Marie-Christine d'Espagne coucha à l'hôtel de la Poste et, après avoir entendu le lendemain matin la messe à la cathédrale, repartit par les Échelles pour Lyon .

---

1. Le 29 décembre 1841, l'archevêque et le Chapitre de Chambéry assistèrent aux funérailles du chanoine Desgeorges, un des premiers missionnaires envoyés en Savoie, en 1794, par l'abbé de la Palme. C'était un ancien vicaire des Échelles, de petite taille, à l'extérieur paysan, aussi fut-il le seul qui ne fut jamais arrêté ; il parcourait les campagnes comme peigneur de chanvre, sous le nom de Dian Magnan. Après le Concordat, l'abbé Desgeorges devint curé d'Yenne, puis chanoine ; c'était le proche parent de l'abbé Desgeorges, chanoine de Lyon, supérieur des Chartreux.

Dès mai, les bateaux à vapeur commencèrent un service quotidien entre le Bourget et Lyon; cette nouvelle communication parut surprenante, et les baigneurs arrivèrent plus nombreux à Aix, malgré la lenteur et les difficultés de la remontée du Rhône, trajet de plus de 12 heures, s'achevant rarement sans arrêts forcés. Aix de plus en plus à la mode, offrit cet été-là, pour la première fois, une troupe lyrique à sa très aristocratique clientèle : c'était une troupe allemande d'opéra ; elle chanta le 24 juillet : *Der Freitchutz*; le 26, *Une nuit à Grenade*, de Kreutzer, et vint révolutionner Chambéry le 25, par l'*Othello*, de Rossini.

La noble colonie étrangère d'Aix, dans le *far niente* de la vie des eaux, avait repris parmi les autres cancans, les probabilités du mariage du duc de Savoie. On racontait qu'ayant préféré la seconde des archiduchesses, l'aînée, ravie de la fortune de sa cadette, épouserait ensuite le prince de Carignan, afin de vivre toutes les deux à Turin, à la même Cour, dans la même famille. En Savoie, même dans le peuple, on parlait du mariage comme absolument décidé ; en octobre, les grands de Cour surent bien vite que la demande officielle avait été faite à Vienne auprès de l'empereur Ferdinand par le comte de Sambuy, ambassadeur du Roi, et que le 24, à la Burg, devant l'Empereur, l'Impératrice Marie-Anne de Savoie, le vice-roi, la vice-reine, les archiducs et archiduchesses, le contrat avait été signé et la renonciation prononcée par la jeune fiancée. Le *Courrier des Alpes* fut enfin autorisé à annoncer les royales fiançailles, le 5 novembre et publier la liste des cordons et décorations échangées entre les deux Cours. Le Roi donnait l'Annonciade au prince Colloredo, grand maître de la Cour Impériale et le grand cordon des saints Maurice et Lazare au maréchal de Fiquelmont, au comte Vecsey, au comte

Meraviglia, majordome du vice-roi et au baron d'Otten-
fels, envoyé d'Autriche à Turin.

L'Empereur se contentait d'offrir la grande croix de
Saint-Étienne au comte Solaro et à César de Saluces,
grand écuyer et celle de commandeur au chevalier Éloi
de Buttet, des affaires étrangères. Le mariage avait été fixé
au printemps de 1842 ; une proclamation de la ville de
Chambéry l'annonça au peuple le 10 avril[1], avec distributions de secours, de pain blanc, viande, riz, vin à plus
de 1.500 pauvres. Le vice-roi, la vice-reine, la fiancée, sa
sœur, ses frères, les archiducs Léopold, Ernest, Sigismond,
le célèbre archiduc Charles, le feld-maréchal Radetzky
et une suite nombreuse quittèrent Milan le 10 avril. Au pont
frontière du Tessin les attendaient le comte Provana di
Colegno et le comte Nicolis de Robilant qui les escortèrent
à Verceil pour y coucher. Le 11, à 2 heures, la famille
impériale d'Autriche arrivait au château de Stupinis où
le Roi et le duc de Savoie les installèrent. Le lendemain, 12, le Roi, la Reine, le duc de Savoie, le duc de
Gênes, le prince de Carignan, le prince de Lucques,
vinrent de Turin à Stupinis ; Mgr Franzoni, archevêque
de Turin, donna la bénédiction nuptiale dans la chapelle
du château, et, dans l'après-midi, la nouvelle duchesse de
Savoie fit son entrée dans Turin en calèche découverte
avec la Reine, tandis que le Roi et le duc-époux calva-
cadaient avec les autres princes aux portières, au milieu
d'une foule délirante de joie et des acclamations enthou-

1. Mandats de la Ville du 10 avril et 6 juin 1842 : 1.200 fr. en
secours alimentaires, 600 l. en gratification aux pompiers et
gardes de sûreté ; de 403 l. pour les illuminations ; de 25 l.
au peintre Dupuy pour un grand tableau transparent aux chiffres
de LL. AA. R. ; de 130 l. à la veuve Genoud, modiste, pour les
deux écharpes en soie bleue à franges d'argent des syndics.
(*Comptes des syndics 1842. Archives de Chambéry.*)

siastes soulevées par la fraîcheur, les beaux yeux, la grâce exquise et si modeste de Marie-Adélaïde. Les fêtes furent superbes et flatteuses pour l'orgueil de Charles-Albert ; le 13, *Te Deum* à Saint-Jean, le soir, grand bal de cour jusqu'à 4 heures du matin ; la Reine, la duchesse soupèrent avec le vice-roi, la vice-reine et la princesse Caroline (ce qui était une innovation à l'autrichienne dans la glaciale étiquette de la Cour de Turin), tandis que le Roi et les princes se rafraichissaient debout au buffet. Le 14, réception des ambassadeurs et des autorités ; le 15, *Te Deum* à la célèbre chapelle de Notre-Dame-de-Consolation (la Consolata), le soir, grand concert devant 1.300 invités, terminé par une sérénade monstre offerte par la ville, saluée à son passage devant le château par les Souverains et les princes, leurs hôtes. Le 17, courses de chevaux à la place Saint-Second ; la Cour y assista dans une tribune ; le lendemain, grand bal chez l'envoyé d'Autriche dont les honneurs furent faits au Roi et aux siens par le vice-roi et la vice-reine. Enfin le 22, le traditionnel tournoi qui, depuis des siècles, célèbre chevaleresquement toutes les fêtes nuptiales de la maison de Savoie. Celui de 1842, genre xive siècle, se passait à Constantinople lors du mariage de l'empereur Andronic avec Anne de Savoie. Le duc de Gênes, dans toute la juvénile élégance de ses vingt ans, dirigeait les joutes à la tête de quatre quadrilles de 24 cavaliers, tous officiers et habillés avec plus de faste que de goût, d'après le faux gothique si à la mode à cette époque. Plus de 20.000 assistants et la Cour emplissaient la place Saint-Charles dont les vieilles maisons ont vu tant de splendeurs de ce genre. A la fin du tournoi, le duc de Gênes, s'approchant de la tribune royale, offrit un bouquet à la Reine, sa mère, à la vice-reine, sa tante, à la duchesse de Savoie, sa belle-sœur, et à l'archiduchesse

Caroline, sa cousine. Le soir, un immense feu d'artifice tiré sur le Mont au-dessus du Pô et l'illumination générale de Turin complétèrent cette belle journée. Le Roi et les princes à cheval escortant la Reine et les archiduchesses en voiture parcoururent la fidèle cité avant de se rendre au magnifique bal municipal à l'Hôtel-de-Ville. Le quadrille d'honneur ainsi composé ouvrit les danses qui durèrent toute la nuit : le duc de Savoie avec la comtesse Pollone, la duchesse de Savoie avec le comte Pollone, 1er syndic de Turin ; le duc de Gênes avec l'archiduchesse Caroline, l'archiduc Léopold avec la comtesse Castigliole, l'archiduc Ernest avec la marquise d'Arvillard, l'archiduc Sigismond avec la marquise Paolucci, le prince de Lucques avec la marquise Boyl de Puttifigari, le marquis d'Aix avec Mme Mancardi.

Le 30, la reine douairière Marie-Christine, impatiente de revoir sa jeune nièce, arriva de Rome pour assister aussi aux saintes réjouissances en l'honneur du Saint-Suaire exposé publiquement pendant un jour au palais Madame. La procession de la cathédrale au palais fut splendide ; le dais abritant la précieuse relique était porté par le Roi, ses fils et le prince de Carignan, suivis de l'archevêque de Turin, des évêques de Savona, Pignerol, d'Alexandrie, de Fossano, des chevaliers de l'Annonciade et de toute la Cour, entre la haie des gardes.

Les fêtes continuèrent encore pendant quelques jours par une joute sur le Pô (8 mai), combat naval, etc., et un grand déjeuner dansant (nouvelle innovation) à Stupiniz le 9 mai, etc., etc. Le 18 mai, le vice-roi, la vice-reine avec leur fille et leur fils Léopold partirent pour la Savoie et arrivèrent au Château le 20 à 1 heure du soir ; le 21, ils entendirent au théâtre la *Norma* chantée par une troupe allemande appelée de Genève, et le 22 au matin, accompagnés par le gouverneur et la comtesse

Casazza, les princes s'embarquèrent au port Puer, sur le grand canot à 14 rameurs de la reine, pour Hautecombe où ils furent reçus au nom de Marie-Christine par l'archevêque, le marquis d'Oncieu, marquis de Travernay et l'avocat Jacquemoud. Après la messe dite par le chanoine Revel, les archiducs se rendirent à pied à la Fontaine intermittente ; là, sous un pavillon aux couleurs d'Autriche et de Savoie, un fin déjeuner, arrosé des meilleurs vins de Savoie, leur fut servi de la part de la Reine douairière ; pendant le repas, le marquis d'Oncieu, délicat courtisan, ayant remarqué le léger mouvement précédant la venue de l'eau dans la fontaine, dit à l'archiduchesse Caroline : « Si V. A. désire voir couler la fontaine, elle peut donner ses ordres, la nymphe obéit à la voie des anges ! » Après la visite de l'abbaye, la bénédiction donnée par Mgr Billiet, les princes se rembarquèrent pour Aix où ils couchèrent, et le lendemain, s'éloignèrent vers Genève.

Chambéry avait aussi célébré le mariage royal le 12 avril par des illuminations fort belles ; celles des Pères Jésuites au Collège avait surtout été très remarquées ; un immense transparent montrant les écussons d'Autriche et de Savoie entre des trophées, des gerbes de fleurs, le Fert héraldique et ce vers de Virgile :

Aspice venturo lætentur ut omnia sæclo

éblouissait les avenues du Collège. Les bons Pères se croyaient encore puissants et solides, ils ne se doutaient pas, malgré leur finesse diplomatique, que ce *futur* qu'ils fêtaient serait pour eux, ruine prochaine, exil et persécution ! Le 12 juin, en l'honneur du duc de Savoie, chef du tir, les arquebusiers tirèrent la Merlasse, le marquis de la Serraz fut acclamé *prince* avec l'écharpe bleue et présida le grand banquet, principale attraction de la fête.

A Aix, la saison ramena à peu près le même nombre de baigneurs ; le prince de Carignan prit les bains et visita Chamounix.

1842 s'acheva paisiblement par la retraite du gouverneur, comte Casazza de Valmonte, en place depuis 1832 et remplacé par le marquis de la Planargia, lieutenant général, gouverneur de Novare, qui arriva au château le 14 octobre : par des changements de garnison amenant le 2ᵉ régiment de la brigade à Chambéry et par quelques deuils, le comte Capré de Mégève, Mgr Rey, évêque d'Annecy, grand cordon, né le 22 avril 1770 à Mégevette en Chablais, consacré prêtre à Fribourg en 1793 par Mgr Lensbourg, évêque de Lausanne, missionnaire courageux durant la Terreur en Savoie, secrétaire de Mgr de Soles, évêque de Chambéry, envoyé à Savona auprès de Pie VII prisonnier, compromis par la police inquiète de l'Empereur, prisonnier au séminaire, chanoine en 1812, délivré en 1814, un des membres les plus actifs des *Fidèles*, désireux de rendre la Savoie entière à ses rois, vicaire général en 1817, orateur célèbre par ses retraites pastorales à Lyon, Valence, Grenoble, Bordeaux, Paris où le cardinal de Croy lui offrit l'évêché d'Angoulême qu'il refusa sur le désir de Charles-Félix, le nommant bientôt après évêque de Pignerol (1824), sacré à Chambéry par Mgr Bigex, Mgr de la Palme et Mgr de Thiollaz auquel il succéda à Annecy en 1833.

Le 1ᵉʳ juin, Jean-Marie Angleys fut créé baron, et le comte Paul de Sales reçut le collier de l'Annonciade.

Le Roi donna l'évêché d'Annecy au chanoine Rendu, vicaire général de Chambéry, qui fut préconisé à Rome le 27 janvier 1843, et sacré à la Métropole le 9 avril par Mgr Billiet, assisté de Mgr Turinaz et de Mgr Vibert.

Ce fut en 1843 que le *Courrier des Alpes*, enhardi par la progression des abonnements et désireux de lutter avec la concurrence des journaux français autorisés à pénétrer en Savoie et dont les abonnés devenaient de plus en plus nombreux : *Gazette de France, Quotidienne, Moniteur, les Débats*, transforma et agrandit son format. Dorénavant, à la brève chronique de Turin et du duché, aux faits divers édifiants, aux petites recettes, viendront s'ajouter d'intéressantes rédactions de Paris, des dépêches transmises de France, des cours financiers plus complets, une semaine des théâtres, de la mode de Paris, etc. Cette année fut particulièrement calme, on organisa en Savoie la société agricole patronnée par le Roi; M. Burdin lui donna 3.000 fr. payables en trois ans; cet aimable donateur mourut bientôt après à Turin, laissant de nombreux legs, entre autres, 1.000 fr. aux pauvres de Lemenc où il possédait un jardin célèbre à l'époque (actuellement le couvent des Marcelines); 1.000 fr. au Bon Pasteur; 5.000 fr. à la cathédrale et 2.000 fr. aux chevaliers Tireurs.

Le 7 mars, il y eut *Te Deum* à la Métropole en l'honneur de la naissance de la princesse Clotilde, née le 14 mars, baptisée aussitôt par Mgr Franzoni, ayant le Roi et la Reine pour parrains.

En avril, Triduum des Syndics pour la santé de la Reine assez malade pour recevoir le viatique (6 avril); bientôt de meilleures nouvelles apaisèrent les inquiétudes nationales.

Le carnaval de 1845 débuta brillamment par le bal offert par les officiers aux dames de la Ville, et les concerts Klein et Ucelli à la salle de Villeneuve et au théâtre. La joie fut complétée le 16 mars par l'annonce de la naissance d'Humbert, prince de Piémont, né à Turin le 14 mars et baptisé le même jour par l'archevêque de Turin, ayant pour parrains son grand-père le vice-roi et sa grand'mère la vice-reine. Le 17, à la Métropole, *Te Deum* solennel avec le Sénat en robes rouges ; le gouverneur réunit à dîner toutes les autorités, et Chambéry illumina ainsi que les principales villes du Duché.

Le Théâtre Royal avait alors toute la faveur du public ; après une troupe dramatique jouant les nouveautés de Paris, la *Lucrèce* de Ponsard, parut une nouvelle troupe lyrique allemande avec chœurs et orchestres et quelques chanteurs célèbres, Mᵐᵉ Marguard et Mˡˡᵉ Pechatschek de Vienne, le ténor Soan, le ténor Brectiny, de Berlin, et la basse chantante Werdner. Le répertoire apportait à Chambéry les grands succès dramatiques, la *Norma*, surtout *Guillaume Tell* et *Robert*, encore inédits en Savoie. Le critique musical du *Courrier des Alpes* (M. C. Raymond) appréciait particulièrement le ténor Brectiny, genre Nourrit, et Mˡˡᵉ Pechatschek ; la basse chantante Werdner se rendit populaire en chantant en français l'évocation des *Nonnes*, de Robert ; l'orchestre était mauvais, sauf le quatuor. En 1845, ce fut une troupe française avec les opéras-comiques à la mode et quelques grands opéras italiens. Les comptes rendus de M. Raymond sont alors des plus intéressants, car, loin d'être entraîné par le mauvais goût musical presque général de ses contemporains et des principaux critiques parisiens, M. Raymond, admirateur passionné des maîtres illustres du passé, proteste sévèrement contre l'orchestration bruyante, la facilité médiocre, les procédés brutaux, l'ignorance même de tout style chez les compositeurs les plus admirés. Voici ce qu'il écrit à propos du *Domino Noir* : « Malgré l'instrumentation parfois écrasante, la trivialité de certains chœurs, j'aime cette musique parce qu'elle ne fait qu'*un tout uniforme*[1] avec

1. Au même moment, dans la Saxe lointaine, à Dresde. R. Wagner, presque inconnu, indifférent aux succès faciles d'une école médiocre, bravant les moqueries des habitués, des ignorants, dédaigneux des intérêts productifs des autres compositeurs, ses

le poème et je pense que la musique dramatique *doit avoir un sens déterminé* sans se borner à une mélodie vague et incapable, susceptible de s'adapter partout.

Pour la *Favorite*, alors portée aux nues dans l'Europe entière : « Si la partition contient des beautés réelles, elle réalise ce mot de l'abbé Arnaud dans sa lettre sur la musique à M. de Caylus : Dans le genre italien, l'opéra est un concert dont le drame est le prétexte. En effet, il n'a pas, comme dans les conceptions de Gluck, de Spontini, de Meyerbeer, cette unité, cet ensemble d'idées, etc.; ainsi la musique de la *Favorite* ressemble à tout ce que l'on a entendu, Donizzetti composant surtout par la force d'habitude et de mémoire. »

Le théâtre tenait une grande place dans l'existence un peu uniforme de l'époque ; malgré sa faible population de 18.000 habitants, c'est à son titre de capitale que Chambéry devait ces troupes nombreuses, suffisantes, parfois excellentes, le passage d'artistes célèbres, les concerts de solistes réputés ; l'été, le voisinage d'Aix, alors si aristocratiquement fréquenté, apportait déjà de nombreuses distractions. Aussi Chambéry songeait à s'améliorer ; on parlait de pavage d'asphalte en échange des terribles petits pavés pointus et des ruisseaux boueux de certaines rues, de l'assainissement des sombres et immorales allées de traverse, de l'éclairage au gaz ; des magasins nouveaux à l'*instar de Paris* s'ouvraient sous les portiques, la confiserie *Au Fidèle Berger*, celui de *La Fiancée*, les étalages des demoiselles Routin avec les porcelaines anglaises, allemandes et les soieries de Lyon, etc. L'industrie du duché, faiblement encouragée par le gouvernement, gênée

contemporains furieux contre lui, achevant son *Tannhäuser*, allait triomphalement démontrer la nécessité absolue et la beauté radieuse de l'union cherchée par lui, trouvée par lui, de la musique et du poème : le « tout uniforme » si clairement réclamé par le sens, si purement artistique, de M. Raymond.

par la rareté de bonnes routes et de communications faciles entre les différentes vallées du Duché, par le manque de numéraire, s'efforçait pourtant de lutter contre les douanes compliquées et le mauvais vouloir officiel. A l'exposition de Turin de 1844, le Roi acheta trente-six pièces de papiers peints de Girardet de Chambéry, trois pièces de cachemires pour gilet de Tissot-Curtelin et deux pièces de cotonne de Jacobi de Balmette !

A Aix, la mode importa aux bals la polka, ce fut la nouveauté, la causerie de l'été, on en parla beaucoup ; quelques mères austères la prohibèrent à leurs filles, la modeste polka triomphait alors ! et depuis ?

Un nouvel incendie épouvanta la Savoie ; le 14 juin à minuit, 230 maisons de la jolie ville de Cluses furent dévorées par les flammes laissant 2.000 personnes sans abri. Le 16, douze dames accompagnées de douze cavaliers quêtèrent dans tout Chambéry, et des souscriptions s'ouvrirent chez Arnaud, dizenier au Faubourg, et chez les demoiselles Routin.

Le 24 juillet, le prince et la princesse[1] d'Orange logés à l'hôtel de la Poste, visitèrent le Château, la Métropole, etc., et repartirent le 25 pour Turin. Le 12 août, dans la Bibliothèque, s'ouvrit le Congrès académique ; le gouverneur marquis de la Planargia, reçu par le Secrétaire Perpétuel de l'Académie, Léon Menabrea, et MM. Jacquemoud, de Juge et Bonjean, assista à la première réunion égayée par un orchestre sous les ordres

1. Guillaume d'Orange, né en 1817, fils de Guillaume II, roi de Hollande, et d'Anna Paulowna de Russie, marié en 1839 à Sophie de Wurtemberg ; le prince d'Orange succéda à son père en 1849 sous le nom de Guillaume III et mourut en 1890. La reine Sophie était morte en 1877. Guillaume III ayant vu mourir ses fils, nés de sa première union, se remaria en 1879 à la princesse Emma de Waldeck, dont il eut, en 1880, une fille, la princesse Wilhelmine, actuellement reine des Pays-Bas, sous la régence de sa mère.

de Miguel et de Trenca. Le soir (sous la présidence de l'archevêque), un grand banquet [1] au séminaire, où les seuls vins du pays furent servis, réunit les autorités et les célébrités étrangères : Sigismondi, de Turin ; Agassis, de Neuchâtel ; Landriot, d'Autun ; Kramer, de Pétersbourg ; le colonel Gleize, de Toulouse ; de Tchichatcheff, chambellan du tzar ; Verneuil, Mullet, d'Aoust, de Paris, etc. Les savants, fort bien reçus, se promenèrent à Aix, à Brides, à Annecy pour l'inauguration de la statue de Berthollet, et même à Talloires où le savant chimiste était né, le 9 décembre 1748.

La seule cérémonie religieuse intéressante de 1842 fut le baptême des deux cloches de Saint-Pierre d'Albigny, fondues chez Paccard [2], d'Annecy, et ayant pour parrains et marraines M. de Pignier et la marquise de Lescheraine, Don Mallot et la comtesse Manuel de Pignier. Le Sénat perdit son premier président, le comte Petteti, nommé président de la Cour des Comptes et remplacé par le comte Grillo, conseiller d'État. Le Pont-de-Beauvoisin, alors si animé et si prospère grâce à sa douane et aux passages des diligences et chaises de poste, aidé par un secours officiel, répara sa vieille église paroissiale, ancienne chapelle des Pères Carmes, édifiée au xiiie siècle, restaurée au xvie par la famille de Clermont-Tonnere, après le pillage du baron des Adrets qui fit pendre deux Carmes à la principale porte ; les autres moines purent s'enfuir par le souterrain du bord du Guiers.

1. Banquet du 27 août, 70 couverts à 15 fr. par tête sans le vin. 1.596 livres, dont : 1.262 à Chevalier, traiteur ; 25 à Girod, cafetier ; 92 au sergent de ville Goddard pour le luminaire, et 24 au jardinier Plagne pour la location des fleurs.

2. Dans les mêmes ateliers en 1892, on fondra avec succès l'énorme bourdon, *La Savoyarde*, offerte par la Savoie à l'église votive de Montmartre.

La Savoie encore si religieuse s'intéressait vivement à toutes les cérémonies. La prédication du carême, fidèlement suivie par la société de Chambéry, était confiée depuis plusieurs années à des orateurs éminents du clergé lyonnais; c'était le fameux abbé Combalot, l'abbé Desgeorges[1] (1844), l'abbé David[2] (1845), l'abbé Font (1848), etc.

C'est en 1845 que, pour la première fois, on s'occupa en Savoie du futur tracé du chemin de fer dont tout le monde parlait; les uns prônaient le projet Valence, Grenoble, Chambéry, Genève; les autres le raccordement à Culoz avec le tracé Reyre, de Lyon; d'autres, le tracé de Chambéry à Genève par Annecy (exécuté seulement en 1884); enfin la majorité poussait à la percée de la montagne de l'Épine comme étant la ligne la plus courte entre la Savoie et Lyon. Les partisans de cette ligne (à peu près effectuée en 1884, mais avec détour sur Saint-André-le-Gaz) s'appuyaient sur un curieux projet de Napoléon Ier qui avait ordonné des études pour le percement de l'Épine; les études furent faites, mais l'influence du ministre de l'Intérieur, Cretet, propriétaire aux Échelles, en empêcha la réalisation durant toute la domination impériale. De 1845 à 1854, les esprits s'agitèrent beaucoup en Savoie sur cette question des chemins de fer; de graves événements allaient retarder leur exécution, et pendant cinq ou six ans, le gouvernement piémontais devait leurrer les Savoyards avec des plans nouveaux, des approbations officielles; le tout destiné à calmer l'irritation croissante due au manque grandissant de numéraire, à la pauvreté générale et surtout aux

1. Devenu pendant un demi-siècle le célèbre supérieur des Pères de Saint-Irénée, de Lyon, fondés par le cardinal Fesch et installés par lui aux Chartreux.
2. Évêque de Saint-Brieuc de 1863 à 1880.

années de disette causée par les mauvaises récoltes, et le système déplorable des douanes : le voisinage des libertés françaises contrastait péniblement aussi avec l'absolutisme piémontais représenté en Savoie par des gouverneurs et intendants tyranniques et policiers. En apparence, la Savoie surveillée semblait assoupie dans son repos et, toujours fidèle à ses princes, se réjouissait de la venue du Roi amenant au berceau de sa famille son second fils, le blond et svelte duc de Gênes. Une proclamation du syndic de Ville de Quincy annonça la venue de Charles-Albert et du duc de Gênes pour le 31 mai ; le soir même, une illumination générale fêta les augustes voyageurs qui parcoururent à pied la ville selon la familière habitude des Princes de Savoie. Le peuple, très enthousiaste, acclamait le Roi, toujours sévère et froid, et le duc de Gênes aux longues moustaches blondes tombantes et d'une plus grande distinction que son frère Victor-Emmanuel ; mais la foule s'amassait surtout place Saint-Léger, se pâmant devant l'écu de Savoie, éclairé au gaz, flambant pour la première fois dans la vieille cité.

Les journées royales furent comme toujours extraordinairement remplies. Le 1er juin, le Roi et son fils à cheval, escortés d'un brillant état-major, se rendirent à la messe à la métropole ; l'archevêque et l'évêque d'Annecy les reçurent sous le porche. Le soir, le Duc et ses aides de camp assistèrent à la représention théâtrale. Les audiences publiques, les revues, les visites des hôpitaux, les cercles de Cour, le pèlerinage familial à Hautecombe avec retour par Aix, le voyage à Annecy avec visite des Forges de Cran et des cantons montagneux du Châtelard, de Lescheraines en Bauges, continuèrent la série des obligations officielles que Charles-Albert s'imposait étroitement, ne permettant à personne de s'y soustraire. Le jeune Duc, accompagné d'officiers savoyards, prit un peu d'air et de liberté en parcourant à cheval la plaine du Bourget, les environs d'Aix où il luncha chez le comte de Sonnaz, la cascade du Bout-du-Monde, les digues de l'Isère et Montmélian et en faisant l'ascension, alors difficile, du Nivolet.

Le 5 juin, les Chevaliers Tireurs eurent leur fête de l'Abattue; le Duc tira deux fois, mais l'oiseau fut atteint par l'avocat Anthelme Cléaz qui choisit pour reine Mlle Henriette d'Oncieu; le soir même, le grand bal traditionnel au théâtre honoré de la présence du Roi son fils, ardent valseur, dansa avec la reine du tir et prolongea jusqu'à 3 heures du matin sa présence joyeusement fêtée.

Le 20 juin, le Roi et sa suite repartirent pour le Piémont. Charles-Albert avait paru encore plus assombri; quelques amitiés fidèles et respectueuses, pressentant son état d'âme rêveur, s'inclinaient, inquiètes, devant le front songeur et mystérieux du souverain que la Savoie, encore subjuguée par le royal prestige, ne devait plus revoir.

Le 28 juillet, la glorieuse brigade de Savoie disait adieu à Chambéry et à Annecy. Le 1er régiment, en traversant Coise, fut reçu tout entier au château appartenant à son colonel, le comte d'Aviernoz, les officiers déjeunèrent au château, et les braves troupiers sous les ombrages du parc. La fête fut gaie, les toasts au Roi, à la brigade, largement arrosés de Saint-Jean-de-la-Porte, de Montmélian, d'Apremont, donnèrent à tous entrain et courage pour les longues étapes de la Maurienne. La brigade ne devait plus garnisonner en Savoie jusqu'en 1860; sa bravoure, sa fidélité la rendaient trop précieuse au souverain pour qu'il l'éloignât dorénavant du Piémont.

Les voyageurs célèbres furent assez nombreux pendant l'été de 1845 ; le prince et la princesse de Salerne allant à Paris auprès de leur fille, la duchesse d'Aumale, visitèrent Chambéry le 11 août et Hautecombe le 15. Puis ce fut le célèbre ingénieur anglais Brunel, l'auteur du tunnel sous la Tamise, venant, disait-on, étudier *la Percée* du Mont-Cenis, mais ce n'était encore qu'un rêve ! La noblesse perdit plusieurs de ses plus illustres représentants : la marquise d'Oncieu de Chaffardon, dame du palais ; et le comte des Marches de Bellegarde, feld maréchal autrichien, gouverneur de la Galicie, chevalier de la Toison d'Or, etc., né à Chambéry en 1758, passe au service autrichien en 1794 ; c'était le frère des fameuses demoiselles de Bellegarde, jadis réputées pour leur beauté et leur indulgence pour les représentants conventionnels en 1793. (*Mémoires du cardinal Billiet.*)

Chambéry s'embellit encore en 1845 par la construction du Manège actuel et de la Maison des Frères au Vernay ; puis la charité installa enfin une première salle d'asile pour 50 petites filles, bénie le 1er décembre.

LA SAVOIE OFFICIELLE EN 1845

Archevêque de Chambéry : Mgr Billiet. — Évêques : d'Annecy, Mgr Rendu ; de Moutiers, Mgr Turinaz ; de Saint-Jean, Mgr Vibert.

Gouverneur du Duché : le marquis Paliaccu della Planargia, lieutenant général. — Commandant la division : le comte Saluzzo della Manta, lieutenant général. — Chef d'état-major : le colonel Doria. — Secrétaire du gouvernement : Passagio.

Commandant de Chambéry et de la Savoie propre : le colonel d'infanterie Fontana. — Major : le lieutenant-colonel de Mouxy de Loche.

Commandant d'Albertville et de la Haute-Savoie : le lieutenant-colonel d'infanterie Denicod de Maugny.

Commandant de Thonon et du Chablais : le colonel d'infanterie Leotardi.

Commandant de Bonneville et du Faucigny : le lieutenant-colonel Ferreri.

Commandant d'Annecy et du Genevois : le lieutenant-colonel Lamberti, et Raphoz, major.

Commandant de Saint-Jean et de la Maurienne : le lieutenant-colonel de cavalerie Defrère.

Commandant de Moutiers et de la Tarentaise : le lieutenant-colonel Cavanna.

Au Pont de Beauvoisin : lieutenant-colonel Andrietti.

Gouverneur du fort de Leisseillon : major général de la Fléchère et le lieutenant-colonel Cauvin commandant.

SÉNAT DE SAVOIE

Premier président : le comte Grillo.

Sénateurs : Coppier, Courtois d'Arcollières, Anselme, Monod, Mareschal, Girod.

2ᵉ président : Portier de Bellair.

Sénateurs : Milliet de Saint-Alban, Arminjon, de Juge, Cotta, Clert.

3ᵉ président : Delacharrière.

Sénateurs : comte Vialet de Montbel, Seytiers, Jacquemoud, de Saint-Bonnet, Compans de Brichanteau.

Secrétaires du Sénat : Justin, Veuillet, Digoud et Quinquinnet.

Avocat fiscal général : Piccolet.

Substituts : Bouvier, Dupasquier, Mercier, Rambert, Greyffié de Bellecombe, de la Chambre, Ménabrea.

Avocat des Pauvres : Dullin.

Substituts : Pernat, du Verger de Blaie, Falquet, Hugard, Portier ; Rénaud, procureur ; Exertier, Dunand, substituts du procureur.

TRIBUNAUX DE PRÉFECTURE

Chambéry (2e classe). Président : Guillermin, Nicoud, vice-préfet. — Assesseurs : Bonjean, Fosseret, Bourgeois, Doppet, Bouttaz, Riondet, Deage, Dufraisne, Chabert. — Avocat fiscal : Grand. — Substituts : de Ville de Travernay, Rosset de Tours.

Annecy (3e classe). Préfet : Frézier. Conseillers : Maurios, Vernaz, Guillet.

Albertville (4e classe). Préfet : Albriet. Conseillers : Beaud, Dubouloz.

Bonneville (4e classe). Préfet : Nicollet. Conseillers : Delavenay, Dunand.

Moutiers (4e classe). Préfet : du Tour d'Héry. Conseillers : Perrot, Coche.

Saint-Jean (4e classe). Préfet : Fontaine. Conseillers : Gabet, Hybord.

Saint-Julien (4e classe). Préfet : Jourdan. Conseillers : Duboin, Blanchard.

Thonon (4e classe). Préfet : Pacoret de Saint-Bon. Conseillers : Deleschaux, Rey.

Hypothèques : Chambéry, Desderi ; Annecy, Colomb ; Bonneville, Avet ; Thonon, Tappaz ; Moutiers, Jotaz.

Salines de Moutiers, Roche, directeur.

BRIGADE DE SAVOIE

Major général commandant : le comte Broglia di Casalborgone. — Colonel du 1er régiment : le comte de Menthon d'Aviernoz. — Colonel du 2e régiment : le chevalier d'Usillon. — Aumôniers : les abbés de Chevassine et Gojon.

CHARGES DE COUR EN SAVOIE

Aumônier du Roi : l'abbé du Tour d'Héry.
Grand de Cour : le marquis d'Orlié de Saint-Innocent.

Gentilshommes de la Chambre : les marquis d'Oncieu, de Chaffardon, d'Orlié, de Ville de Travernay, les comtes d'Antioche, de Viry, de Ville de Quincy, Favier du Noyer. — Surnuméraires : le baron Camille du Bourget et le comte Vibert de Massingy.

Médecins du Roi : les D⁰ˢ Revel et Guilland.

Grand Maître de la Maison Royale : le comte Joseph Gerbaix de Chatillon de Sonnaz, le marquis Claude de Seyssel d'Aix, premier écuyer; le marquis Pantaléon Costa et le comte de Seyssel d'Aix, ainsi que les comtes de Viry et de Sonnaz, seconds écuyers; le baron de Villette de Chevron, grand maître de la Garde-Robe.

Dames du Palais de la Reine : comtesses de Menthon d'Aviernoz, née du Noyer; de Viry, née de Cessole. — La marquise Fanny d'Arvillard, née de Buttet, dame d'honneur de la duchesse de Savoie.

INTENDANTS

Chambéry : le comte Belgrano, intendant général.
Saint-Jean : le chevalier Pierre d'Alexandry.
Tarentaise : le chevalier Ferrero della Marmora.
Haute-Savoie : Gerbore.

1846 débuta assez malencontreusement par une élévation des droits d'octroi, occasionnés par les embellissements très lents de la Ville. En dépit de cette nouvelle charge et du manque de numéraire, le théâtre fut très suivi cet hiver-là ; on y donna *Fra Diavolo, Gustave III, Zampa*, et un drame d'Ennery qui eut un énorme succès, *Marie-Jeanne ou la Femme du peuple*. En dehors du clergé et de quelques politiques, la mort du pape Grégoire XVI fit peu de bruit, pas plus, du reste, que l'élection de son successeur le cardinal Mastaï-Ferreti, alors absolument inconnu en Savoie comme en France (16 juin).

En juillet, il y eut *Te Deum* à la Métropole pour la naissance du duc Odon de Montferrat, né à Racconis le 11, filleul de la Reine et d'Eugène de Carignan, mort à Gênes le 22 janvier 1866. Le 29, un brillant carrousel, offert par les officiers de Piémont-Royal, ouvrit le manège de cavalerie ; le premier quadrille était commandé par le chevalier Casanova, le deuxième par le sous-lieutenant marquis de Roussy, le troisième par le chevalier Barratieri, et le quatrième par le capitaine de Castellengo. Des fêtes nombreuses égayèrent les baigneurs d'Aix, très intrigués par la présence de Don Carlos et de sa famille.

Les derniers mois du *buon governo* se passèrent monotonement en Savoie ; le 3 février tout Chambéry accompagna la dépouille mortelle du marquis d'Oncieu de la Bathie, page de Victor Amédée III, ancien gouverneur du duché en 1830, ancien maire en 1811, chevalier de l'Annonciade, mort le 1er février, à 90 ans. Les récoltes de 1846 ayant été médiocres, la disette se fit cruellement sentir ; on acheta du blé à l'aide de souscriptions, le gouvernement en expédia un peu de Piémont et facilita aussi l'organisation de la nouvelle Société du Cercle d'Aix, désireuse d'agrandir, d'embellir les établissements, le nombre croissant sans cesse des baigneurs apportant à la Société les bénéfices les plus certains ; les commissaires étaient : MM. Degallion, Brachet, Rebaudet, Despine, Bertier.

Chambéry aussi s'agrémentait. Le 24 juin, un grand banquet et de longs discours inaugurèrent le Jardin Botanique sur la route de Lyon. Le 15 juillet, autre cérémonie, celle-là en l'honneur des nouvelles orgues de la Métropole, dues au facteur lyonnais Zeiger qui joua lui-même une pastorale avec orage, destinée à faire apprécier tous les jeux du nouvel instrument. Après lui, l'organiste de N.-D., Chiry, le professeur de musique,

Gentil Maurin, et l'organiste de la cathédrale, Guignard, se firent entendre au public choisi et ravi, dont l'attention fut quelque peu distraite par la présence de Don Carlos[1], placé assez en vue au premier rang. Le chanoine Descotes loua en chaire la musique religieuse. Mgr Billiet bénit les orgues, clôturant cette journée mémorable pour les fastes musicaux de Chambéry. Le 28, Zeiger joua une seconde fois, en faveur des incendiés de Saint-Baldoph.

Un mois après (29 août, date mémorable !), le gaz éclaira la place Saint-Léger, et le 30 septembre on apprit avec joie que le Roi avait nommé deux Savoyards conseillers d'État, c'étaient le marquis d'Oncieu de Chaffardon et le marquis Pantaléon Costa. Enfin le 18 octobre, un *Te Deum* célébra la naissance de la princesse Pia, née à Turin le 16, et filleule du pape Pie IX, représenté au baptême par son Nonce à Turin, Mgr Antonnucci[2] qui reçut le grand Cordon.

Les années paisibles, muettes, de l'absolutisme touchaient à leur fin ; le Roi était depuis longtemps indécis entre la continuation du régime absolu auquel sa raideur militaire se plaisait et une transformation réclamée de plus en plus ouvertement, non par la presse encore captive, mais par certains conseillers entretenant les espérances dissimulées et tenaces de Charles-Albert, voyant l'Italie

1. Don Carlos (Carlos V pour les Carlistes), fils du roi d'Espagne Charles IV et de Marie-Louise de Parme, né en 1788, prétendant au trône d'Espagne, 1833 (guerre de 7 ans), interné à Bourges par le gouvernement de Louis-Philippe de 1839 à 1845, remarié en 1838 à l'infante veuve Marie-Thérèse de Portugal, mort en 1855.

2. Mgr Antonio Benedetto Antonnucci, né à Subiaco en 1798, archevêque de Tarse, dernier nonce apostolique à Turin (1844 à 1857), grand cordon des saints Maurice et Lazare, archevêque-évêque d'Ancône, cardinal le 15 mars 1858, mort en 1880.

entière le proclamant roi en échange d'une Constitution !
A Turin, les esprits se montaient ; en Savoie, comme
toujours, on était plus calme malgré le voisinage de
la France libérale, si sérieusement prospère sous le
sceptre constitutionnel de Louis-Philippe. En Piémont
comme au delà des monts, on s'attendait à quelques
nouveautés : les constitutions royales du 30 octobre
établissant une cour de cassation[1], une commission de
censure, abolissant les juridictions privilégiées[2], promettant un code de procédure criminelle et de nouvelles
franchises à la presse, furent acclamées par le monde
officiel et la grande majorité des sujets fidèles, blâmées
par le parti rétrograde et déclarées insuffisantes par la
jeunesse des écoles et l'ensemble des parti dit italien.

D'autres innovations[3], considérables pour l'époque,
décidèrent d'importants changement dans le gouvernement de la Savoie ; le gouverneur marquis de Planargia
fut envoyé à Gênes et remplacé par le lieutenant général
de cavalerie, chevalier Olivieri de Vernier, l'intendant
comte Belgrano mis à la retraite, et le baron avocat
Sappa nommé à sa place ; les intendances furent supprimées et la Savoie divisée administrativement, Cham-

1. Deux Savoyards y furent nommés, les Sénateurs Picolet et
Arminjon.

2. Exceptées les juridictions du magistrat de santé, de l'ordre
des saints Maurice et Lazare, de l'auditeur général de la Cour, du
conservateur général des chasses, de l'auditeur général des
guerres pour les instances civiles contre les militaires, la déléga-
tion de l'Économat des abbayes (Patente du 9 avril 1816) et le
privilège du for ecclésiastique institué par les articles 21, 22 de
l'édit du 27 septembre 1822.

3. La censure enlevée au seul censeur royal jugeant despoti-
quement dans son ressort et les tribunaux déclarés seuls
compétents pour les délits de presse, ce qui était un immense
avantage. La police enlevée aussi à l'arbitraire féroce de la
guerre et confiée au ministère de l'Intérieur,

béry avec la Haute-Savoie, la Maurienne et la Tarentaise, et Annecy avec le Faucigny et le Chablais. Délivrés enfin des tracasseries policières de l'Intendant, les Chambériens voulant entraîner tout le duché à fêter le Roi auquel ils devaient leurs premières libertés, se réunirent en comité pour organiser une grande fête publique, fixée au 10 janvier 1848. La joie était d'autant plus complète que Charles-Albert paraissait alors tout à fait rétabli après plusieurs mois d'indispositions continuelles.

Les syndics en robes, la cocarde nationale à leurs toques, avec le drapeau de la Ville, escortés par les pompiers et la garde de sûreté, se rendirent le 10 janvier, à 9 heures 1/2, à la Métropole où Mgr Billiet officia ; l'hymne à Pie IX fut jouée par la musique urbaine. Au retour, jusqu'à l'Hôtel de Ville, le cortège fut acclamé par les cris de : Vive le Roi, vivent les réformes ! A 2 heures 1/2 un banquet de 638[1] couverts réunit au théâtre toutes les classes de la ville; l'hymne de Pie IX fut écouté debout et salué d'applaudissements inouïs, puis le Syndic de Quincy porta la santé du Roi; le conservateur des hypothèques, M. Avet, frère du ministre, celle du Pape ; l'avocat Demartenay but aux réformes ; le sénateur Monod, à la Savoie, et le professeur Saint-Martin, à l'Union italienne !

Chambéry illumina ; au collège, des transparents avec « *Vive Charles-Albert, Vive Pie IX* »; le café Pache, devenu café de l'Union avait à ses fenêtres les portraits-transparents du Pape, du Roi et du grand-duc de Toscane, peints par Claris. A l'intérieur, l'avocat Piaget chantait pour la première fois l'hymne devenu si populaire de la

1. La table était ornée de petits drapeaux tricolores ; la joie était si complète que pour la première fois on entendit crier dans Chambéry. « Vivent les Piémontais! »

Croix-Blanche, paroles de A. Puget et musique du professeur Gentil Maurin. Partout la foule immense circulait dans les rues, joyeuse, enthousiaste, chantant l'hymne de Charles-Albert et surtout *Croix-Blanche, croix chérie!* Les réjouissances se succédèrent dans tout le duché, malgré le rappel menaçant du contingent ; mais le peuple surexcité par ses premières heures libres croyait encore au réveil pacifique de l'Italie sous la droite bénissante de Pie IX et la protection de l'épée vaillante de Charles-Albert. Le Roi, à Turin, sans s'émouvoir des armements de l'Autriche ni des circulaires comminatoires du prince de Metternich, voyant l'Italie entière éperdue de reconnaissance et d'amour pour le Pape bienfaiteur, laissa enfin son cœur si fier, mais si froid[1], détruire les derniers scrupules de sa raison royale et, abandonnant à jamais l'absolu pouvoir de ses ancêtres, du haut du balcon du palais, il promit à son peuple le Statut[2]! La parole royale donnée, Charles-Albert, la main sur son épée, les yeux fixés sur son étoile alors éblouissante, marcha dès ce moment dans les réalités angoissantes de son rêve radieux ! (8 février.)

Le courrier de Turin, en arrivant à Chambéry le 10 février, annonça par les rues la nouvelle surprenante. En un instant une foule en délire remplit la ville entière se portant au château où le gouverneur bientôt fit lire la proclamation royale du 8, promettant le Statut et le sel à 30 centimes le kilog pour le 1ᵉʳ juillet. Immédiate-

---

1. « Il (le Roi) n'est pas mauvais du tout, mais tel qu'il est restera toujours et il deviendra ni plus ni moins, n'ayant pas assez de sensibilité pour rien faire pour l'amour de personne quoiqu'il ait beaucoup de droiture et de fierté dans le caractère et qu'il soit juste et charitable dans sa maison. » *Correspondance de la reine Marie-Thérèse*, citée par M. Perrero.

2. Le 3 janvier, les Décurions de Turin, par 36 voix contre 12, avaient demandé au Roi une Constitution.

ment de nombreuses adresses au Roi se signèrent en plein air, sous les portiques, et le soir même, le jeune Arnaud, commis des postes, partit à cheval porter à S. M. l'expression populaire de l'enthousiasme général. Les corps constitués, plus gravement, députèrent à Turin MM. de Quincy, Forest, de Martinel, Dupuis, baron Jacquemoud pour remercier le Roi. Les fêtes, les danses, les illuminations se succédaient partout ; le gouverneur et les officiers, se promenant dans les rues, fraternisaient avec les civils, nouveauté extraordinaire après trente ans de régime autoritaire et de raideur piémontaise. Le dimanche 13, le nouveau drapeau italien, peu aclamé en Savoie, fut remplacé aux applaudissements du peuple en liesse, sur la fontaine de la place de Lans, par la bannière savoyarde. Le soir, d'immense feux allumés sur le Nivolet propagèrent la grande nouvelle jusqu'au fond des vallées isolées de Bauges.

Après ces premières explosions de joie générale, il fallait une solennelle manifestation de la capitale du duché ; aussi un comité[1] s'organisa bien vite pour célébrer par une grande Fête Nationale (c'était la première réapparition de cette épithète française) la promesse royale. Le 17, plus de 4.000 citoyens de Chambéry se rendirent au Champ-de-Mars avec les bannières de Savoie cravatées de bleu ; le départ fut ordonné par le commandant Blard des armées de l'Empire et chevalier de la Légion d'honneur. Cette armée pacifique gagna la cathédrale par les boulevards, la rue de Boigne, la place Saint-Léger et la rue Métropole ; toutes les autorités, le Sénat en robes rouges, le gouverneur, remplissaient l'église, aussi les bannières seules entrèrent-elles dans la Métropole où le chanoine Pillet chanta la messe suivie du

---

1. Comité : Raymond, comte d'Aviernoz, de Martinel, Estivin Gillet, Martin, Mollard, Palluel, Poncet, de Chatillon et Guilland.

Te Deum, entonné par l'archevêque ; des officiers de la milice urbaine quêtèrent pour les pauvres. Le soir, le même immense cortège, musique en tête, défila aux flambeaux. La ville fut illuminée comme elle ne l'avait jamais encore été, la place Octogone surtout resplendissait par son arc de triomphe lumineux dont le souvenir dure toujours. Ce soir-là aussi, plusieurs cafetiers, entraînés par un enthousiasme que nous qualifierons maintenant d'opportuniste, changèrent habilement les noms de leurs établissements : le café Barandier devint le café Constitutionnel ; le café Chappaz, celui de la Renaissance, etc., etc.

Les réjouissances apaisées, les événements se précipitèrent. Le 26, on sut à Chambéry l'abdication de Louis-Philippe ; le 28, le gouvernement provisoire en France ; le 1er mars, un décret royal rappelait les classes de 1820 à 1824. Ce fut la première inquiétude succédant à tant d'espérances réalisées par la Publication du Statut Fondamental du royaume, octroyé enfin par Charles-Albert le 4 mars. Mais le 5 mars, l'expulsion violente et sans aucun délai des Pères Jésuites, la crainte d'une semblable expulsion des Dames du Sacré-Cœur, de la fermeture des ouvroirs des établissements religieux rappelèrent tristement les mauvais jours de l'occupation française. Le collège fut pourtant réouvert quelques jours après et confié à la sage direction des chanoines Descotes et Parchet ; les élèves ne revinrent pas nombreux et ce fut une première perte pour Chambéry.

Le 17 mars, la loi électorale fut signée par le Roi ; elle exigeait 25 ans accomplis, les droits civils, un cens de 40 livres en Piémont et de 20 en Savoie et à Nice ; elle fixait à 22 le nombre des députés accordés au duché; les élections (les premières) au 17 avril, et l'ouverture des Chambres au 27. Mais avec ces grandes libertés

enfin accordées, les décrets belliqueux se suivaient atténuant en Savoie l'impression reconnaissante des fidèles
savoyards toujours prêts et fiers de combattre pour
leur Roi, mais absolument indifférents aux revendications
des politiques Lombards. Décret sur l'engagement[1]
volontaire dans trois bataillons de Bersagliers, décret
rappelant les classes de 1819 pour l'artillerie et la
cavalerie, etc., etc. Les troupes royales, la brigade de
Casal quittèrent Chambéry le 25 mars chantant la *Marseillaise* ; les carabiniers à cheval le 26, et l'artillerie
le 28 ; ce jour-là tous les postes de ville furent remis à
la milice et aux pompiers. Le 25, on afficha la proclamation royale aux Lombards ; le 26, les Juifs furent
émancipés et on apprit bientôt que dans la nuit du 24
au 25, le régiment de cavalerie-Piémont-Royal et la
brigade de Pignerol étaient entrés dans Milan, que
Charles-Albert s'était mis à la tête de son armée le 26,
et que Mgr Franzoni, archevêque de Turin, depuis
longtemps en haine aux carbonari et francs-maçons,
avait dû fuir sa résidence archiépiscopale.

Le 29, le prince Eugène de Savoie-Carignan était
déclaré lieutenant général du royaume.

Tandis que le Roi et l'armée marchaient à l'ennemi
un peu provoqué malgré lui, les comités révolutionnaires de France et de Savoie profitant, selon leurs courageuses et invariables traditions, de l'éloignement du
souverain et des troupes, décidèrent la facile invasion de
la Savoie ouverte et sans défense et l'organisation de
l'émeute, réservoir inépuisable des portefeuilles ou de
situations à panaches et rémunératrices pour lesémeu-
tiers, de supplices pour les naïfs et de charges nouvelles

1. Plus de 600 étudiants de l'Université de Turin partirent
aussitôt pour Chivasso afin d'être incorporés. A Chambéry, les
engagements volontaires s'élevèrent à 150.

pour les peuples. Ce fut de Lyon, après une orageuse réunion place Bellecour, que quelques centaines de Savoyards, Suisses, Polonais, préparés ou soudoyés, s'unirent aux ouvriers émeutiers, surnommés alors les Voraces (2.080 en tout), et partirent libérer la Savoie (30 mars). Le premier avril, les Voraces, commandés par les deux Guillerme et Burnet, entrèrent à la Balme puis à Yenne où ils saccagèrent le couvent des Capucins et continuèrent leur route par le col du Chât, le Bourget. A Chambéry, devant cette ridicule invasion, les autorités civiles et militaires prirent peur et, sans dignité ni courage, le gouverneur d'Olivieri se retira promptement en Maurienne (Proclamation du 1er avril). L'intendant Salino et M. Millet de Faverges, le même jour, au contraire, encouragèrent les habitants à la résistance avec promesse d'une baisse immédiate du sel ; mais l'Intendant disparut aussi ; seul le premier Président du Sénat, le comte Grillo, perpétuant les magnifiques exemples de ce très noble corps, resta à son poste d'honneur. En effet, le 2, les bandes vociférantes pénétraient dans Chambéry ; à l'Hôtel de Ville, Peyssard installa avec une sorte de gouvernement provisoire[1], le drapeau français au balcon ; le lendemain, il ordonnait de prendre 4.000 francs à la Monnaie et d'aller délivrer aux prisons tous les détenus pour délits de chasse, de bois, de douanes ; le châtelain Marguery essaya vainement de protester. Mais déjà les Chambériens révoltés et de la faiblesse des autorités et des façons insultantes des sauvages envahisseurs, se concertaient pour se délivrer eux-mêmes de ces bandes de fanatiques et d'ivrognes. Le 4, de grand matin, aux cris de : « *Vive le roi, A bas les brigands*, » au son du tocsin, tous les postes étaient vaillam-

---

1. Guillerme, Burnet, Peyssard, Difoud, Cellose, Reveyron, Mollard et Chiara.

ment repris par les pompiers et les citoyens, les casernes assiégées et reprises, le pont de la Garatte, assez bien défendu, enlevé; ce fut l'affaire de quelques heures. A 8 heures, Chambéry était libre sans grande effusion de sang ; une quinzaine de Voraces tués, quelques blessés et deux seuls Chambériens, dont le brave Alixan[1] tué à la Garatte; ses funérailles publiques se célébrèrent le 6. Une souscription en faveur des familles des deux morts et des blessés, ouverte chez M. Perrin, libraire, réunit en peu de jours 5.550 francs. Les Voraces furent poursuivis terriblement par les paysans, se souvenant avec plus d'horreur encore que les citadins des excès de la Révolution ; ils en tuèrent quelques-uns, trois à Saint-Alban, un à la Ravoire, deux au Boccage et à Bassens; mais les journaux rouges de Lyon essayèrent de venger la débandade de leurs amis en inventant une Saint-Barthélemy savoyarde. Cette nouvelle farce historique, mal lancée, n'eut pas le succès de tant d'autres contes plus célèbres et s'évanouit à jamais[2].

Ces deux ou trois journées révolutionnaires vengèrent le faubourg de Maché des dédains traditionnels du reste de la Ville, car Maché, gardé par ses vingt-deux fidèles faubouriens, n'ouvrit pas sa rue devant les Voraces qui n'y pénétrèrent jamais; aussi le Roi, de son camp de Volta,

1. Pension de 300 francs à Céline Neumont, veuve de Nicolas Alixan, tué le 4 avril 1848.

2. Cette invasion des Voraces, organisée par les clubs de Lyon et de Savoie, était annoncée par une lettre de Chambéry à la *Gazette de Lyon* (31 mars) disant : « Demain la Savoie se constitue en République indépendante, sans haine contre le Roi ni contre la France, etc. »

Les prisonniers-voraces furent si bien traités par les Chambériens leur imposant seulement de crier : *Vive Charles-Albert*, qu'un de leurs chefs, Laurent, écrivit à la Garde Nationale de Chambéry pour la remercier des bons traitements envers ses vaillants soldats !

avec l'amnistie pleine et entière pour les faits des 2-4 avril, envoya la médaille d'or à Jean-Pierre Boisset, tailleur de pierres, Charles Couturier, bourrelier, et Gallo, liquoriste de Maché. Le sous-lieutenant des pompiers Bal, chamoiseur, et Boggo, potier d'étain, reçurent la même honorable récompense.

Chambéry était libre, mais exposé à une seconde attaque possible ; le syndic de Quincy obtint enfin le 4, l'arrivée de 2.000 soldats des brigades Savone et Pignerol ; le 5, une proclamation du prince de Carignan remercia les habitants de leur énergique fidélité ; le 6, le Ministre des Ambrois précéda seulement de 24 heures la proclamation royale signée à Crémone le 3, pleine de gratitude pour les Savoyards et fixant le prix du sel à 12 centimes la livre. Une seconde proclamation royale (datée de Castiglione le 9), encore plus flatteuse pour la Savoie et le général de Maugny qu'elle nommait gouverneur du duché, parut le 12 avril : sous la garde vigilante de cette épée vraiment nationale, la Savoie ne craignait plus rien ni personne, aussi le collège rouvrit-il ses portes fermées depuis le 1er avril. Le 10, le comte Nomis et le baron de Marguerita vinrent de la part de Turin féliciter Chambéry de sa noble délivrance. On banqueta en leur honneur à la Poste ; presque toutes les villes du royaume, Gênes, Nice envoyèrent aussi des adresses élogieuses. La grande expédition fraternelle des sectes radicales s'éteignait dans le ridicule et la honte. Les remerciements à la Croix-Rousse et à la Guillotière parus dans le *Peuple Souverain* de Lyon du 8 mai et signés par les ex-membres du gouvernement provisoire en furent le dernier écho ! La Savoie fidèle et courageuse pouvait s'occuper de ses premières élections législatives fixées au 27 ; le 24, une première séance préparatoire présidée par MM. Besuchet, Bernard et Dr Grand, acclama la candidature du marquis Léon de Costa. Le 27 avril, pour la première fois depuis 1815, les Savoyards entrèrent en jouissance du droit d'élection de leurs députés. De nombreux vieillards se souvenaient des élections au corps législatif de l'empire français, mais sous Napoléon tout était mené militairement, le choix des députés fixé par le gouvernement et les électeurs soumis à la plus despotique surveillance. En 1848, les élections de la Savoie furent plus libres et plus indépendantes que toutes celles qui se sont succédées depuis sous les ministères sardes et français de 1849 à 1896.

Les deux bureaux électoraux de Chambéry étaient ainsi constitués : le premier, avec 376 votants, présidé par le sénateur baron de la Charrière, baron Jacquemoud, Petit, C. M. Raymond, Marc Nicoud.

Le deuxième, avec 344 votants, était présidé par le sénateur de Montbel et MM. Guillermin, V. Pillet, Galloy et Bourbon ; le marquis de Costa réunit immédiatement 508 voix sur 591.

Cette unanime manifestation de sympathique estime obligeait le marquis de Costa à demander au Roi de bien vouloir le dispenser de son rang de sénateur, car avec sa haute intelligence, son amour profond pour la Savoie, sa pleine compétence des intérêts du duché, le marquis espérait rendre plus de services à la Chambre des députés que dans les honneurs toujours un peu somnolents d'un Sénat. Le 3 mai, le marquis de Costa, autorisé par Charles-Albert, devint officiellement député de Chambéry.

Le duché, d'après la répartition royale, au lieu de 8 députés comme à présent en nomma 22 dont voici les noms :

La Mothe Servolex : François Gillet. Rumilly : Louis Girod.

Aix-les-Bains : de Martinel.

Le Pont-de-Beauvoisin : baron Jacquemoud.

Saint-Julien : de Serraval, commandant la garde de sûreté et les pompiers de Chambéry.

Montmélian : Louaraz, gauche.

Moutiers : Carquet, idem.

Albertville : Palluel. Saint-Pierre-d'Albigny : Ract, gauche.

Annecy : le Syndic Lachenal. Annemasse : Perravex, notaire.

Thonon : comte de Foras, aide de camp de S. M.

Bonneville : Bastian, notaire. Sallanches : Chenal, avocat, gauche.

Bourg-Saint-Maurice : François Carquet. Ugines : baron de Villette.

Saint-Jean-de-Maurienne : chevalier Cretin, conseiller à la Cour de Cassation.

La Chambre : Brunier avocat, gauche.

Tanninges : G. Allamand, premier officier au ministère des travaux publics.

Évian : le Syndic Folliet. Duing : Despine, inspecteur des mines.

La majorité de ces premiers députés était excellente, dévouée au Roi et au statut, adversaire déclarée de la guerre au clergé et aux institutions pieuses que les meneurs de Turin déclaraient déjà nécessaire au salut (?) de la patrie et que trois ou quatre députés savoyards affiliés aux sectes maçonniques devaient soutenir au Parlement ouvert le 8 mai par le prince de Carignan. Après les élections, Chambéry organisa sa Garde Nationale ; les majors choisis : M. J.-P. Domenge pour le 1er bataillon, avec M. Bongean, pharmacien, comme porte-drapeau, et M. V. Python, banquier, pour le 2e, avec M. Revel ; mais le 9 juillet suivant, M. Python fut reconnu comme colonel de la Garde ainsi que M. P. Bovet, capitaine adjudant major, et le Dr Mollard, chirurgien major. A l'instar de celle de Paris, galonnée et panachée, la Garde de Chambéry voulut aussi des ornements ; le conseil général vota donc le 31 mai, 10.000 francs pour achat de ceinturons, gibernes, etc. [1]. La remise des nouveaux drapeaux tricolores aux Gardes Nationales de sûreté, aux pompiers, concorda avec le *Te Deum*, les illuminations, les fêtes populaires du 14 juin célébrant la prise de Peschiera et la victoire de Goito (2 juin). Après l'affaire de Pastrengo où le 1er regiment de Savoie s'était héroïquement battu, on avait de suite ouvert une souscription pour les blessés, les veuves et orphelins des Savoisiens morts pour leur roi. Les fonds étaient envoyés au général d'Ussillon, commandant la brigade [2].

[1]. Cette somme fut sans doute très insuffisante puisque en 1857, lors de la visite du roi, une circulaire recommandera aux légionnaires d'acheter la blouse à parements rouges et surtout de rester chez eux plutôt que de venir à la parade en veste de toile ou avec des chapeaux de paille.

[2]. Le régiment de Savoie-Cavalerie était commandé par Jean-François Collomb d'Arcine, né en 1791, ancien garde d'honneur de Napoléon en 1813-14, colonel de Savoie-Cavalerie en 1848, mort à Genève en 1874. Son frère aîné, Emmanuel, né en 1748, engagé dans l'armée française en 1803, fit toutes les campagnes de l'Empire, colonel du 2e régiment de la garde royale en 1824, maréchal de camp en 1828, démissionna en 1830 ; créé comte en 1842 par Charles-Albert, mort en 1863. Son fils unique, dernier du nom, né en 1838, capitaine au 87e de ligne, fut tué en 1870 au siège de Strasbourg. Louis, né en 1789, colonel de Gênes-Cavalerie en 1839, major général, mort en 1879.

Le lieutenant de Cocatrix voulant déloger des chasseurs tyroliens d'une maison, veut enfoncer la porte, mais le brave Benoît Perrier de Domessin l'en empêche, pousse la porte, est tué en criant : « J'ai sauvé mon officier. » Une quête faite à l'instant pour sa veuve et ses quatre enfants produisit 886 francs.

A Somma Campagna[1] (6 mai) la brigade toujours digne de sa glorieuse histoire fut cruellement éprouvée; elle eut plus de 153 blessés. Le soir même, ses capitaines Mollard et Dulac étaient nommés majors, et les lieutenants de Faverges, de Locmaria, Peytavin, de Coucy, Gabet capitaines.

Pendant que Paris était ensanglanté par les affreuses journées de juin et le martyre de Mgr Affre, pendant que ses enfants combattaient en Lombardie, la Savoie, pour la première fois, lisait dans ses journaux, des projets de chemins de fer à travers ses vallées; l'émotion du public fut grande, mais l'exécution de ce progrès encore inconnu parut alors bien lointaine... On attendit moins longtemps pour jouir d'une procédure simplifiée et protégée par des garanties. Le code fut appliqué le 13 juin, pour la première fois aussi, dans une affaire de vol. L'accusation fut soutenue par le substitut fiscal Léon Menabrea et la défense présentée par le substitut de l'avocat des pauvres de Blay. Les journaux du duché, inquiets des procédés unitaires des Piémontais, réclamaient le maintien de la langue française au Parlement, la création d'une Université[2] à Chambéry. Le *Courrier des Alpes*, lui-même, oublieux de son antique respect envers la noblesse, demandait assez aigrement la présence du député de Chambéry, le marquis de Costa, au Parlement, où sa présence, disait-il, était plus nécessaire qu'à l'armée. La

1. Par sa proclamation du 23 mars, Charles-Albert annonçant la délivrance de la Lombardie remerciait Dieu d'avoir donné à l'Italie la force *di fare da si !*

2. La Régente Jeanne-Baptiste de Savoie signa en 1679 des patentes instituant une Université à Chambéry ; mais cette importante création fut toujours empêchée par les conditions inacceptables des évêques de Grenoble fort jaloux de leurs droits en Savoie.

première conséquence de l'ouverture du Parlement fut comme partout un changement ministériel ; comme ces modifications gouvernementales deviendront de plus en plus fréquentes au cours de ces dernières années de régime piémontais, nous ne les mentionnerons que si elles mettent en lumière quelques noms destinés à la célébrité : c'est le cas du ministère de mai où les finances furent confiées au comte Benso de Cavour.

Avec l'approbation officielle ou non des nouveaux ministres, le Parlement, au lieu de songer aux armées de Lombardie, passa presque tout juillet en discussions tantôt perfides, tantôt stupides sur la loi des couvents. Les députés Ract et Chenal se montrèrent parmi les plus haineux ; Chenal surtout, dans la séance du 17, exhiba les spectres terrifiants des Jésuites et les bûchers de l'inquisition. Faussement, il attribua au saint évêque d'Annecy, Mgr Rey, l'idée d'une grotesque demande à Rome, en 1832, en faveur du rétablissement de l'inquisition ! Le marquis de Costa balaya sans peine tous ces arguments futiles et pompeux, chers à tout élu des loges et des cabarets ; mais le *Péril clérical* agissait déjà sur la majorité du Parlement sarde de 1848 qui vota la loi supprimant les Oblats, les Ligoriens, etc. ; seules les Dames du Sacré-Cœur, puissamment appuyées par de nombreuses pétitions, obtinrent un sursis jusqu'en novembre 1849.

En Lombardie, après les premières victoires et la marche rapide, presque triomphale de Charles-Albert acclamé en libérateur à Milan, Crémone, Pavie, Padoue, Venise[1], l'armée sarde n'avançait plus, elle assiégeait Mantoue, aussi les levées se succédaient : le 18 juillet, 9.000 hommes sur les classes de 1825, 26, 27, pour la

---

1. La réserve de la brigade, de 1200 hommes, était à Venise.

Savoie, 1.320 soldats ; le 4 juillet, une autre de 12.000 anticipés sur la classe de 1828.

Le siége de Mantoue continuait, exposant de plus en plus aventureusement les Piémontais aux fortes armées autrichiennes, descendant les Alpes. Le Roi lança donc un appel aux peuples de la Haute-Italie (Bozzolo, 28 juillet) ; les peuples de la Haute-Italie, qui s'estimaient paisibles et prospères sous l'aigle des Habsbourg, ne bougèrent pas, car le mouvement dit national n'existait pas en dehors d'une partie de la noblesse, de la bourgeoisie aisée et de la populace toujours à vendre des grandes villes. Le 29, le Parlement remit tous les pouvoirs au Roi et fut prorogé au 15 septembre. Les combats partiels continuaient auprès de Mantoue, l'armée fut obligée à la retraite le 27, le général d'Aviernoz y fut blessé d'un coup de baïonnette et d'une balle au genou, et fait prisonnier avec plusieurs Savoyards, dont Excoffon et Lavattaz de Chambéry. Six cents Savoyards égarés[1] et séparés de la brigade, cernés par 3.000 Autrichiens se firent jour à la baïonnette et parvinrent à rejoindre l'armée en retraite d'abord sur Milan, puis derrière le Tessin. Le Roi, toujours froid, calme et un peu plus sombre encore, n'ayant pu accepter l'amnistie du maréchal Radetzsky, arriva à Milan le 4 août. On connaît les affres de son séjour à Milan, l'émeute de la populace criant à la trahison, selon sa sanglante tradition ; le

---

1. L'héroïque brigade rentra à Turin à la fin d'août, réduite de 2.000 de ces braves tués ou prisonniers de guerre. Sa vaillance avait été un magnifique exemple pour l'armée entière ; à Volta, une charge à la baïonnette de 2.000 Savoyards avait emporté la hauteur de la Villa, tuant plus de 1.200 Autrichiens. A Somma Compagna, 1.500 de ces vaillants luttèrent pendant plusieurs heures contre 16.000 ennemis.

Roi assiégé [1] avec le duc de Gênes dans le Palais Greppi, délivrés par le général de la Marmora ; les troupes démoralisées, excédées de fatigue, sans vivres, sans munitions ; Radetzky aux portes, ayant même capturé la caisse de l'armée sarde. Aussi Charles-Albert devant son étoile pâlissante capitula le 6 août et se retira avec son fils Ferdinand et l'État-major à Vigevano [2].

Les proclamations atténuant la retraite, exhortant au courage, à l'union, se succédaient en Savoie, car depuis le 31, Chambéry n'avait plus de troupes, la garde nationale seule gardait la capitale, et de Lyon arrivaient les excitations les plus ardentes à la révolte, le *Peuple Souverain* se faisant écrire de Chambéry même que la grande majorité réclamait l'union à la France, ayant en horreur le joug intolérable du clergé et de la noblesse. Les nouvelles les plus insensées [3] couraient le pays ; la trahison de l'archevêque recevant à l'archevêché un général autrichien ou envoyant *50 millions !* à Radetzky ; puis l'emprisonnement de Mgr Billiet, son exil, etc., ce fut au point que le chanoine Chamousset paria publi-

1. Le Roi, lui-même, à Alexandrie, dit aux députés de Gênes, Spinola et Féderici, qu'il n'y avait pas moyen de tenir dans Milan ouvert et sans ressources, la caisse prise, l'armée éreintée, ne voulait plus se battre sans un renfort, c'est-à-dire *l'intervention française.*

2. L'armistice du 10 août conclu pour six semaines grâce à l'intervention des envoyés de France et d'Angleterre, le comte de Reiset et lord Abercombry, remettait au maréchal Radetzky Peschiera, Parme, Modène ; les troupes sardes devaient évacuer Venise et regagner le Piémont par étapes.

3. Avec persistance aussi se répandait dans le duché l'approche d'une intervention française en Italie ; en échange le Roi céderait sa patrie à la France. L'intendant Pernoti et le commandant militaire de Chambéry, de Montbel, durent lancer une proclamation pour démentir officiellement toute idée d'abandon de la Savoie déjà inquiète et troublée (30 août).

quement 10.000 francs à qui prouverait une seule de ces
faussetés habituelles, hélas! aux révolutions et aux
peuples vaincus! La moindre apparence était remarquée
par le public; aussi le 9 septembre, une estaffette, porteur d'une lettre à trois cachets, venant de Paris, traversa
Chambéry, mit tous les cafés et les promeneurs en
émoi !

Le Roi, sur de sages conseils, compléta les pouvoirs du
général de Maugny en le nommant gouverneur du duché
(19 août) : il honora aussi la vaillance de la brigade, en
décorant ses deux drapeaux ainsi que le baron d'Arçine,
colonel de Savoie-Cavalerie, et donnant la médaille d'or
au commandant Molard, et celle d'argent à beaucoup
d'officiers. Peu après, S. M. confia le 1er régiment au
chevalier Jaillet de Saint-Cergues, et Nice-Cavalerie
au baron de Beust. Partout les dons arrivaient pour les
blessés [1] ; à Paris, la société philanthropique savoyarde
centralisait les sommes et objets que les messageries
Bonafous transportaient gratis.

Un décret d'août organisait 40 compagnies de garde
mobile dans le royaume ; la Savoie en fournissait cinq aux
ordres des commandants Bovet, de Savoiroux, Pollengues
Jacquier et Detraz, et les capitaines Crusillat, Dunoyer,
Jean Dollin, Lubin, Léonide-Marin, Monod, Viviand.

Le gouvernement espérant adoucir les plaintes grandissantes de la Savoie publia l'adjudication officielle du futur
Palais de Justice (15 septembre), la construction de cet
important monument attendu depuis tant d'années
devait donnner de l'ouvrage aux nombreux ouvriers
sans travail, et orner la ville ; mais l'effet fut absolument
manqué, car, le 19, une proclamation de l'intendant Pernoti annonçait un emprunt volontaire de 3.000.000 de fr.,

1. 23 blessés à l'hôpital de Milan, très bien soignés par les
chirurgiens autrichiens.

à 5 0/0, payable aux 1ᵉʳ novembre 1848 et 1ᵉʳ septembre 1849, et un emprunt forcé décrété le 7 ; les protestations furent aussi vives qu'unanimes. L'emprunt forcé était basé sur la valeur vénale de la propriété [1], sur les créances hypothécaires [2] et sur le commerce [3].

Dans le *Courrier des Alpes*, M. Raymond, par un excellent « Premier Chambéry » protesta vigoureusement contre l'emprunt basé sur la valeur des propriétés. En Savoie, disait-il, la petite propriété est en majorité, elle est déjà grevée de 320 millions d'hypothèques, et sur les 151.692 inscrites au cadastre, 538 seulement sont imposées au-dessus de 100 francs ; il ajoute que les finances du royaume avaient été très prospères de 1830 à 1846, les recettes s'élevant de 70 à 80 millions, que la Savoie paye déjà la somme énorme de 5 millions, etc.

Articles de Drevet demandant la *suppression* des armées permanentes, leur remplacement par la Garde Nationale. D'autres, réclamant l'union douanière avec la France, de nouvelles routes, protestant contre le manque absolu de numéraire, etc., etc., aussi le bon *Courrier* fut-il assigné pour excitation à la haine et au mépris du gouvernement (28 septembre).

Les Savoisiens continuaient leurs récriminations contre les abus piémontais. Le 3 octobre, le *Courrier* démontre que la Savoie a payé en 18 ans 292 millions au gouvernement qui en a seulement employé 17 en Savoie. Le 19, nouvelles protestations contre la guerre

----

1. 1/2 pour cent de 10 à 20.000 fr., 1 pour cent de 20 à 50.000, 1 1/2 pour cent de 50.000 à 100.000 et 2 pour cent au-dessus.

2. 1/2 pour cent de 8 à 20.000 fr., 1 pour cent de 20 à 50.000, 1/2 pour cent de 50 à 100.000, 2 pour cent de 100 à 150.000 et 3 pour cent au-dessus. Le versement de l'emprunt fait par le créancier.

3. Sur les banquiers, négociants, armateurs, commerçants et fabricants, 15.000 fr. pour la 1ʳᵉ catégorie, 10.000 pour la 2ᵉ, 6.000 pour la 3ᵉ, 3.000 pour la 4ᵉ, 1000 pour la 5ᵉ et 500 fr. pour la 6ᵉ.

prête, disait-on, à recommencer, les finances ruinées, les soldats démoralisés, l'état-major entièrement renouvelé sans, pour cela, donner confiance aux troupes, le numéraire disparu, etc. La lassitude et l'épuisement du duché n'empêchèrent point ses fidèles habitants de coopérer généreusement, malgré la dureté des temps, au prêt public ouvert le 19 septembre. Tous les souscripteurs versant leur argent 1/3 avant le 14 octobre et le reste avant le 31 octobre, remis au 28 février 1849, recevaient un titre de rente de 5 0/0, en étant tenus quittes d'un quart, soit 80 livres pour 100 livres ; le 11 septembre, 10.741.788 livres étaient déjà souscrites dans les États dont 262.000 en Savoie ; 315.000 le 13 ; le 31, 588.000 livres [1].

1848 s'acheva assez tristement ; les affaires étaient partout suspendues, la guerre menaçante, le désarroi gouvernemental aggravé. A Albertville même avait eu lieu un banquet démocratique de 380 membres auquel assistaient les quatre députés, Ract, Brunier, Jacquemoud de Moutiers, Carquet, onze officiers français du fort Barraux et les inconnus d'alors Blanc et Nic. Parent, avec toasts au triomphe prochain de la démocratie. A Chambéry, on parlait en souriant des essais à Turin de

1. Les conseillers Bouvier Piccolet, chevalier du Verger, comtesse Perrin, 4.960 livres chacun ; le chapitre, 800 livres ; baron du Verger, 4.480 livres ; Mgr Turinaz, évêque de Tarentaise, 2.230 livres ; André Pierre, 7.576 livres ; Challier, négociant, 4.000 livres ; Mégaland d'Aime, idem, 4.000 livres ; comte de Boigne, 29.500 livres ; les orphelines du Reclus, 8.860 livres ; de Morand, 4.000 livres ; Thiollier, épicier, 3.500 livres ; comtesse Camille Costa, 8.000 livres ; Pierre Brachet, épicier, 3.550 livres ; maison de Saint-Benoît, 18.000 livres ; conseil de charité, 36.000 livres ; Louis Girod 5.000 livres ; baron de Fortis, 7.500 livres ; les Carmélites, 1.500 livres ; fabrique de la cathédrale, 1.800 livres ; la Visitation, 4.000 livres ; le Sacré-Cœur, 2.000 livres ; marquis César d'Oncieu, 8.500 livres, etc.

l'ingénieur Maus, voulant démontrer la possibilité de forer la pierre avec sa machine et de percer le mont Cenis ; on s'occupait de l'adjudication des travaux du Palais de Justice adjugés aux frères Gianmoli, de la réouverture du collège sous la direction du chanoine Favre[1], de l'ascension de l'aréonaute Rossi-Poitevin dans son ballon l'*Aigle audacieux* qui s'enleva du Grand Jardin pour tomber peu après à la Motte. La circulaire du ministre Rattazzi, défendant aux évêques de parler des affaires politiques autrement que dans les *vues du gouvernement* (25 décembre), annonçait aux Savoyards que les fameuses libertés des libéraux anti-cléricaux avant tout, allaient être appliquées avec toute la vigueur si particulièrement chère aux loges maçonniques !

Le Roi, de plus en plus dominé par *sa Fatalité*, permit au ministre Gioberti-Buffa de dissoudre le Premier Parlement national (30 décembre) et de mettre à la retraite l'intendant de Savoie Mathieu pour le remplacer par un jeune substitut du procureur général à la cour de cassation, M. Mercier, natif de Bonneville. Le nouvel intendant arriva le 4 janvier à Chambéry : la ville était en émoi, des scènes orageuses avaient lieu chaque soir au théâtre, la presse fulminait contre le ministère, en protestant contre la guerre, contre la pension votée à Turin en faveur de Venise (600.000 livres par mois), les journaux déclaraient la Savoie à bout de sacrifice[2] ;

---

1. Chanoine Favre, principal ; chanoine Tournier, directeur des études ; chanoine Parchet, professeur de philosophie, et le chanoine Magnin (futur évêque d'Annecy) et l'abbé Delacquis, professeurs de rhétorique ; les abbés Farnier, Ducret, de grammaire.

2. 15 janvier. Long plaidoyer des misères de la Savoie depuis 1815 en face du Piémont toujours favorisé, se terminant par cette phrase du terroir, très saisissante du reste : « On trouvera encore des bras pour la guerre, mais chercher de l'argent en Savoie, c'est aussi impossible que de tirer du sang à une rave, signé Francoz de Saint-Michel. »

ayant prouvé sa vaillance traditionnelle en Lombardie, mais refusant dorénavant de sacrifier ses fils et son argent pour les Lombards qui ne l'intéressaient en rien et qui venaient d'abandonner l'armée, d'assiéger et d'insulter le Roi dans Milan. C'est à ce moment que plusieurs Chambériens de toutes les conditions se groupèrent en vue des prochaines élections. Ce fut la société électorale constitutionnelle qui se réunit pour sa première séance à l'Hôtel d'Italie (7 janvier) ; ses principaux organisateurs furent le marquis de Costa, MM. Naz. Pillet, Amédée Greyffie de Bellecombe, Puget, Chapperon et Mareschal. Les élections de janvier 1849 renvoyèrent au Parlement à peu près les mêmes députés que celles de 1848. Le marquis de Costa l'emporta à Chambéry à une forte majorité contre l'avocat Pognient, le député Brunier partisan avéré de la réunion à la France passa à la Chambre ainsi que Blanc. A Turin, le comte Cavour, malgré la pression officielle, se trouva en ballottage par 208 voix contre 204 au chevalier Pansaia.

L'intendant Mercier, sur l'ordre de Turin, annonça le 15 janvier, la création d'une commission d'enquête de sept membres du Parlement pour connaître les besoins de la Savoie. Le général de Sonnaz envoyé par le Roi arriva dans le duché avant la fameuse commission ; les plaintes générales qu'il entendit complétaient trop bien les articles défavorables au Piémont paraissant chaque

Puis les nombreux articles intitulés : la « Savoisienne » réclamant la décentralisation, le payement d'un simple subside annuel au Piémont, des places pour les Savoyards dans les hautes administrations, les indigènes seuls nommés aux tribunaux de commerce ; le rétablissement des États du duché ; mais repoussant les idées d'union avec la Suisse à cause du fanatisme protestant, ou avec la France, la Savoie serait alors absolument perdue et les charges financières quatre fois plus fortes.

Le 9 mai, décret d'ouverture de la rue de Maché.

jour ou à peu près dans les journaux. Au Parlement, tous les députés conservateurs, après un magnifique discours du marquis de Costa, votèrent contre l'énorme pension payée à Venise malgré la misère publique. Quinze députés signèrent ensuite un rapport au Roi ; ils montraient que la Savoie avait toujours été un peu délaissée depuis 1815, qu'elle était épuisée par trois années consécutives de mauvaises récoltes, sans numéraire, sans travaux publics, le fameux tracé du chemin de fer datant déjà d'un an toujours en projet, les douanes très lourdes, point de Savoyards dans les hautes fonctions et, au contraire, en Savoie plusieurs fonctionnaires piémontais sans attaches dans le pays qu'ils avaient toujours hâte de quitter. La Savoie, abandonnée en 1792 devant les Français, en 1848, devant les Voraces, n'était pas italienne ; elle détestait profondément la guerre actuelle, sa fidélité et son attachement au Roi étaient inviolables ; mais elle réclamait la décentralisation politique et financière, l'indépendance pour l'enseignement public et une subvention due depuis 1815 au clergé dépouillé de ses biens par les Français, car le duché était ainsi obligé de payer 100.000 livres, puisque le budget général n'avait point de budget des cultes, le clergé du Piémont et de la Sardaigne étant resté en possession de ses biens : de Costa, de Martinel, de la Charrière, Mollard, Mathieu, Génet, Girod, Montgellaz, Despine, Blanc, Arminjon, Frezier, Jacquemoud et le comte de Launay, sénateur.

Le carnaval, malgré la *Tour de Nesle* au théâtre et le le concert de Mme Pozzi à la maison de Montfort, passait tristement. Les mascarades si populaires avaient été interdites (8 février), mais, en échange de deux représentations de charité, contre l'antique tradition et toutes les défenses du Sénat, les représentations théâtrales furent autorisées en carême, sauf les vendredis. Quelques nominations militaires favorisèrent des Savoyards ; le colonel Mollard fut nommé major général commandant la brigade ; M. de la Rochette, capitaine de vaisseau ; de Viry et Arminjon, lieutenants ; le garde marine Pacoret Saint-Bon, sous-lieutenant. Sur sa demande, le sympathique et digne général de Maugny obtint sa retraite ainsi que le général d'Aviernoz. Chambéry, après la démission rapide du Dr Songeon, eut alors, pour syndic, M. Forest. Les bruits de guerre reprenaient ; au théâtre (11 mars), on chanta la *Carmagnole, la République en Savoie règnera* : la ville entière fut atterrée. A Turin, depuis la démission de Gioberti, tout était déplorable ; l'armistice allait finir, déjà la Brigade et Savoie-Cavalerie marchaient à la frontière (14 mars). Le Roi oubliant ou feignant d'oublier que pour lui et sa Maison ses Savoyards l'auraient suivi partout, leur adressa une proclamation (16) où il leur parlait de l'Italie unifiée ! ! ! « Braves enfants de la Savoie, la lutte sera glorieuse et bientôt chacun de vous s'écriera avec orgueil au sein de sa famille : « J'étais un des libérateurs de l'Italie ! » Charles-Albert, sans un signe d'attendrissement visible, avait pour toujours quitté et la Reine et son cher Turin. Dans la nuit du 14-15, il arrivait à Alexandrie, laissant la lieutenance générale au prince Eugène de Carignan : le drame finissait !

Les proclamations verbeuses, inutiles, comme la France en entendit tant en 1870-71, se succédaient. Le 18, une du gouvernement sarde aux peuples civilisés, une aux Lombards pour la levée en masse, une à la jeunesse des écoles, un appel aux Gardes Nationales signé Rattazzi, etc. Ces affiches, par leur phraséologie ampoulée, exagérée, où les mots d'honneur, de patrie, de victoire, de mort sonnent les fanfares les plus guerrières, jettent, hélas !

dans les malheureuses contrées menacées d'invasion l'effroi et l'intimidation. Leurs auteurs, ministres ou préfets, en les écrivant à l'abri des balles et des obus, ne se sont jamais souvenus en Piémont en 1849, comme en France en 1870, que l'exemple est un plus salutaire encouragement pour les pauvres soldats qui vont combattre et mourir que toutes leurs belles phrases vides de cœur et de sens !

Dans ces terribles journées d'attente, Chambéry, déjà si lugubre, vit passer le cortège funèbre de la reine Marie Christine de Bourbon, morte le 12 à la villa du marquis dei Mari à Savona, et ramenée, selon sa volonté, auprès de son royal époux, Charles-Félix, à Hautecombe où elle fut sépulturée le 22, contraste encore plus dur entre les années bienfaisantes, pacifiques du buon governo du doux autocrate Charles-Félix avec les jours présents, si agités, si misérables, si prêts peut-être d'une catastrophe finale du governo constituzionale des libéraux !

Les premières mauvaises nouvelles s'ébruitèrent dans Chambéry le 27 au matin : la défaite de Novare[1],

1. « Laissez-moi mourir, c'est mon dernier jour, répondait-il au général Durando le suppliant de s'épargner. Le soir même, à minuit, Charles-Albert, sous le nom de comte de Barges, partait pour Nice par Coni, puis par Antibes, Aix (29), Marseille, Toulouse, Bayonne, entre en Espagne. Le 4 avril, à Tolosa, le Roi réitérait et signait son abdication devant le marquis de la Marmora, prince de Masserano, et le comte Ponza di San-Martino. Le 6, Charles-Albert quittait Valladolid et, après un voyage ralenti par les routes déplorables, il arrivait déjà très fatigué à Oporto où malgré les instances de l'évêque et du Gouverneur il ne voulut pas descendre à l'évêché, mais à l'hôtel ; peu de jours après, l'ex-roi de Sardaigne s'installa dans une simple villa au milieu des jardins et en face de la mer : Le Roi ne devait jamais se remettre, une dyssenterie chronique augmentant de jour en jour sa faiblesse ; le prince de Carignan envoyé par la reine mère, le

l'abdication du Roi, l'entrée des Autrichiens vainqueurs en Piémont, la population consternée, manifesta contre le général Broglia ; enfin, le soir, une proclamation de Mercier, annonçant aux Savoyards l'amnistie, la médiation de la France et de l'Angleterre et la prestation du serment au nouveau roi Victor-Emmanuel II, délivra les bons Chambériens de l'épouvante d'une occupation autri-

Dr Riberi arrivèrent en juin. Enfin, après une lente et désolante agonie de deux mois, le malheureux Charles-Albert de Savoie-Carignan s'éteignit le 28 juillet en murmurant : *Italia !*

En procédant aux soins funèbres, on trouva sur le Roi défunt une petite médaille de la Vierge avec cette dédicace : « O Marie conçue sans péché, ayez pitié de nous ! » religieusement portée toute sa vie par ce pieux fataliste !

« Ma vie a été un roman et je n'ai pas été connu », disait le Roi mourant lentement dans les jardins embaumés de sa villa d'Oporto. Charles-Albert, avec son âme mystique, sa vive imagination, manquait de raison et de jugement ; sa foi tenait de la crédulité enfantine : tout en récitant dévotement son chapelet chaque jour, il redoutera les missions ; il se confie volontiers aux visionnaires et chassera les Jésuites. Son fils, Victor-Emmanuel, récitera aussi dévotement son chapelet surtout à San-Rossore, dans l'intimité devenue pieuse de la belle Rosina : mais il marchera droit vers le but que son père avait vu, et que son caractère hésitant, défiant et mobile, n'avait pu conquérir.

Ce but était si profondément l'espoir et l'ambition du Roi qu'un jour, après avoir reçu et complimenté le marquis Paolucci, devenu feld-maréchal russe, il dit au marquis Villamarina : « Gagner ainsi 20 batailles, c'est beau, je me contenterais pourtant, pour *une cause que je sais*, d'en gagner 10 et d'être tué à la dixième ! »

La douleur fut générale, les Chambres suspendues, l'armée et les milices en deuil pour 180 jours. A Chambéry, un service solennel fut célébré à la Métropole le 22, et à Annecy le 24. La royale dépouille, escortée par le prince de Carignan, arriva le 4 octobre à Gênes ; les solennelles funérailles furent célébrées le 12, à Turin, par l'archevêque de Chambéry et les évêques de Nice, de Savona, Biella et Alexandrie. Puis un long cortège accompagna le vaincu de Novare à l'éternel repos de la Superga.

chienne ! Les détails arrivèrent peu à peu ; l'héroïque défense de la Brigade à la Bicoca[1], la sombre énergie de Charles-Albert s'exposant toute la journée à la recherche d'une mort glorieuse, l'intrépidité et la vaillance du duc de Savoie et du duc de Gênes, combattant à pied, après avoir eu trois chevaux tués sous lui. Dans cette terrible crise du royaume, les hurlements du Parlement affolé réclamant la guerre à outrance, augmentaient le désarroi général. Le vieux et glorieux Radetzky s'avançait vers Turin ; une prière royale retint ses troupes victorieuses, le chevaleresque maréchal épargna la capitale de la nouvelle reine Marie-Adélaïde qu'il avait connue enfant. Le Roi, profitant de l'armistice accordée aux bons offices de la France et de l'Angleterre, se hâta de dissoudre la Chambre, d'envoyer la fidèle Brigade soumettre Gênes révoltée et, par une proclamation du 29 à la Savoie, de lui rendre le général de Maugny ainsi qu'une forte garnison.

Les Autrichiens étaient à Alexandrie, le pays bouleversé, le trésor à sec, la Savoie en deuil de ses enfants immolés à une cause ingrate, l'avenir déjà si inquiétant s'assombrit encore en mai. Le Roi fut subitement malade au point de remettre le pouvoir au duc de Gênes. Les bulletins, plus ou moins sincères, exaspéraient l'inquiétude patriotique, augmentée encore par une circulaire du ministre Demarguerita, demandant des prières publiques (1ᵉʳ juin). Enfin, le 8 juin, une forte éruption miliaire soulagea Victor-Emmanuel qui, le 2 juillet, remercia ses peuples de leur preuve d'attachement en promettant le maintien intégral du Statut. Le duché apprit alors la

---

1. La brigade eut 27 morts dont le chevalier de Cocatrix et le comte de Clermont de Vars enterré à Saint-Cassin le 1ᵉʳ mai, et 87 blessés.

conclusion de la paix, signée le 7 août malgré toutes les oppositions des radicaux ; les conditions étaient modérées : le maréchal, soucieux d'éviter une révolution en Piémont, plein d'attentions bienveillantes envers le nouveau Roi, époux d'une archiduchesse, n'exigeait aucune cession territoriale, le *statu quo* avant 1848 et une indemnité de guerre de 75 millions. Des décrets successifs ouvrirent le Parlement (29 juillet), demandèrent un emprunt de 50 millions (27 juillet), réduisirent l'armée en la réorganisant (10 novembre), décidèrent la construction du Palais de Justice au Vernay en portant la dépense de 500.000 francs à 800.000, et d'un Hôtel de Ville à Annecy, prononcèrent une nouvelle dissolution du Parlement (20 novembre) en des élections pour le 9 décembre. En Savoie, malgré les agissements souvent soutenus des sociétés secrètes, les élections envoyèrent 15 députés monarchiques sur 22.

Après de si grands événements et des changements aussi mémorables, la presse du duché, espérant obtenir davantage du pouvoir central obligé alors à bien des concessions, continua sa campagne en faveur d'une Université à Chambéry. Les députés du pays prononcèrent d'excellents discours à la Chambre, montrant l'injustice criante envers la Savoie peuplée de plus de 600.000 habitants, obligés d'aller chercher leurs grades à Turin, en face de Gênes et de Cagliari dotées d'Universités !

La vie provinciale, un peu égoïste, reprenait ses paisibles habitudes ; le Cercle d'Aix, malgré la guerre, était affermé 20.000 francs, pour 9 ans, à une compagnie française, et annonçait en même temps un programme de fêtes brillantes ; le théâtre royal faisait de belles recettes avec Mme Ansaldi, dans *Phèdre* et *Andromaque* (Juin), puis avec Frédérick Lemaitre et Clarisse Miroy

(*L'Auberge des Adrets*, *Trente ans ou la vie d'un joueur*, *Don César de Bazan*) (septembre), et une troupe lyrique, Caseneuve, Millon, Tarone.

Les journaux racontaient longuement l'ouverture du premier railway en Piémont ; le 15 novembre, le premier train mit 2 heures 1/2 pour aller de Turin à Asti, et, dès le 1er décembre, un assassinat ensanglantait les nouveaux wagons.

De Paris arrivait la nouvelle de la consécration épiscopale d'un enfant du pays, Mgr Dupanloup, sacré évêque d'Orléans à Notre-Dame, le 9 décembre, par Mgr Sibour, archevêque de Paris, assisté de l'archevêque de Rouen et de l'évêque de Versailles. A Chambéry, l'illustre archevêque exilé de Turin officiait à la Noël ; tandis que le Roi confiait le ministère de la justice au comte Siccardi, les sectes sans grande lutte venaient d'emprisonner le Roi ! 1849 s'achevait plus paisiblement, mais lugubrement par les terribles inondations de la Leysse, bouleversant les plaines du Bourget, aggravant encore la misère et le malaise général.

V

VICTOR-EMMANUEL II

LE RÉGIME CONSTITUTIONNEL DU STATUT
(1848-1860)

Le grand feu de paille de 1848 s'éteignait partout ;
les révoltes durement comprimées en France, en Allemagne, en Italie, laissaient, après elles, la tristesse, les
deuils, la misère, de nouvelles charges aux peuples
bernés une fois de plus par les meneurs bavards et
couards. La France ingrate, lassée des splendeurs si
hautes, si libérales de la Restauration, des tranquillités
plus terre à terre, mais dignes encore et très prospères
de la Monarchie de Juillet, se laissait peu à peu reprendre
et tromper par les souvenirs sanglants, les panaches miroitants de la décevante et sinistre légende des Napoléons !
L'Angleterre, fièrement tenue en échec par le ton vraiment royal des Bourbons, s'était jouée et vengée des
d'Orléans ; elle allait, sachant ce qu'elle en retirerait,
favoriser les ambitions du Prince président, ainsi que
toutes les tentatives maçonniques contre l'Église et les
gouvernements conservateurs d'Italie à la satisfaction de
la haine du grand maçon Palmerston et des vieilles rancunes anglicanes. La même libérale Angleterre soumettait, du reste, avec une cruauté inouïe les malheureux
Ioniens encore écrasés sous le joug de fer du protectorat
britannique !

L'Autriche, fidèle à son jeune empereur, à peine

remise des terribles secousses de 1848-1849, voyait de meilleurs jours briller sur la vieille monarchie intégralement reconstituée. Le prince Félix de Schwarzenberg, bravant les jalousies anglaises et prussiennes, dirigeait d'une main forte et audacieuse les affaires redevenues prospères de l'Empire.

L'autocrate russe, Nicolas I, voulait maintenir les principes de la Triple Alliance continentale en face d'une alliance franco-anglaise déjà pressentie : le Tzar en protégeant les petites souverainetés allemandes et l'énergique roi de Naples, gardait son prestige de soutien fidèle de la cause conservatrice. Si le Tzar n'avait jamais pardonné 1830 à Louis-Philippe, en 1850, il attendait que la France reconnaissante, retrouvant gloire et grandeur avec les Bourbons, lui permit de conclure cette alliance de 1829, restée sans les signatures définitives sur la table de Charles X.

En Prusse on se remettait à peine des scènes sanglantes de Berlin et de Francfort, L'imaginatif et l'intellectuel Frédéric Guillaume IV, toujours très attaché à son irascible beau-frère Nicolas, s'attendrissait de plus en plus avec la reine Victoria. Mais en 1850, cette France détestée allait être bientôt courtisée par la cour et les ministres d'Angleterre impuissants sans les armes françaises en face de la Russie ; et cette France, trompée par le gouvernement impérial, par la presse officieuse, devait, en 1854, sacrifier ses enfants et ses ressources pour le Grand Turc et acclamer, dans Paris berné, Victoria et le Prince de Cobourg !

L'Espagne et le Portugal, franchissant sans plus d'émeutes que d'habitude 1848 et 1849, s'efforçaient, en s'unissant à la réaction générale, de sortir de leurs dures épreuves passées.

En Italie, tout se reconstruisait ; mais, sauf en Piémont,

tout était en façade, sans fondation, sans solidité. Le royaume de Lombardie-Vénétie, complètement soumis à l'empereur François-Joseph, représenté par l'octogénaire vainqueur de Novare, le maréchal Radetzky de Radetz, retrouvait, avec la pacification, la prospérité commerciale, les travaux de nombreux chemins de fer, etc. Mais la bourgeoisie citadine et une partie de la noblesse, désireuses d'une constitution, dominées par les sociétés secrètes ou les ressentiments, reprenaient leur bouderie et bientôt leurs complots contre l'Autriche obligée de sévir avec les procédés, toujours fâcheux, de l'autorité militaire. Dans les campagnes habituées à la paix féconde, aux impôts moyens, la domination autrichienne était retrouvée avec joie. La légende, créée par la presse italophile pour le besoin de la cause, doit, comme document sérieux, rejoindre les touchants récits de Silvio Pellico; les reproches seuls des journaux piémontais pendant les campagnes de 1848-49 contre l'indifférence parfois l'hostilité des contadini lombards prouvent leur peu d'entousiasme pour le Piémont et l'Italie. En 1859 et même en 1866, nous retrouverons les mêmes invectives furieuses contre les populations agricoles du Lombard-Vénitien ; que doivent-elles penser à présent, *Crispi ducente?*

La Toscane, radieuse de son histoire, de ses destinées artistiques, de son heureuse indépendance, de sa prospérité inouïe, avait salué d'acclamations le retour du grand-duc Léopold II et le départ brusque des députés braillards de la Législature. Elle allait revivre dix belles années de sa douce vie, dans sa tranquillité et son ignorance des lourds impôts, de la conscription dont les vieillards, jadis soldats de Napoléon, dans les neiges de Russie, parlaient encore avec horreur et épouvante[1]!

1. Le 11 mai se célébrèrent à Chambéry les funérailles magnifiques d'un des plus vaillants apôtres de 1793, celles du célèbre

Parme, facilement délaissée en 1848 par son duc Charles-Louis, prince souriant à la vie et à ses plaisirs, assez philosophe pour préférer les tendresses et les agréments de l'existence aux ennuyeuses grandeurs souveraines, attendait son nouveau duc Charles III : un Anglais impopulaire, sir Ward, était chargé alors de faire patienter les Parmesans[1]. Le duc François V[2] était rentré à

chanoine Girard, mort à 83 ans. L'abbé Girard, chargé par le vicaire général de Maistre des missions de la Tarentaise, s'occupa particulièrement de la vallée de Bozel. Il fut arrêté traîtreusement à la Perrière, blessé, enchaîné, condamné à la déportation. Au Concordat, l'abbé Girard devint curé de Conflans ; en 1816, réformateur des études, chanoine en 1824 et vicaire général en 1838.

1. Dans les arrangements de 1814-15, l'Empereur d'Autriche, malgré les réclamations de la France et de l'Espagne, fit remettre les duchés de Parme et de Plaisance à sa fille Marie-Louise, ex-impératrice des Français. Les droits des anciens Bourbons de Parme, soutenus par Louis XVIII et Ferdinand VII, furent pourtant reconnus aux traités de Vienne. En échange de Parme, les enfants du dernier duc Louis Ier reçurent la petite principauté de Lucques, sous la régence de leur mère, Louise d'Espagne, ex-reine d'Étrurie, si perfidement persécutée par Napoléon Ier. Le 18 décembre 1847, Marie-Louise mourut, après avoir bien gouverné ses duchés, surtout par l'aide de ses favoris de Neipperg et de Bombelles. Alors, en exécution du traité de Vienne, Charles-Louis, duc de Lucques, devint duc de Parme ; il avait épousé, en 1820, Marie-Thérèse de Savoie dont il avait eu un fils unique, Charles III, en faveur duquel il abdiqua sans regrets le 14 mars 1849.

Le nouveau duc Charles III, né en 1823, avait épousé en 1845 Mademoiselle ou Louise de France, fille du duc et de la duchesse de Berry et sœur du comte de Chambord.

2. François V, duc de Modène, né en 1819, fils du duc François IV et de Marie-Béatrice de Savoie, fille aînée du roi Victor-Emmanuel Ier, avait succédé en 1846 à son père. Détrôné en 1859, François V, marié en 1842 à la princesse Adelgonde de Bavière dont il n'eut pas d'enfants, mourut à Vienne en 1875, laissant ses droits et son immense fortune à l'archiduc François-Ferdinand, neveu de l'Empereur et héritier éventuel d'Autriche-Hongrie.

Modène ; son humeur absolutiste devait le pousser bientôt à de nouvelles et maladroites rigueurs ; mais, sans héritier direct, l'avenir politique le touchait peu, son immense fortune le garantissant contre toutes les ingratitudes. L'armée française occupait toujours Rome où les cardinaux Altieri, Vannicelli-Casoni et della Genga représentaient le Pape[1] encore à Gaete-Caserta. Les Autrichiens surveillaient les Romagnes, ces perpétuelles soulevées : l'Europe attendait le retour et les futurs décisions de Pie IX, les enthousiasmes de 1847, qui avaient si noblement, mais si imprudemment ému le cœur ardent du Souverain Pontife, lui inspireraient-ils encore quelque acte chrétien, mais peu politique, ou bien les conseils plus froids, mais plus pratiques des puissances catholiques, essayeraient-ils de diriger vers des réformes mesurées et conciliatrices ce saint et auguste fils des Romagnes, patrie des imaginations brûlantes et des illusions chevaleresques ?

Le royaume des Deux-Siciles, en dépit des sociétés secrètes, de Mazzini, de l'Angleterre, pacifié et en pleine prospérité, acclamait son roi Ferdinand II dans ses voyages. Certes, de nombreuses et importantes réformes s'imposaient ; elles devaient être continuellement diminuées ou empêchées par les conspirations ou les exigences souvent renouvelées de l'Angleterre. Le Piémont, épargné par l'Autriche, ruiné par la guerre, peu habitué au régime parlementaire[2], agité par les sottises des députés avancés, sans trésor, sans armée, en face d'un jeune Roi mal accueilli dans sa capitale au retour de Novare, malgré les encouragements constants de la

1. Pie IX rentra à Rome le 12 avril 1850 au milieu d'un enthousiasme indescriptible.

2. Treize ministères constitués et culbutés du 4 mars 1848 au 7 mai 1849.

France et de l'Angleterre, commençait tristement 1850. A part quelques grands de Cour, personne ne regrettait l'absolutisme, le *buon governo*; le Statut presque arraché à Charles-Albert par ses conseillers, principalement par le ministre Santa-Rosa, demeurera la seule victoire de toutes les espérances de 1848-49. Cette Charte, habilement présentée comme un nouveau *Labarum*, va devenir l'Espoir et le Mot d'ordre de toutes les agitations italiennes.

Si Charles-Albert, ancien conspirateur libéral, et comme tel, ensuite grand appréciateur du pouvoir absolu, avait eu quelque déchirement en accordant le partage de son antique pouvoir royal autocratique, son fils, déjà préparé par certains entours, n'hésita pas une seconde à promettre le maintien intégral du Statut. Autour du nouveau Roi, on y ajoutait *sotto voce* de nombreux et graves articles radicalement supprimés jadis par Charles-Albert, encore intimidé devant l'Église.

Le Kulturkampf piémontais, organisé secrètement par les sectes, débutera, en 1850, par les lois dites Siccardi, celles-ci prudentes et sagement réformatrices d'un privilège peu regretté du clergé lui-même. En février, le comte Siccardi, ministre de la justice et des cultes, présenta les projets de lois sur la suppression de douze fêtes dans l'année (11 mars), loi sur les œuvres pies et sur l'abolition du for ecclésiastique. Les évêques du royaume protestèrent, à la Chambre; parmi les vingt-six opposants, dix étaient députés de Savoie. Au Sénat, le vénérable et sage archevêque de Chambéry reconnaissant que le maintien du privilège du for était plus nuisible qu'utile au clergé, en proposa noblement l'abandon, mais sous le consentement du Pape. Le maréchal de la Tour parla pour le maintien pur et simple, le sénateur savoisien, M. Picolet, demanda l'abolition, qui fut votée le 8 avril par 51 voix contre 29 et appliquée par décret royal du 9. Les gauches satisfaites de ce premier succès ridiculisèrent le Pape et les évêques dans leurs journaux l'*Opinione*, le *Fischietto*, qui ne furent saisis que plus tard. L'archevêque de Turin faisant ses stations du Jeudi-Saint était insulté à la sortie du Dôme, et le Roi, oublieux des antiques traditions de sa maison, pour la première fois délaissait la touchante cérémonie du lavement des pieds à douze pauvres auxquels on remit simplement 100 livres en échange.

Le Nonce, Mgr Antonnuci quitta aussitôt Turin, Mgr Franzoni protesta dans son journal l'*Armonia* : sa circulaire et le journal furent saisis, l'archevêque fut poursuivi et condamné par le jury (23 mars) à un mois de prison et à 500 francs d'amende. Le conseiller, comte Giriodi, avait refusé de siéger ; le ministère, loin d'admirer cette juste indépendance, la punit par la révocation. Cette injustice cynique stupéfia Turin ; aujourd'hui, nous sommes trop habitués au servilisme officiel pour nous en étonner : les arrêts ne sont-ils pas devenus trop souvent des services ! Turin et tout le royaume furent autrement bouleversés en apprenant que, le 7 août, l'archevêque de Turin venait d'être arrêté à sa villa de Pianezza et enfermé à Fenestrelle ; le prétexte de cette odieuse violence : le refus de sacrements au ministre Santa-Rosa s'il ne se rétractait pas de son erreur dans la loi du for. Malgré la défense archiépiscopale, les obsèques eurent lieu dans l'église San-Carlo et les P. Servites aussitôt enlevés et exilés à Saluces. Loin de se calmer, la fureur maçonnique, sentant sa puissance, exigeait chaque jour davantage. Le 13, on crocheta l'archevêché ; le 25 septembre, la Cour de Turin bannissait Mgr Franzoni et séquestrait ses biens ; l'archevêque fut conduit à Briançon d'où il gagna Grenoble et Lyon, où la noble hospitalité du cardinal de Bonald adoucit les premières journées de l'exil.

En même temps, un navire de l'État transportait à Civita-Vecchia l'archevêque de Cagliari, coupable d'avoir protesté contre les scandales ministériels. Les feuilles progressistes célébraient ces victoires contre le parti noir, la *Gazzetta del Popolo* dénonçait aux violences radicales la puissance du parti clérical en Savoie, exigeant le changement ou la révocation de l'intendant Mercier, de l'avocat général Dufour et surtout du chanoine Humbert Pillet, choisi récemment par le Roi comme précepteur des princes et réprouvé, détesté par toute la radicaille comme ami des Jésuites. En échange de cette concession aux conseils de sa mère, aux timides désirs de la Reine, Victor-Emmanuel confiait le ministère du commerce au comte Cavour, célèbre seulement par les attaques de son journal le *Risorgimento* contre la religion et ses ministres (13 octobre). Cette date doit être retenue, le ministère étant peu important, le ministre plus connu par la noblesse de sa naissance et de ses alliances que par ses services ou sa réputation d'homme grave ; mais du 13 octobre 1850 au 6 juin 1861, c'est non seulement l'avenir de l'Italie qui se fait, se prépare, c'est aussi, hélas, le sort de la France aveuglée et trompée ! Après ces cruelles violences, le ministère s'arrêta. Sauf l'Angleterre protestante, l'Europe entière désapprouvait l'arrêt coupable frappant l'archevêque de Turin, jadis le conseiller et l'ami de Charles-Albert. Le Pape venait de rentrer triomphalement dans Rome ; la Savoie inquiète et malheureuse, le Piémont appauvri réclamaient d'autres remèdes que l'exil de quelques prêtres ; aussi permit-on à la magistrature des provinces, restée plus soucieuse de sa dignité, de poursuivre certains journaux anticléricaux. A Nice même l'*Écho des Alpes* fut condamné à 300 francs d'amende et à un mois de prison pour avoir nié l'éternité de l'enfer! Car, d'après le programme qui devait se continuer avec plus ou moins de bonne foi pendant tout le règne de Victor-Emmanuel, on devait respecter la religion, ses dogmes, sa mission intérieure, et ne déclarer la guerre qu'aux richesses et aux empiètements séculaires de l'Église, puissance politique, sur le pouvoir laïque !

Ces premières atteintes à la liberté religieuse passèrent presque inaperçues de la masse populaire ; les petits journaux n'existaient pas, le clergé, révolté de l'exil de Mgr Franzoni, prudemment dirigé par les évêques de Savoie, ne pleura pas longtemps le privilège du for ecclésiastique dont l'application était presque inconnue (à Chambéry, en quatre ans, sur trois cents prêtres, une seule cause appelée). Le clergé de Savoie ne redoutait pas l'égalité et la publicité des juridictions civiles, son histoire resplendissait de sainteté, de piété, de charité, de devoirs humblement acceptés et remplis d'héroïsme antique pendant la tourmente révolutionnaire, de haute sagesse et d'incomparables talents, aussi restait-il paisible et modeste en face des attaques, des craintes, des jugements même injustes! Du reste, le Duché était distrait de ses légitimes inquiétudes par le projet de percement du mont Cenis, présenté au Parlement par le ministre Paleocapa au nom de l'ingénieur Maus. Mais avec sa machine actionnée par l'eau, faisant mouvoir contre la roche des ciseaux spéciaux, Maus demandait 13 millions et six ans pour forer la barrière des Alpes : les députés, épouvantés du chiffre des millions en face du trésor à sec, ne prirent pas au sérieux le projet de ce vaillant dont le nom est profondément oublié.

Un autre projet, qui n'avait rien d'incertain et qui

vient rajeunir et raviver l'antique fidélité savoyarde un peu déçue par les premiers actes du Roi, fut l'annonce du mariage du duc de Gênes avec une princesse de Saxe[1] (février), la certitude du retour du couple princier par la Savoie et celle de l'arrivée à Chambéry de toute la famille royale venant au devant de la nouvelle Duchesse. Le Duc voyageant sous le nom de comte de Bairo, traversa Chambéry le 13 mai, continuant par Yenne, Bourg, Besançon sur l'Allemagne; il arrivait à Dresde le 18, et le 22 épousait la princesse Élisabeth, seconde fille du prince Jéan et de la princesse Amélie de Bavière. En effet, le 9 avril, le Roi avait reçu en audience solennelle le Comte Hohenthal, envoyé extraordinaire du roi de Saxe, qui lui apportait ainsi qu'au duc de Gênes, la Grand-Croix de la Couronne de Rue. Le contrat fut signé au château le 18, le comte Hohenthal reçut le grand cordon vert, et le marquis Brignole partit faire la demande officielle à Dresde. Cette alliance flattait les deux familles royales, se prétendant toutes deux issues de Witikind; la maison de Savoie avait jadis donné une de ses plus belles fleurs à celle de Saxe par le mariage de Marie-Charlotte de Savoie avec le prince Antoine de Saxe (1781); elle recevait, en 1850, une fille de Saxe que l'on décrivait très belle, intelligente, artiste.

1. Élisabeth-Marie-Amélie, née à Dresde, 4 février 1830, troisième enfant du prince Jean de Saxe, devenu roi de Saxe en 1854, mort en 1873, et de la princesse Amélie de Bavière, née en 1801, morte en 1877. La duchesse de Gênes était la filleule de sa tante maternelle Élisabeth de Bavière, mariée en 1823 au prince héritier de Prusse.

Le roi Albert de Saxe et son frère et héritier, le prince Georges de Saxe, sont les frères de la duchesse de Gênes, appelée à la cour d'Italie, duchesse de Gênes mère, depuis le mariage de son fils, le duc Thomas de Gênes, avec la princesse Isabelle de Bavière. (1883).

Les fêtes célèbres de la Cour de Saxe encadrèrent cette nouvelle alliance de la Croix de Savoie à la poétique Couronne de Rue de toutes leurs splendeurs et de leur luxe artistique ; bals, représentations théâtrales avec un grand ballet *Nord et Midi* glorifiant l'union de Dresde et de Turin. Puis les jeunes époux accompagnèrent leur tante, la reine de Prusse, à Berlin [1]. La mine hautaine, sévère du duc n'avait pas enchanté les Dresdois habitués à la bonhomie, à la grâce de leurs princes ; à la cour militaire de Berlin, le Duc-Soldat plut au contraire beaucoup et lui-même s'intéressa en vaincu de Novare aux exercices, aux manœuvres de ces fameuses troupes prussiennes dans lesquelles, peut-être, sa rancune guerrière devinait des alliés de l'avenir ? Les parades furent nombreuses ainsi que les pourparlers politiques au point d'inquiéter déjà les pressentiments du fier prince de Schwarzenberg. Les jeunes époux revinrent séjourner à Dresde, puis s'acheminèrent, à petites journées, vers la Savoie. Le 22 mai, à Bourg en Bresse, le duc et la duchesse de Gênes, accompagnés par l'historien bressan, M. J. Baux, et de Mme de Lapeyrouse, admirèrent, dans la vieille collégiale de Brou, les tombeaux [2] magnifiques de Philibert le Beau, de Marguerite d'Autriche et de Marguerite de Bourbon. Le 24, les princes de Savoie arrivèrent à Lyon ; les troupes étaient en haie sur les quais jusqu'à l'hôtel

---

1. Élisabeth de Bavière, fille de Max-Joseph Ier, sœur de la reine et de la princesse de Saxe, née en 1801, mariée en 1823 au prince de Prusse, roi sous le nom de Frédéric-Guillaume IV (1840-61), morte en 1877.

2. Cette visite du duc de Gênes aux tombes familiales maltraitées par la Révolution aida plus tard Mgr Chalandon, évêque de Belley, dans l'œuvre réparatrice de N.-D. de Brou ; aussi les travaux terminés, le Roi envoya le comte de Somis pour le représenter aux grandes fêtes religieuses de 1858, présidées par le cardinal Donnet, archevêque de Bordeaux, et l'évêque de Belley.

de l'Europe où le général de Castellane vint chercher le Duc pour passer une grande revue sur la place Bellecour, tandis que la duchesse la voyait du haut du balcon des Postes ; le soir, au Grand-Théâtre, les Lyonnais admirèrent la blonde princesse de Saxe.

A Chambéry, la ville entière était en l'air : une circulaire du Grand Maître des cérémonies venait de révolutionner l'antique et rigide étiquette de la Cour ; les nobles marquises et les grands de Cour protestèrent en sourdine ; mais le nouveau Roi, de plus en plus en coquetterie avec les libéraux, imposa lui-même la soumission à ce règlement, simplifiant et les conditions de réception aux fêtes et aux représentations royales, et les costumes brodés jusqu'à ce jour obligatoires. Les députés étaient admis même en simple habit noir !

Le 18 mai, le syndic Forest annonça l'arrivée de la Cour pour le 21 ; sa proclamation contenait aussi une dérogation aux vieux usages ; elle insinuait aux habitants d'illuminer leurs maisons, elle n'ordonnait plus comme jadis en fixant le nombre de nuits et de chandelles par fenêtre. Le 20, les ministres d'Azeglio et Paleocapa arrivèrent au château ; le même jour, le Roi lui-même, par un habile message, faisait part de sa joie à ses fidèles Savoyards ; il parlait du culte des aïeux, de l'héroïsme de la Brigade et de sa satisfaction d'amener son fils en Savoie. La famille royale, partie de Moncalieri, le 20, à huit heures du soir, traversait Susa illuminée à minuit, et dans la matinée du 21, après ce voyage d'une rapidité extraordinaire pour l'époque, mais habituelle aux déplacements et aux goûts du Roi, ils descendaient tous à l'évêché de Saint-Jean-de-Maurienne pour déjeuner chez Mgr Vibert : le syndic avocat Vray présenta les autorités municipales ; Mme Natabride, Mlles Barbier et Rayès eurent l'honneur d'offrir des fleurs à la douce Reine. La

Cour repartit à trois heures et, à la tombée du jour, les voitures royales s'approchèrent de Chambéry par cette route de Saint-Jeoire, depuis si longtemps accoutumée au noble service d'amener les princes à la vieille capitale du Duché. Le Roi et la Reine furent salués au joli pavillon du Faubourg par le lieutenant général de Maugny et le syndic Forest, puis LL.MM. montèrent au château où les attendaient les hommages de Mgr Billiet, du chapitre, du premier président, comte Grillo, des autorités ; le soir, le Roi imitant ses aïeux parcourut à pied les rues magnifiquement illuminées. Les applaudissements et les acclamations avaient frénétiquement hommagé la famille royale. La physionomie rébarbative mais si franche de Victor-Emmanuel était déjà connue ; pour la première fois, les Chambériens contemplaient, admiraient la pure et idéale beauté de leur Reine. La perfection de son cœur et de son esprit, ses tristesses résignées d'épouse étaient inconnues de la foule, mais le charme vraiment royal et doux de sa beauté et de sa bonté était si radieux que tous les cœurs vibraient de respect et d'admiration en la voyant pâle, frêle, souriante et toujours heureuse en cet instant de montrer à la multitude enthousiaste ses deux enfants aînés, la princesse Clotilde déjà sérieuse, et le prince Humbert déjà sombre.

Après vingt-quatre heures de repos consacrées par le Roi à une revue de la garde nationale, à recevoir les autorités et surtout à causer longuement avec Mgr Billiet des nouvelles difficultés religieuses, et par la Reine en promenade au Vernay avec MM^{mes} de Maugny et de Quincy, le Roi repartit le 23 pour Annecy et Bonneville où S. M. logea chez l'avocat Dufour, alors malade ; S. M. monta aussitôt le visiter au deuxième étage de sa maison. Les dames de Bonneville, pour suppléer à l'insuffisance de leurs cuisinières, unirent toute leur connaissance culinaires ;

excitées par une émulation patriotique et une bonne entente rare, elles servirent au Roi, aux ministres, aux autorités un déjeuner resté célèbre par son menu et sa perfection. Victor-Emmanuel, toujours pressé, traversa Saint-Julien, s'arrêta au pont de la Caille et revint, le 24 au soir, à Annecy recevoir la Reine partie de Chambéry le matin, respectueusement haranguée à Albens par l'avocat Descombes, tandis que Mᵐᵉ Descombes et Mˡˡᵉ Céline Canet fleurissaient le royal carrosse[1].

Le 25, à 5 heures du soir, les souverains revenaient à Chambéry, le Roi descendu de voiture, remontait à cheval pour se rendre à la Motte où le duc et la duchesse de Gênes étaient, depuis la veille, les hôtes illustres du marquis de Costa; mais, place Château, Victor-Emmanuel rencontre son frère arrivant en calèche, les deux frères s'embrassent et, tous deux promptement en selle, galopent ensemble à la Motte d'où le Roi, ravi de cette course nocturne en pleine liberté, ne revint qu'à minuit.

Le dimanche 26, après la messe royale à la Sainte Chapelle, les Majestés honorèrent de leur présence un grand déjeuner offert par le marquis de Costa au château de la Motte ; puis le Roi, le duc et le prince de Carignan à cheval, la Reine et la duchesse en calèche, escortés de toute la Cour, rentrèrent dans Chambéry par le pont du Reclus, les Portiques, la Porte Reine. Le soir grande réception dansante au château; la duchesse, ainsi qu'une Elfe blonde, valsa en triomphatrice, la Reine parla à toutes les dames, le Roi se mêlait aux groupes; enfin ce qui ne s'était jamais vu de mémoire de chambellan, l'étiquette semblait bannie de cette belle fête !

---

1. Les petits princes restés au château firent la joie attendrie de toute la ville par leur présence au mois de Marie de la cathédrale.

Auprès de la brune et délicate beauté de la Reine, la splendeur rayonnante de la beauté blonde et florissante de la jeune Duchesse contrastait pour le plaisir de tous les yeux. Le Duc, quoiqu'un peu froid et hautain, était fier de ramener, au pays des ancêtres, cette noble fille de Saxe, grandie, développée, instruite par les enseignements de la Reine Amélie, sa mère, et les artistiques préférences du roi Jean, son père.

Les fêtes allaient se succédant. Le 27, le Roi, le Duc, le Prince tirèrent l'Oiseau ; le roi du tir fut M. Alexandre de Savoiroux, puis les princes assistèrent à la pose de la première pierre du Palais de Justice par le Roi auquel on présenta un projet de monument à Charles-Albert [1]. La Reine avec ses enfants visitaient les orphelines du Reclus, les Carmélites, la Visitation où la jeune Mlle Clotilde de Quincy offrit des fleurs à Marie-Adélaïde qui admit ensuite les dames religieuses au baise-main ; la bénédiction du Saint-Sacrement donnée par l'archevêque clôtura cette dernière visite royale aux couvents de Lemenc. Le soir, leurs Majestés et leurs Altesses Royales, reçues au théâtre par le syndic, applaudirent la cantate composée et chantée par M. Dubosc, entre *La Dame Blanche* et *Les Rendez-vous Bourgeois*.

Le 28, fête du tir, couronnement de la reine et matinée dansante où par une révolution d'étiquette, le Roi dansa avec la reine du tir, la Reine elle-même avec M. de Savoiroux, le roi du tir ; le feu d'artifice fut malheureusement contrarié par la pluie. Le grand bal de la ville (29) réunit plus de cinq mille invités au théâtre ; l'enthousiasme déborda lorsque le conseiller de ville, M. Michel Burnier, ouvrit la loge royale aux souverains et aux princes : les jeunes époux de Gênes descendirent peu à peu et valsèrent jus-

---

1. Remplacé depuis l'annexion française par la statue du glorieux président Favre.

qu'à minuit au milieu des couples éblouis de tant de grâce et de simplicité ; l'orchestre entraînant était dirigé par Simon Lévy, chef d'orchestre du Casino d'Aix. Le 30, grande excursion à Hautecombe, le Roi et les princes à cheval jusqu'au port Puer, les princesses en calèche découverte ; au passage à Aix, visite du Casino et discours du curé Gros[1]. Le même jour, le prince Humbert, avec sa gouvernante, la marquise Scotti et ses deux chambellans en Savoie, MM. de Quincy et du Noyer, se rendit à Jacob poser la première pierre de la nouvelle église ; le jeune Dupasquier offrit à l'héritier de Savoie un bouquet dessinant l'héraldique croix de ses armes. La Reine et ses enfants visitèrent aussi les maisons charitables de Saint-Hélène, de Saint-Benoît, du Bon Pasteur, le Sacré-Cœur où le Roi vient les reprendre, tandis que le duc inspectait les casernes. Partout la douce sérénité, l'exquise bonne grâce de Marie-Adélaïde enchantaient les grands et les petits.

A minuit, le 30, le Roi partait en poste pour Albertville ; les bons Chambériens réveillés par le galop des chevaux se jetèrent aux fenêtres en criant : Vive le Roi. A l'aube, Victor-Emmanuel traversait Albertville, et à huit heures il entrait à Moutiers où, après le déjeuner des autorités à l'évêché, il revenait à Albertville pour dîner à l'hôtel royal Geny, se montrer au balcon et repartir par Sainte-Hélène pour Saint-Jean-de-Maurienne où la Reine et ses enfants étaient arrivés depuis peu. La famille royale se reposa à l'évêché ; les dames de Saint-Jean, Arnaud, Emilie Gallioz, Michelon, Savoye, Grange et Bermond félicitèrent la famille royale en lui donnant

---

1. François Gros, né à Saint-Offenge, curé d'Aix, grand vicaire de Chambéry, évêque de Tarentaise (1866-73), démissionnaire, retiré à Chambéry où il mourut regretté de tout le monde, en 1884.

des fleurs. Le lendemain, à 6 heures du matin, les souverains quittaient la Savoie; le duc et la duchesse de Gênes qui étaient restés deux jours de plus à la Motte les suivirent le 2 juin à Turin.

Le Roi rentrait à Moncalieri, assuré du loyalisme de ses sujets de Savoie, certain de leur fidélité, mais prévenu, par ses nombreux et longs entretiens avec les évêques, avec les intendants, de la pénible inquiétude soulevée dans le duché par les projets ministériels pour la prochaine session du Parlement. L'archevêque de Chambéry, avec sa grande expérience, le poids de ses anciennes relations avec la famille royale, n'avait pas caché au souverain sa désapprobation de l'injuste et cruel exil de Mgr Franzoni, et son inaltérable fermeté pour défendre, ainsi que tous ses collègues de l'épiscopat, la liberté et les droits de l'Église.

On avait acclamé le Roi parce qu'il était le Roi, parce que les allures soldatesques de Victor-Emmanuel plaisaient à la foule toujours sensible au cliquetis du sabre, au panache ondoyant. Le duc de Gênes, plus aristocratique, assez raide, par certaines préférences connues et certains blâmes discrets, avait attiré à lui tous les regrets de l'ancien régime et les espérances des conservateurs. La Reine, la douce Reine, était la triomphatrice de ce voyage, la véritable étoile lumineuse éclairant du pur éclat, de ses vertus et de son intelligence la Croix de Savoie déjà un peu voilée : son trop court séjour dans le duché devait rester inoubliable. Plus tard, que de fois n'avons-nous pas entendu glorifier Marie-Adélaïde en contemplant son beau portrait toujours souriant, au Casino d'Aix-les-Bains. En 1869, encore enfant, nous assistions à l'entrée dans Chambéry d'une autre souveraine, rayonnante d'une beauté sans égale, entourée par toutes les splendeurs d'une impériale fortune, ébloui par l'apparition lumineuse de cette Impératrice, par le luxe et l'apparat de son entourage, nous ne pouvions alors comprendre le calme et la tiédeur de ceux qui nous entouraient. En face de la pompe impériale de la souveraine, belle mais parvenue, de ses dames élégantes et futiles, apparaissait toujours, aux fidèles Savoyards, la pâle Reine au doux souvenir, si digne et si bonne, plus royale encore dans sa simplicité confiante ; nous les comprenons à présent, unissant nos hommages tardifs aux regrets inconsolés de tous ceux qui l'ont vue et connue.

Les faveurs royales s'étaient plu à honorer les Savoyards comme à adoucir les cruelles misères des dernières malheureuses années. Le 27 mai, le Roi nomma Grand-Croix des saints Maurice et Lazare Mgr Rendu, évêque d'Annecy, Mgr Vibert, évêque de Maurienne, et Mgr Turinaz, évêque de Moutiers. Commandeurs : le marquis Léon Costa, le marquis d'Angrogna, attaché au duc de Gênes. Chevaliers : Vignet, directeur des domaines ; L. Martin, vice-syndic ; Dufour, avocat général ; Grand, président du tribunal ; Compagnon, trésorier ; de Saint-Bonnet, conseiller ; Bourgeois, commissaire des guerres ; de Montbel, commandant de place ; Dʳ Revel, Dʳ Duprat de Saint-Jean ; Picolet d'Hermillon, syndic de la Rochette ; Goybet, syndic d'Yenne ; Laracine, des domaines ; Burdin, négociant ; Pierre Bouvier ; major Riccardi ; Tancrède du Noyer ; Dufour, syndic d'Alberville ; du Verger, syndic de Moutiers.

En 1850, les rubans verts des saints Maurice et Lazare, très parcimonieusement distribués, conservaient encore le juste prestige du mérite récompensé et non le triste reflet du service payé : Cavour, le premier, commencera à acheter les uns et les autres par des distributions d'année en année plus nombreuses. L'ordre des saints Maurice et Lazare a repris une partie de son lustre depuis que le roi Humbert s'efforce, malgré ses ministres, d'en devenir le très sévère dispensateur.

Après toutes ces royales réjouissances, la Savoie reprenait sa paisible existence; une amélioration bien curieuse venait pourtant d'intéresser les conversations des citadins, l'introduction des timbres-poste à l'effigie royale (loi du 5 mars); ces premiers timbres, devenus très rares et d'une certaine valeur marchande, étaient: de 10 cent., noir pour l'armée; de 20 cent., bleu pour le royaume, et de 40 cent., rouge pour l'étranger. En même temps, trois bureaux avaient été ouverts pour les envois d'argent par lettres chargées : Chambéry jusqu'à 20.000 francs, Thonon et Albertville jusqu'à 5.000.

Les rares politiques au courant des secrets désirs de Mazzini et de sa bande voyaient avec joie toutes les marques de sympathie données par le gouvernement piémontais non pas à la République Française, coupable de l'expédition romaine, mais à son nouveau président, le prince Louis-Napoléon. A Turin, on escomptait les anciens engagements du prince envers les Carbonari, sa haine bien connue des traités de 1815, les souvenirs de sa participation aux émeutes des Romagnes en 1831, ses rêveries politiques; on ne précisait rien encore, mais on espérait déjà beaucoup !

Un décret du 20 avril autorise le port de la Légion d'Honneur pour tous les anciens décorés du Premier Empire. En échange, le gouvernement français envoie la croix à François Vuagnat, ancien soldat de Napoléon Ier, capitaine de la garde nationale de Chambéry, qui avait été nommé en 1815, mais dont la promotion était, depuis lors, restée en souffrance. En septembre, le Prince Président étant à Lyon, le Roi dépêche auprès de lui le général de la Marmora, ministre de la guerre, qui assiste à la grande revue du 17 septembre à Bellecour, aux cotés du président, et ce n'était que le modeste prélude.

A la même époque mourait à Thorens un des plus graves représentants de l'ancien état de choses, le comte Paul de Sales, chevalier de l'Annonciade, jadis ambassadeur à Vienne et à Paris ; le général de Maugny, commandant du Duché, demandait aussi sa retraite acceptée le 11 novembre ; le général Trotti vint le remplacer.

Aix-les-Bains continuait et améliorait son succès. Le 19 juin, son curé, l'abbé Gros, bénissait les nouvelles eaux de Marlioz, déjà analysées en 1809 par le naturaliste prussien, Dr Gimbernat.

Le théâtre attirait toujours les Chambériens par des spectacles divers et intéressants : Mlle Delille de l'Opéra-Comique ; le grand Garcia à Aix, le 18 juillet ; Duprez et sa fille Caroline déjà célèbre, avec la basse Balanqué de l'Opéra, le pianiste Gotschalk, Arnal le Joyeux, Madeleine Brohan dans *Le Caprice* ; enfin le 22 août, la première de *Guillaume Tell*. Le goût du théâtre, déjà si ancien en Italie, entraînait de plus en plus la jeunesse vers le répertoire moderne dont les premières hardiesses (combien peu hardies encore !) effarouchaient les fidèles partisans du classique ou des comédies tranquilles. Aussi lors du séjour triomphal et fleuri de Mlle Fargueil à Turin, le rigide *Courrier des Alpes*, tout en constatant le succès de l'actrice française, s'écriait : « Nos bons pères de famille de la Savoie ne s'imaginent guère que l'argent qu'ils envoient à leurs jeunes lauréats reçoit un si gracieux emploi ; leurs fils donnent des couronnes au lieu d'en recevoir : il faut bien que jeunesse se passe ! »

L'école de musique s'ouvrit à la fin de 1850 avec les professeurs Pithon, violon ; Lajoue, violoncelle ; Chiry et Gentil Maurin, organistes de la cathédrale et de Notre-

Dame pour le chant et le solfège. La garde nationale voulut aussi sacrifier à l'harmonie ; les légions souscrivirent 3.490 francs pour l'achat des instruments. Cette musique urbaine ne put être assez exercée pour compléter le programme de la grande fête de charité du 5 février, augmentée d'une tombola à 50 cent., produisant 3.293 francs. Deux vases en porcelaine dorée donnés par le Roi, gagnés par Mme de Costa, furent, ainsi *qu'une pipe*, volés par un filou qui se présenta de la part de la marquise ; les voleurs, car ils étaient deux, les frères Chatié, arrêtés, furent ensuite condamnés au carcan et à 16 ans de galères. Les vieilles peines criminelles existaient toujours avec le carcan, la pendaison ; ainsi, on exécuta, au Vernay le 20 septembre, Henry, dit Cornot, assisté par l'abbé Goddard, le 7 avril 1851 à Saint-Julien, Colomb, et le 10 avril 1851, l'empoisonneuse Vinit amenée, en voiture, au gibet. D'autres usages, moins cruels, mais plus encore moyen âgeux, luttaient alors contre la banalité nivelante de la vie moderne ; ainsi, dans Chambéry même, les passants moqueurs, les curieux intrigués voyaient, en plein jour, un pauvre mari battu par sa femme, la tête sous un van et hissé à l'envers sur un âne, promené à travers les rues[1] au milieu des rires et des huées de la foule. Les études s'augmentèrent d'écoles de chimie, de mécanique, et le commerce, dans une réunion au théâtre (23 décembre), réclama énergiquement la révision du système douanier pour la Savoie. Une modeste exposition des produits du royaume s'était tenue durant l'été à Turin, au Valentino ; les encouragements, sous forme d'achats, avaient récompensé ces premiers exposants[2].

1. Cette coutume dite l'Asnée datait de 1131.

2. La famille royale acheta pour 18.000 l.. la Reine mère acquit la *Petite Savoyarde*, peint par Claris de Chambéry ; les ministres, pour 10.000 l. et les particuliers pour 26.000.

L'année s'achevait mieux que l'on n'avait osé l'espérer, lorsque l'affreux incendie d'Yenne, qui détruisit 45 maisons, plongeant dans la misère plus de 50 familles, vint attrister la Savoie (20 décembre au soir). De toutes parts, les secours accoururent, les soldats français de Pierre Châtel, les pompiers de Belley parmi les premiers ; les souscriptions s'ouvrirent, la brigade en tête, avec 577 francs, des quêtes nombreuses, 6.000 francs à Chambéry, à Lyon, l'ordre de Saint-Maurice (1.000 livres), le duc de Gênes envoya de suite 1.000 francs au curé Calloud, la Reine mère 1.700 francs, par l'intermédiaire de Mme de Beaumon, née de Viry, etc., en tout 58.000 francs, dont 14.000 en Piémont et 3.800 en France, soulagèrent bientôt les malheureux incendiés.

L'envoi du calice[1] à l'archevêque de Turin réfugié aux Chartreux de Lyon, la présentation du traité de commerce avec la France, venaient à peine d'augmenter les divisions religieuses et politiques, lorsqu'un évènement inconnu dans toute l'histoire de Chambéry les exaspéra subitement. Le 10 février, la fille Martin, du café de la Liberté, place Saint-Léger, se suicidait avec de l'arsenic ; elle eut pourtant le temps de recevoir un prêtre, aussi les funérailles devaient être religieuses ; mais un règlement archiépiscopal interdisait aux hommes de porter le corps d'une jeune fille. Vainement le vicaire de la cathédrale, l'abbé Cachoud[2], en expliquant le règlement aux hommes qui veulent enlever le cercueil, essaye d'arrêter le scandale préparé d'avance, on ne l'écoute pas, et la bande grossissante, hurlant la *Marseillaise*, criant : Vive Siccardi, à bas la calotte, force les

---

1. La Savoie offrit à Mgr Franzoni le calice, Florence un anneau pastoral, et Turin une magnifique crosse.

2. Curé archiprêtre de La Rochette depuis 1870.

portes de la Métropole. Le vénérable curé Depommier veut, du haut de la chaire, imposer le calme et le respect : il est sifflé. Alors le corps est repris et emporté jusqu'au cimetière, au milieu des cris et des chants de la pire espèce. La garde nationale, tout le long du chemin, tenta inutilement d'apaiser cette hideuse et macabre scène, encore facilitée par l'absence de toute police. L'émoi fut grand dans Chambéry. C'était la première manifestation publique de l'esprit impie ; l'effroi, la tristesse, l'horreur pénétrèrent toutes les classes de la société ; le clergé désolé purifia, le 16, la cathédrale par une solennelle expiation.

La nomination du Piémontais Bianchi, à un des trois postes vacants à la cour d'appel, rencontra un blâme unanime. Le sage *Courrier*, oubliant son ancienne admiration pour le pouvoir absolu, déclarait cette nomination un affront pour la Savoie, rappelant les procédés du bon plaisir qui, jadis, casait ainsi un favori afin de le rappeler peu après à Turin ! Bientôt tous les propriétaires s'émurent à leur tour d'un projet de loi sur le revenu des propriétés (31 mars) ; le malaise général, les finances ruinées, la démocratie protégée par l'Angleterre, ne rêvant qu'à la *terza riscossa*, l'armée toujours sur pied de guerre et les impôts toujours plus lourds ! Une intervention dangereuse, maladroite du gouvernement dans l'enseignement de la théologie, vint encore augmenter les pénibles impressions générales : une lettre du ministre de la justice et des cultes, Gioia, déclarait que l'État ne subventionnerait plus les écoles de théologie ne suivant pas les programmes et les textes de l'Université de Turin[1] et n'agréant pas les inspecteurs

1. En 1852, les évêques protestèrent énergiquement contre le livre du professeur Nuytz de l'Université de Turin ; leur réclamation était si fondée que le ministère céda. Nuytz passa du droit canon au droit romain.

laïques; les évêques refusèrent le 1er juin, et une seconde
fois le 15. On retrouve là, dans cette sotte ingérence des
pouvoirs publics dans une question purement ecclésiastique, les mêmes taquineries absurdes et sectaires revues
de nos jours, dans certains départements où de braves
curés sont privés de leur traitement pour avoir retardé
la première communion d'enfants ignorants ou indisci-
plinés, fils ou filles de francs-maçons, ayant en horreur
l'église et les curés, mais tenant, avant tout, au prestige
indéracinable des cérémonies catholiques !

Les tristes mots de désaffection au Piémont, d'oubli
du passé commençaient à circuler, les inquiétudes religieuses, le poids cruel des impôts, le souvenir d'une
guerre odieuse, inutile et sanglante, la misère croissante,
la crainte du traité de commerce avec la France attris-
taient les plus fidèles de la maison de Savoie. La presse
étrangère s'occupait de l'état des esprits dans le duché.
L'*Armonia* à Turin, le *Courrier de Lyon* osait même
comparer les cruautés reprochées par la presse libérale,
au roi Ferdinand de Naples bombardant Messine et
emprisonnant les Siciliens révoltés, avec le roi de Sardaigne faisant bombarder Gênes par la Marmora et
incarcérer de nombreux Niçois; mais, malheureusement
pour le Piémont, la ressemblance s'arrêtait devant les
fonds publics, la rente du Piémont soutenue pourtant
par Londres et Paris était à 81, la rente napolitaine au
pair !

Oui les Niçois aussi, inquiétés par le ministère et
moins calmes que les Savoyards, avaient vigoureusement
protesté contre l'abandon gouvernemental, contre le
système douanier, contre la suppression certaine de leur
port franc, en se déclarant libres du Piémont auquel les
attachait leur seule donation volontaire de 1388. Cette
adresse signée par Avigdor, Belgrand, Boutau, Carbone,

Gioan, Orselli, escortée de plus de 300 personnes, fut portée au Municipe le 14 mai : quelques heures après, les signataires étaient tous arrêtés. Ainsi à Nice comme en Savoie, le gouvernement s'aliénait peu à peu les hommes d'ordre ; pour soutenir sa politique et ses luttes, il créa à Chambéry la *Gazette officielle de Savoie* (*nel Ducato di Savoia*), sous la direction du Piémontais Corso Ippolito, avec des abonnements à très bas prix (15 francs en ville, 18 francs en Savoie, 1/3 en moins aux communes), afin de rendre la concurrence difficile sinon impossible aux journaux conservateurs.

Les articles mensongers de la nouvelle *Gazette* ne ramenaient ni le numéraire absent, ni l'égalité des traitements judiciaires, ni l'abolition de la loterie, n'obtenaient aucune manufacture d'armes, de tabacs, aucune augmentation de garnison promises jadis aux villes obérées (4.000 hommes à peine[1] dans tout le duché), aucune hâte dans les travaux publics les plus urgents[2], ne trouvaient aucun remède à la nouvelle maladie des raisins, attribuée par les campagnards voisins de Chambéry à l'éclairage au gaz ! Non, l'officielle *Gazette*, comme seul adoucissement aux maux réels de la Savoie annonçait un emprunt de 75 millions conclu avec la maison Hambro de Londres !

Une grande nouvelle vint pourtant détourner pour un moment les inquiétudes générales : l'autorisation donnée à Charles Henfrey, ingénieur anglais, de commencer les études préparatoires d'un chemin de fer en Savoie se raccordant, près de Seyssel, à la ligne projetée entre Lyon

1. A Annecy, un bataillon au lieu d'un régiment.
2. Le 30 octobre, pétition de la commune d'Apremont pour l'enlèvement des éboulis apportés par le torrent du Gaz lors de l'inondation de septembre 1849. — Budget des routes et ponts, 53.000 fr. ; dépenses extra, 80.000 fr.

et Genève. Ce premier projet, regardé comme le salut du duché, arrivait aussi à point après les nombreux accidents des diligences[1] terrifiant, depuis quelque temps, les voyageurs allant en Italie ou aux eaux d'Aix et de Brides[2].

Parmi les voyageurs illustres traversant la Savoie, le duc et la duchesse de Gênes, voyageant cette fois incognito, passèrent à Annecy en mai, se rendant en Saxe. Le couple princier assista à Berlin à l'inauguration de la statue de Frédéric II (1er juin), car le duc sympathisait de plus en plus avec la dynastie militaire des Hohenzollern. LL.. AA. R. revinrent à Moncalieri; quelques mois plus tard, le 20 novembre, naissait leur premier enfant, la princesse Marguerite (la reine actuelle d'Italie), tenue sur les fonts baptismaux par la Reine mère et le prince Jean de Saxe. La famille royale avait aussi un héritier de plus, le prince Charles-Albert, duc de Chablais, né le 12 juin. Par contre, le 21 novembre mourait la princesse de Montléart, grand'mère du roi, et un long deuil de 120 jours allait attrister la Cour pendant l'hiver 1851-52.

Le duc et la duchesse d'Aumale et leurs deux fils venant de Genève, couchèrent à Chambéry le 14 avril. Le duc, après avoir conduit sa famille à Naples, devait repasser à Chambéry le 27 août, où, apprenant le grave incendie des casernes, il n'hésita pas à se mettre lui-même à la chaîne, encourageant tout le monde par son entrain et sa noble simplicité. La saison d'Aix fut brillante: le 29 juin, une grande fête militaire inaugura les deux portraits royaux de Gonin placés, comme aujourd'hui,

1. La diligence brûle en plein jour entre Bramans et Sollières (23 juin 1850). La diligence des Messageries luttant contre celle de Bonafous verse au Pont, août 1851, etc.
2. Le loyer de Brides était alors de 1.200 fr.

au Casino. A minuit, un galop monstre, dit le chemin de fer, joué par deux orchestres, entraîna la joyeuse société en un tourbillon général : les très distingués officiers de chevau-légers d'Alexandrie, au joli uniforme (commandés par le comte Ch. de Savoiroux), avaient alors tous les succès auprès des élégantes étrangères, des Lyonnaises et des Chambériennes, lesquelles, sans hésiter, franchissaient chaque dimanche en voiture les 14 kilomètres de Chambéry à Aix pour se rendre aux bals, si beaux et si fréquentés du Casino ou aux matinées dansantes, la dernière nouveauté mondaine. Un livre amusant *La Vie à Aix*, par Hy-Audiffred, parut alors; ses détails sur l'Aix de 1830 à 1858 sont très curieux pour l'histoire de transformation de cette célèbre station thermale ; certaines de ses transformations ne sont devenues que déformations? Les Lyonnais ont toujours été nombreux à Aix ; le voyage n'était pourtant pas facile, même avec le bateau à vapeur, lancé sur le Rhône par Perret (1839). On partait de Lyon à 4 heures du matin pour s'arrêter le soir à Pierre-Chatel ; comme il n'y avait ni hôtel ni même une auberge, on couchait sur le bateau!! A Aix, la pension Chabert avait les préférences de tous les gourmets, souvent brouillés ou coalisés par les cancans d'une petite vie sédentaire, mais réunis par la neutralité du tapis vert, autour de la roulette et du trente et quarante, sévèrement interdits aux officiers?

A Chambéry, le carnaval fut terne, le théâtre aussi, sauf pendant les représentations du célèbre Ligier, du 2 au 15 octobre, dans *Louis XI, Othello, le Cid*, etc. L'hiver s'annonçait encore plus sombre et dur lorsqu'un supplément de la *Gazette* du 4 décembre vint subitement troubler la lente monotonie des journées neigeuses : une estaffette venait d'apporter de Lyon la nouvelle du Coup d'État du 2 décembre[1] !

1. En mai était mort le brave commandant des pompiers de

Les plaintes si légitimes de la Savoie contre la politique religieuse et financière du gouvernement piémontais vont s'accentuer pendant l'année 1852. Deux nouveaux griefs : le traité de commerce avec la France, la loi sur les taxes locatives et le projet autrement révolutionnaire d'une loi sur le mariage civil augmentèrent l'œuvre sourde, mais déjà puissante, du détachement sinon de l'hostilité ouverte contre le Piémont. La très grande majorité conservatrice de Savoie se laissait prendre comme celle de la France à la constitution autocratique du Prince Président (14 janvier), à ses avances au clergé, à ses excellents rapports avec le Saint-Siège, à ses tendances, déclarées par son entourage ultra-réactionnaires. On s'illusionnait sur l'etoile régénératrice de Napoléon ; toute la presse bien pensante du duché allait, avec une complaisance aussi désintéressée que naïve, raconter la piété, l'assistance exemplaire aux offices religieux, le désir d'être sacré par le Pape, les offrandes, les respectueux entretiens avec les évêques de celui qui, bientôt, doit être Napoléon III. Après ces récits enthousiastes, la comparaison était facile avec la guerre religieuse entreprise sous le bon plaisir royal par les ministres piémontais. A Paris, tout souriait au clergé et l'Église était respectée; à Turin, l'exil et les amendes aux évêques, en attendant les lois de confiscation publiquement annoncées dans les clubs avancés. Qui pouvait alors, en

Chambéry qui avait si vaillamment fait son devoir contre les Voraces, le chevalier d'Humilly de Serraval, né en 1794, élève de Saint-Cyr en 1812, dans la garde impériale de 1812-13, au service royal dès 1816.

Le vieux colonel en retraite de Mouxy de Loches, chevalier des saints Maurice et Lazare depuis 1796, avait enfin reçu la croix de commandeur. Le 31 décembre, le Roi choisit le comte Charles-Félix de Foras, capitaine de la brigade, pour officier d'ordonnance.

Savoie, deviner que ces deux façons de gouverner, en apparence si opposées, tendaient au même but : la ruine du pouvoir temporel des Papes et celle de la domination autrichienne en Italie. Dès que le Prince président fut le maître, les rapports de bon voisinage entre la France et le Piémont s'accentuèrent aussitôt ; le vieux prince de Metternich, dans sa retraite, eut de suite la vision de l'alliance de 1859 et peut-être de ses résultats ? En effet, au bal du théâtre (20 janvier) les officiers français, venus de Grenoble, furent les bienvenus ; le lendemain, le général et les officiers sardes leur offrirent à dîner à l'hôtel de la Poste ; le 7 août la revue fut passée devant le général français Lannes, etc. De même, lors du séjour du Prince président à Lyon, les autorités de Chambéry se transportèrent presque toutes à Lyon à la suite des envoyés du Roi, général de la Marmora, Dabormida et Paleocapa, ministres. Leur voyage fut accidenté[1], mais les uns et les autres revinrent enrubannés de rouge[2] par le prince Napoléon[3].

En échange, on défendait, en Savoie, le pamphlet de V. Hugo, *Napoléon le Petit* ; on expulsait de Nice les réfugiés du 2 décembre ; enfin le 9 décembre, le roi de Sardaigne, oublieux et ambitieux, reconnaissait le nou-

---

1. Les envo[yés] royaux avec le syndic Chapperon, l'intendant Mercier, etc., s'embarquèrent le samedi matin à 9 h. 1/2 sur la *Coquette*. Les grosses eaux les arrêtèrent au pont de Lagnieu ; les uns s'aventurèrent alors sur des barques plates et faillirent sombrer près des Brotteaux ; les autres se placèrent dans les quelques charrettes du village et n'arrivèrent que le lendemain à une heure de l'après-midi.

2. Commandeurs de la Légion d'honneur : La Marmora, Dabormida, Paleocapa ; officiers : les généraux Trotti et Petiti, le comte de Sonnaz, colonel des Chevau-Légers de Montferrat.

3. Le marquis Pampora et de Sambuy allèrent à Grenoble saluer le prince président.

vel empereur des Français, proclamé à Paris le 2, et à
Lyon le 5! Une mesure plus grave pour le duché fut
l'approbation par le Parlement du traité de commerce
avec la France, présenté en mars, fortement combattu
par M. Menabrea. Cavour effrayé de l'effet de ce puissant discours, en repoussa la discussion successivement
du 24 mars au 5 avril et la fit voter, enfin, le 9, par 114
voix contre 23. Les pétitions du commerce savoyard
étaient mises au panier, et l'industrie, l'agriculture, la
viticulture, etc., du duché, ouvert à présent aux produits
français, n'avaient plus qu'à s'éteindre; sans entrer dans
le détail, les gazes si célèbres de Chambéry payaient
32 fr. 50 pour entrer en France, et celles de France
15 fr. pour entrer dans le royaume[1]! A ce désastre,
s'ajoutait la menace du projet des taxes sur les valeurs
locatives, sur les domestiques, les chevaux et voitures.
On voit que les ministres des finances piémontais ou
italiens-unifiés se ressemblent à toutes les époques
pour faire argent de tout! La loi financière fut aussi
adoptée malgré les protestations de plusieurs députés[2]
de Savoie, le 11 juin, par 15 voix contre 37[3]. Après
ce double succès, Cavour attristé alors par la mort de
sa fiancée, Mlle de Pollone, et surtout désireux de laisser
ses successeurs se compromettre[4] avec la loi du mariage

1. La taxe des voitures : 10 à 40 fr., doublée si la voiture est
ornée d'armoiries !

2. Parmi les députés de Savoie, Jacquier et Burnier seuls
approuvèrent le Traité.

3. Le comte d'Aviernoz, dans un très beau discours, montra la
Savoie menacée, dédaignée, délaissée en 1818, de plus en plus favorable à une annexion française. Cavour lui répondit que les seuls
réactionnaires entraînés par le 2 décembre penchaient vers la
France.

4. Les Cavour étaient connus depuis longtemps pour leur habileté à ménager leurs intérêts. Charles-Félix avait refusé une

civil, démissionna. Le 22 mai, un cabinet Massimo-d'Azeglio-Cibrario le remplaça. La loi sur le mariage civil, discutée à la Chambre le 26 juin, fut, de suite, combattue par tout l'épiscopat du royaume. Un bref du cardinal Antonelli à l'archevêque de Chambéry (14 août) appuya encore les protestations; l'illustre Massimo d'Azeglio comprit son erreur et quitta le ministère dont ne voulut pas le comte de Revel[1] (24 octobre). Enfin, après une lettre du Pape au Roi et de nouvelles et menaçantes protestations des évêques de Piémont, le projet de loi fut rejeté au Sénat (20 décembre)[2].

Les autorités, mal à l'aise, tentaient de distraire le public des soucis politiques par les études du railway[3]. On discuta les plans déjà nombreux, revenant à un premier projet datant de 1845, les véritables amis des intérêts de la Savoie prônaient avec raison le tracé le plus court entre Chambéry, Saint-Genis et Lyon, c'est-à-dire le percement de la montagne de l'Épine ; la Chambre de commerce de Lyon était du même avis (8 juillet). Le

charge de cour au père du ministre, le marquis Cavour, vicaire de Turin, en disant : « Non, car il me négocierait ! »

1. Le comte de Revel était au château de Clermont près de sa fiancée, Mlle Clermont de Vars, lorsqu'un courrier du Roi l'appela à Turin. Il s'y rendit aussitôt; mais devant les conditions royales, il refusa le ministère et revint se marier en Savoie (8 novembre).

2. Nous voyons parmi les opposants au mariage civil, en dehors des évêques, le plus illustre de tous, le maréchal de Savoie, comte de la Tour, ainsi que les présidents de la Cour de cassation, Manno, Coller, généraux de Sonnaz, la Marmora, Piccolet, etc.

Le mariage civil ne devait être introduit en Italie qu'en 1866, mais laissant aux époux toute liberté de faire bénir leur union *avant* ou *après* les formalités de la loi.

3. Brochure de l'avocat, M. Parent, sur l'Épine. Projet de Culoz pour la première fois en juin. Projet de 1845 (celui qui aurait dû être fait et était le plus logique) par l'Épine, le lac, Monthel, Saint-Genis, Bourgoin, Lyon. 1re souscription pour le railway de Savoie chez Laffite à Paris, le 23 novembre, projet Reyre par Saint-Genis.

conseil communal de Chambéry (3 décembre) décida
que la ville concourrait pour 3/5 de la garantie du gouvernement, en faveur du seul tracé par l'Épine. Les
plans allaient suivre les plans, les projets, les tracés,
jusqu'au jour malheureux où, pour favoriser des intérêts
privés bien en cour de France, Cavour abandonnera la
Savoie et tous ses droits! En juin l'application de la
grande transformation moderne, le télégraphe électrique,
fut décidée ; un crédit de 270.000 francs ouvert pour la
ligne entre Turin et Chambéry avec les trois stations de
de Suse, Lanslebourg et Saint-Jean.

La munificence du banquier Pillet-Will, originaire de
Montmélian, dotait cette même année la place Saint-
Léger d'une horloge publique réclamée depuis longtemps
et inaugurée le 5 novembre dans sa disgracieuse tourelle
actuelle [1].

La Savoie avait perdu plusieurs de ses enfants, serviteurs fidèles de l'Église ou du Roi : le Président Portier
du Belair, sénateur depuis 1814 et commandeur des
saints Maurice et Lazare (janvier) ; le marquis Erasme
de Ville de Traverney (27 août) ; le vénérable curé de la
Ravoire, l'abbé Labatture [2], ancien carme avant la Révolution, décédé à 95 ans ; le jeune et regretté major de
Fernex, du 2ᵉ régiment de Savoie, mort à Alexandrie à

---

1. La générosité de M. Pillet Will augmentait encore les souscriptions des incendiés de Choudy, près Aix, des Allues en Tarentaise (avril), d'École (novembre) ; les incendies ruinant presque
entièrement de gros villages alors dénués de tout secours étaient,
hélas! de plus en plus fréquents.

2. C'était un ancien Carme déchaussé de Chambéry, né à
Serraval en 1736, arrêté en 1798 à Triviers, chez Mᵐᵉ Favier,
condamné à la déportation avec l'abbé Guillet, enchaîné si durement qu'il en porta, aux bras, les glorieuses cicatrices toute
sa vie.

42 ans; le comte Eugène de Costa[1], le 16 octobre à Mont-gex; à Grésy près d'Aix, le 12 octobre, le docte chanoine Pillet, précepteur des princes de Savoie, né à la Trinité, le 12 septembre 1812, précédemment professeur d'Écriture sainte au grand séminaire de Chambéry, choisi particulièrement par la Reine; mais en butte aux calomnies de la presse libérale, il était très malheureux et très isolé à Turin. Il avait fondé, avec son ami le chanoine de Saint-Sulpice, l'établissement des sourds et muets de Cognin: tout le clergé de Savoie le pleura. La Reine, trop rarement influente, put encore choisir un autre membre du clergé savoisien pour diriger les études de ses fils; ce fut l'abbé Bogey, aussi professeur au grand séminaire. A Châtillon-du-Val-d'Aoste s'était éteint un père capucin très célèbre à Turin pendant le dernier règne, le P. Fulgenzio, confesseur de Charles-Albert: il emporta dans la tombe les secrets de l'âme royale mystérieuse et torturée.

Le 12 juin à Pétersbourg, admiré et respecté du monde entier, le vieux et illustre comte Xavier de Maistre avait achevé une longue (90 ans) et glorieuse existence. Le Roi peu philosophe, le gouvernement hostile, le peuple oublieux laissèrent disparaître sans deuil ce nom lumineux dans l'histoire universelle de la pensée.

Malgré la dureté des temps, les distractions musicales ne chômèrent pas à Chambéry, car les premiers artistes du monde ne dédaignaient pas alors de s'arrêter en Savoie; en mars, les fameux concerts des sœurs Milanollo, violonistes, et le pianiste de Groot: leur succès fut si

---

1. Eugène de Costa, né à la Motte en 1808, fils du marquis Victor de Saint-Genis Beauregard, marié en 1833 à Mlle Passerat de Sylans; leur fille unique épousa en 1855 le marquis César d'Oncieu.

grand qu'ils abandonnèrent aux pauvres de la ville la recette du 3ᵉ et dernier concert. Au théâtre, la bonne troupe d'opéra-comique de l'impresario Fontbonne fit connaître les nouveautés parisiennes, *Giralda*, *le Val d'Andore*, *le Caïd*, *le Toréador et le Songe d'une nuit d'été*. Le joyeux usage des aubades aux nouveaux époux égayait encore les rues paisibles ; en avril, sérénade aux jeunes mariés Bonjean, le populaire, charitable et savant pharmacien de la place Saint-Léger, revenant de son voyage de noce : en juillet, au comte de Boigne et à la comtesse de Boigne, née de Sabran ; leur première visite en ville les conduisit à la fondation familiale de Saint-Benoît. A la cathédrale, on avait entouré de toute la solennité possible les noces d'or du très aimé curé Depommier (6 mai), et le 15 septembre, Mgr Billiet bénissait la première pierre de la salle d'asile dans l'ancien jardin dit de Plagne[1]. Quelques semaines auparavant Rumilly avait fêté l'achèvement de son nouveau collège toujours[2] prospère.

Aix-les-Bains, éclairée, loua cette année le Casino au célèbre impresario français Bias pour 50.000 francs par an ; les étrangers affluaient et la réclame à l'anglaise commençait *ses blagues* ainsi qu'à Nice, dont tous les journaux annoncèrent en automne la prochaine arrivée à Nice des princes anglais et des ducs d'Allemagne (*sic*)[3]. Aux bains de Saint-Gervais, encore bien peu

1. La Reine mère avait donné 2.000 fr. ainsi que des vitraux à l'église de Jacob, dont le grand autel fut offert par la Reine.

2. L'ancien collège occupait la Visitation fondée le 30 novembre 1641 par dom Guérin, évêque de Genève, et dame Claudine de Moussy, marquise de Saint-Maurice, au nom de Madame Royale.

En octobre, les enchères pour l'asile d'aliénés de Bassens, à 460.000 fr.

3. Parmi les célébrités mondaines d'Aix brillait la comtesse de Solm, née Bonaparte-Wyse ; sa liaison avec Eugène Sue, ses

connus, la duchesse d'Orléans et ses deux fils avaient séjourné longuement ; la duchesse et ses enfants vinrent à Aix et à Hautecombe, heureux de se retrouver sur une terre française qui était presque la patrie ! Les jeunes princes de France, le comte de Paris et le duc de Chartres, pleins d'entrain juvénile, chassèrent le chamois dans la vallée de Sixt, accompagnés par l'Intendant Zoppi et MM. Rey, Vidalon, Crettet et Fay de Boege. Le 20 juin, un des auteurs un peu involontaires de 1848, mais d'autant plus coupable que sa seule ambition déçu l'avait poussé aux extrémités, M. Thiers, revenant d'Italie, avait couché à l'hôtel de la Poste ; le 2 décembre allait bientôt lui apprendre l'amertume de l'exil !

1853

Cette année restera mémorable dans les annales de la Savoie. Le 20 janvier, l'intendant Mercier lançait la première dépêche[1] télégraphique au Ministère à Turin, et Mgr Billiet[2] la seconde ; celle de l'intendant disait :

relations avec tous les littérateurs à la mode, sa parenté avec le prince Président, son esprit cultivé, sa merveilleuse beauté, certaines aventures retentissantes en faisaient une des personnalités européennes les plus en vue : Mme de Solm vint en Piémont à l'automne de 1852, le Roi la reçut à Stupinis où, pendant deux heures, disent les bonnes gazettes, le Roi s'est entretenu avec elle sur différents sujets de politique, d'histoire, de littérature ! Victor-Emmanuel, certes, n'était point un soudard, mais l'action lui sembla toujours préférable aux longues causeries inutiles surtout en matière de causerie féminine !

1. Le tarif des dépêches était horriblement coûteux : les 10 mots entre Chambéry et Saint-Jean payaient 4 fr. 92, et 13 la nuit ; avec Turin, 10 fr., 84 et 39 fr. ; à Gênes, 17 fr., 84 et 63 fr. ! En mars, l'ouverture du télégraphe avec Paris, Lyon, et en juin avec Aix.

2. Mgr Billiet écoutant les vœux de la Savoie entière décida l'érection d'une statue de bronze doré en l'honneur de Notre-

« Que cette ligne soit le prélude du chemin désiré entre Turin et Chambéry. » Cette grave question du futur railway, présentée au Parlement en avril, soutenue par le ministre Paleocapa, les députés et sénateurs du duché, fut enfin votée par la Chambre le 14 mai par 84 voix contre 24 et au Sénat par 55 contre 2. La grande nouvelle aussitôt télégraphiée à Chambéry fut fêtée par des sérénades, une illumination générale et des danses au Vernay, éclairé pour la première fois électriquement. Annecy, Saint-Jean et le pauvre Saint-Genis, qui devait attendre son chemin de fer jusqu'en 1882, se réjouirent aussi. Dans la presse de Savoie, de Lyon, de Grenoble, on discutait chaque jour les différents projets de la ligne ; presque tous les journaux, sauf le *Salut public* de Lyon, appuyaient les avantages du tracé Saint-Genis-Lyon, en repoussant le fâcheux projet de Culoz, patronné par les Genevois, le général Dufour et M. Bartholoni. L'emplacement de la gare préoccupa particulièrement les Chambériens ; le Conseil de Ville l'eût désirée à Nezin, ce qui était logique ; mais, dès le principe, les représentants de la nouvelle compagnie dite Victor-Emmanuel décidèrent sa construction sur l'emplacement actuel ; le conseil ayant entendu l'ingénieur Ranco ne fit plus d'objections : on lui avait promis, il est vrai, la traversée en tunnel du rocher du Reclus !

Dès le 7 avril, avant même le vote de la loi, l'émission du V. E., ouverte à Paris chez le banquier Laffite, avait été couverte pour les 50 millions demandés ; puis les ingénieurs arrivèrent à Chambéry : M. Lehaitre qui, en mai, cherchait une maison entière pour l'installation

Dame de Myans, le sanctuaire vénéré et populaire ; c'est en octobre que s'ouvrirent les premières souscriptions arrivant déjà en décembre à plus de 6.000 fr.

des bureaux ; M. Barbier et surtout le célèbre Neumann, le constructeur des railways de Paris au Havre et à Cherbourg. La Savoie était dans la joie, l'attente prolongée de l'ouverture de la ligne et les déceptions du tracé devaient sensiblement la diminuer d'année en années !

Au reste, l'enthousiasme du premier moment dissipé, la Savoie se retrouva aussi inquiète, aussi dépourvue de numéraire et de débouchés. Le parti français augmentait, le *Courrier*, de plus en plus impérialiste et confiant en Napoléon III depuis les fêtes éblouissantes de son mariage, publiait lui-même les causes favorables au développement de l'idée française. La Savoie, sans *aucune augmentation d'impôts* de 1819 à 1848, heureuse et paisible, laissait aux ex-officiers de l'empire et aux rares bourgeois libéraux les regrets et les espérances de la France, le parti français n'existait pas alors ; mais depuis les guerres ruineuses de 1848 et 1849, l'oubli, le complet abandon du gouvernement piémontais, les esprits sérieux, les jeunes ambitions s'habituaient à regarder avec joie vers l'Ouest ! Pour diminuer les plaintes du commerce, on rétablit les foires de Chambéry, si célèbres jadis et supprimées par la Révolution, fixées au 22 février, 2e mardi après Pâques, 11 août, 16 novembre ; leur ouverture fut bien accueillie ; pour augmenter l'affluence des marchands, on autorisa une loterie avec un billet gratis pour chaque marchand de bétail ! Les amis de l'Église, toujours si nombreux en Savoie, voyaient avec joie les progrès rapides[1] de la souscription en faveur de N.-D. de Myans ; aussi l'archevêque créa une commission[2]

---

1. Le Roi avait envoyé 500 francs, la Reine mère autant, la Reine 200 francs, le duc de Gênes 300 francs ; en mai on avait plus de 11.000 francs.

2. Mgr Billiet, le marquis de Costa, baron Alamond, le chanoine Chamousset, le comte de Boigne, l'architecte de la ville

dite de Myans chargée de l'étude des projets de statue : en novembre, elle traita pour 28.000 francs avec le fondeur Louis Rochet (né au Grand-Bornand), qui venait de couler les statues de Fodéré à Saint-Jean-de-Maurienne, et de Guillaume le Conquérant à Falaise.

A Turin même, du 6 au 9 juin, en dépit des attaques et des excitations sectaires, les magnifiques fêtes du 4e centenaire du miracle du Saint-Sacrement amenaient les foules pieuses au sanctuaire du *Corpus Domini* ; le Roi, les Reines, les princes visitèrent en grand gala l'église miraculeuse le 6. L'archevêque de Chambéry, remplaçant l'archevêque de Turin exilé, consacra, le 15 juin, la nouvelle église de Saint-Maxime, et un autre enfant de la Savoie, Mgr Charvaz, archevêque de Gênes (1852), ancien précepteur du Roi et du duc de Gênes, donna la confirmation, le 11, au château de Stupinis, au prince Humbert et à sa sœur la princesse Clotilde qu'il avait lui-même préparés et instruits. Le duc de Gênes et la duchesse manquèrent cette cérémonie familiale, car, depuis mai, ils étaient en Saxe d'où le duc vint saluer Napoléon III à Paris, puis alla à Londres et, par Bruxelles, revint à Dresde assister au mariage de son beau-frère le prince Albert de Saxe[1]. Mais avant de regagner le Piémont, le Duc de plus en plus choyé et attiré à Berlin y retourna le 25 juin. Les deux Reines avec les enfants princiers partirent en juillet pour Savona et la Spezzia ; l'air de la mer semblait fortifiant pour la douce Reine affaiblie par ses couches si répétées et, cette année-là,

Dénarie, le vicaire général Gros, le conseiller Mareschal, Raymond, du *Courrier des Alpes*, et l'abbé Paquet, curé de Myans.

1. Albert, roi de Saxe, né en 1828, frère de la duchesse, marié le 18 juin 1853 à Caroline Wasa, fille de Gustave de Suède et de Louise de Bade, née en 1833, qui avait refusé peu avant la main de Napoléon III ; tous deux règnent actuellement à Dresde.

profondément navrée de la mort de son père, l'archiduc Renier, qu'elle adorait. Le séjour à la Spezzia, dans le simple hôtel de la Croix de Malte, ayant été bienfaisant à la douce Majesté, elle se rendit chez ses parents de Toscane où la Reine mère la rejoignit bientôt auprès du Grand-Duc Léopold II, son frère Victor-Emmanuel avait attendu à Turin son frère et sa belle-sœur; peu de temps après, ils partaient tous ensemble avec le prince de Carignan et l'inséparable Cavour pour se réunir, à la Spezzia, à la royale famille. Embarqués à Gênes sur le *Governolo*, commandé par le capitaine Persano (le nom fatidique de la marine italienne!), ils faillirent tous sombrer en vue des îles Santa-Maria; le Roi lui-même se mit aux pompes, car l'eau emplissait les cales. Avec mille dangers, on parvint à faire transborder les princes sur le *Tripoli* qui les escortait, et ils arrivèrent enfin à la Spezzia au grand soulagement de Cavour peu héroïque en mer. Le *Governolo* mit 34 heures pour gagner Toulon ! Un autre navire sarde, le *Malfitano*, mit *13 jours* pour ramener de malheureux soldats de Sardaigne à Gênes !!!

Le péril immense évité, la presse entière fit campagne contre l'impéritie et l'incurie de la marine, de ses officiers, de sa direction, démontrant aussi sa profonde décadence puisque le Piémont avait, en 1830, 13 bateaux de guerre avec 112 canons; en 1833, 21, dont 6 frégates commandées par le vice-amiral de Viry, et qu'en 1853, 3 frégates à vapeur dont une, le triste *Governolo*, battaient seules pavillon sarde !

Mais revenons en Savoie, affligée par le brusque et inutile changement de l'intendant Mercier, expédié à Casal et remplacé par l'intendant de Novare, Gay de Quarti, ainsi que celui d'Annecy Raimondi, envoyé à Novare, ayant pour successeur l'avocat Salino, arrivant de Sassari. Ce chassé-croisé, fort antipathique à la Savoie, fut imposé au ministère par la majorité avancée et surtout antireligieuse de la Chambre. A Chambéry, M. Mercier fut très regretté. Trois mois après, la grave maladie de Mgr Billiet, qui reçut le viatique le 17 juillet, attrista la vieille cité si respectueusement dévouée à son saint archevêque. La robuste santé du vieux et intrépide prélat domina heureusement cette crise, et, bientôt debout pour la lutte, il réunissait autour de lui ses suffragants afin de rédiger la protestation collective des évêques de Savoie contre le projet de loi enlevant aux clercs l'exemption militaire.

Les paisibles et honnêtes Chambériens avaient encore d'autres ennuis ; ils réclamaient inutilement le transfert du tir à la cible installé aux Charmettes dans l'ancienne propriété du président Favre, près du bois de Conzier, retraite trop favorable, paraît-il, pour les romans faciles des soldats et des grisettes ! Ce bois si bien consacré à Mars et à Vénus n'existe plus ; mais le tir à la cible assourdit plus que jamais tout le voisinage. Sans doute pour compléter les arrangements et les rendez-vous du bois de Conzier, la Ville autorisa, cette même année, l'installation dans le quartier Sainte-Claire, de certaines maisons hospitalières aux militaires et aux civils, jusqu'alors inconnues en Savoie. Ce fut un tolle général et énergique ; mais contre les institutions gouvernementales, que peuvent de prudes et pacifiques protestataires ? Au Théâtre-Royal, *la Dame aux Camélias*, de Dumas, interprétée par Mlle Dupuy, avait aussi effarouché les spectateurs habitués aux joyeux vaudevilles, aux drames à panache ou aux comédies sans thèse de Scribe. A Aix [1], la première apparition de *Sivori* fut un triomphe ; ses

1. A Aix, nouveau traité avec Bias pour 20 ans, dépenses à sa charge 800.000 francs et après les 20 ans, le Casino, ainsi transformé, devait revenir à l'administration des Eaux.

acrobaties musicales, alors très à la mode, *la prière de Moïse*, jouée sur la quatrième corde tout comme Paganini, ravissaient au ciel les dilettanti amateurs de traits compliqués ou de roulades en fusée. La grave maladie (une pleurésie) de la reine Marie-Amélie, arrêtée à Genève, à l'hôtel de l'Écu, ramena en Savoie presque toute la famille d'Orléans : le duc d'Aumale, les Joinville, la duchesse d'Orléans et ses enfants ; après le rétablissement de l'aïeule vénérée, la Duchesse et les jeunes princes revinrent à Chambéry (au Petit-Paris), montèrent au Bout du Monde et repartirent pour Turin, Gênes et l'Espagne. Sur les conseils de l'Empereur, le Roi, par le coup d'État du 21 novembre, déclara la Chambre dissoute, et les élections fixées au 8 décembre. Les bruits d'alliance intime avec la France se répandaient dans le royaume, à la Cour, autour du Roi ; mais loin des deux Reines, on osait déjà parler du mariage de la princesse Clotilde, âgée de 11 ans, avec le prince Napoléon qui en avait plus de 30 !

Les préparatifs secrets du Kulturkampf s'élaboraient au ministère ; une circulaire en novembre vint inquiéter les couvents abritant des moines étrangers ; en décembre, l'épuration, prélude habituel des rigueurs sectaires, s'épanouit pour la première fois en Savoie. Un décret royal nommait le comte Greffyé, conseiller à la cour de Chambéry, conseiller à celle de Gênes ; le comte Greffyé refusa et fut aussitôt dispensé de service ultérieur. Le Roi répara pourtant cette criante injustice quelques années plus tard en renommant le comte Greffyé conseiller à Chambéry avec la jouissance de ses droits d'ancienneté (3 décembre 1859) [1].

1. Autres événements de 1853 :
Inauguration à Notre-Dame des nouvelles orgues de Beaucourt, de Lyon.

1851

Le 31 décembre, dans le val d'Aoste, les paysans surexcités par la misère, les lourds impôts, entraînés par les meneurs mystérieux se révoltèrent, emprisonnant les autorités, pillant quelques caisses ; l'intervention de Mgr Jourdain, évêque d'Aoste, et du comte Crotti de Castiglione apaisa facilement ces braves montagnards. La presse radicale accusa aussitôt le clergé valdotain ; le ministère, qui savait tout, fit arrêter plusieurs curés absolument innocents ; on les incarcéra avec des malfaiteurs, dans d'odieuses prisons, où on les oublia pendant de longs mois. Après une lente instruction, malgré le désir d'une condamnation, les pauvres curés furent reconnus innocents, et renvoyés à leurs ouailles qui les accueillirent en triomphe ; mais le coup avait réussi et l'opinion publique préparée aux nouvelles lois sur la magistrature, contre les attaques à la religion et l'adoucissement des peines judiciaires, présentées en janvier au Parlement. En échange de l'abolition du carcan et de l'amende honorable, cette loi tentatrice offrait aux radicaux un article séduisant punissant, de 3 mois à 2 ans ou de 6 à 3 ans et d'amende variées jusqu'à 2.000 livres, les ministres des cultes censurant en public par paroles ou écrits les lois de l'État ! Cet article 2 était trop bien trouvé pour ne pas réunir la majorité ministérielle aux radicaux de la Chambre ; malgré de fort nobles discours des députés savoisiens de Costa, de Viry, Menabrea,

Le chevalier de Barral, secrétaire d'ambassade à Paris, créé comte (juin 1833).

Le 18 mars, pendaison du Pansorosa et Merlo, les assassins de Pierre-Bénite, près Lyon. Le 25 août, à Moutiers, exécution du fratricide Gervais Baudin.

Bref du Pape à l'évêque de Saluces (6 septembre) réduisant les fêtes.

Despine, Montgellaz, la loi fut votée le 11 juin par
113 contre 30. Quatre élus de Savoie, MM. Carquet,
Ginet, Lachenal et Louaraz votèrent avec la majorité.
Ces nouvelles et inquiétantes tracasseries, les impôts, la
misère de plus en plus grande, en dépit d'heureuses
récoltes, les études presque arrêtées du chemin de fer,
les articles enflammés[1] des journaux conservateurs, les
récits des voyageurs éblouis par les splendeurs impériales, par la prospérité générale des départements français ébranlaient de plus en plus le vieil attachement de
la Savoie pour ses souverains : le prestige de la France
grandissait !

Le dédain officiel envers les Savoisiens habilement
constaté par les journaux démontrant au public avec
quelle désinvolture le gouvernement central dédaignait
les talents et les intelligences du pays. En effet, en
Savoie, les évêques et les magistrats, déjà menacés par
l'épuration, étaient seuls du pays ; parmi les intendants,
5 Piémontais ; dans l'héroïque brigade, déjà 14 officiers
Piémontais et 4 docteurs sur 6. Au Sénat du royaume,
7 Savoisiens sur 94 ; à la Cour de Cassation, 2 sur 18 ;
aux ministères, aucun Savoisien ; dans leurs bureaux,
quelques-uns aux petits emplois ; au Conseil d'État, 3
sur 36 membres ; enfin, dans l'armée toujours raffermie,
souvent sauvée par le courage têtu des Savoyards,
1 général, 1 colonel et 4 majors ; la pauvre Savoie est
bien l'Irlande du Piémont ! La Presse conservatrice :
Courrier des Alpes, *l'Écho du Mont-Blanc*, *Le Bon Sens*,
la feuille avancée *Le Patriote Savoisien* dont le directeur
Luyrand venait d'être expulsé sur le désir du gouvernement français, découvraient de plus en plus les mi-

1. L'empereur des Français est l'élu de la Providence et destiné par Elle à châtier partout les révolutions et les adversaires
du catholicisme ! Article du *Courrier des Alpes* de février.

sères du duché, bien peu adoucies par les secours officiels, distributions de pains, de soupes, etc. Les impôts rentraient si mal et si lentement que le percepteur de la Ville, Gaudiez, fut contraint d'opérer *manu militari* ses versements au Trésor ! Les caisses principales ayant été depuis longtemps vidées, un nouvel emprunt de 35 millions s'imposait ; Chambéry y souscrivit pour 11.000 fr. de rentes et Annecy pour 12.000. Enfin, après tant de mois d'attente, les valets de ville affichèrent les adjudications pour les gares : 800.000 francs à Chambéry, 150.000 à Aix, etc. ; les actionnaires du V. E., réunis à Paris en mai, s'étonnaient peut-être moins que les Chambériens de voir la direction coûtant déjà 107.000 fr. de frais personnels, dont 72.000 pour le Conseil d'administration ? ces sommes, presque ridicules à notre époque d'énormes traitements et de sinécures, semblaient démesurées aux Savoisiens inhabitués au grand coulage des entreprises industrielles[1]. Le 6 août, à Tresserve, Mgr Billiet bénit les premiers travaux du railway ; la fête fut très brillante et un banquet de 102 couverts la clôtura : certains bruits étranges circulèrent pendant la cérémonie ; les ministériels ne disaient ni oui ni non ; les simples mortels effarés refusant d'y ajouter foi, le Piémont qui devait tant à la Russie allait, disait-on, lui déclarer la guerre en unissant ses troupes à celles de la France et de l'Angleterre ! Si cette nouvelle et extravagante alliance n'était pas encore officielle, les rigueurs gouvernementales contre l'Église s'accentuèrent, les

---

1. En juillet arrivèrent les premières voitures dites anglaises pouvant se mettre sur les wagons et continuer ensuite sur les routes du Mont-Cenis. En octobre, la Compagnie V. E. traita avec les célèbres constructeurs Cokerill de Seraing, pour la fabrication des locomotives, et avec les frères Froissard, de Lyon, pour les wagons ; en décembre, les terrassements de la Boisse firent retrouver des squelettes de soldats français tués là en 1795.

Pères Chartreux de Collegno, près Turin, avaient été expulsés en août et recueillis chez le maréchal de la Tour. Le 28 novembre, le ministère déposa le projet de la loi sur la suppression des couvents et ordres religieux, leurs biens devant se partager entre l'État sous le nom de caisse ecclésiastique (jolie trouvaille) et les héritiers des fondateurs. De ce chef, disaient certains malicieux, Cavour retrouvait 10.000 francs de rentes. Quelques jours après, l'ambassadeur du Roi à Rome, le comte Pralormo, envoyait sa démission : il devait être le dernier représentant auprès du Saint-Siège de la pieuse et jusqu'alors fidèle maison de Savoie [1].

Malgré la pénurie générale, les Chambériens, toujours charitables, aidèrent par deux loteries rémunératrices l'œuvre si méritoire du Bon Pasteur et la souscription en faveur de Notre-Dame de Myans [2]. Les Reines, étroitement surveillées par le nouvel entourage royal, en échange de l'argent que la parcimonie ministérielle leur mesurait de plus en plus, envoyèrent à ces deux loteries des broderies de leurs mains royales : le comte Pillet-Will gagna le tapis brodé par la Reine, et Mme de Boigne veuve, le coussin de la Reine mère. Pour celle de Myans, la coupe du Japon offerte par le Roi appartint à M. L. Blanc ; le coussin de la Reine au marquis de la Chambre ; le déjeuner en vermeil de la Reine mère au marquis de Ville de Travernay et le petit coussin brodé par les doigts enfantins de la princesse Clotilde à M. Rousseau. En

---

1. La population des villes de Savoie en 1854 : Chambéry, 16.000 habitants ; Annecy, 8.500 ; Saint-Jean, 3.000, Thonon, 4.500 ; Bonneville, 2.200 ; Moutiers, 2.180 ; Alberville, 3.800 ; Aix, 3.850 ; Albens, 1.700 ; Saint-Pierre-d'Albigny, 3.400 ; Yenne, 3.340 ; Rumilly, 4.350 ; le bourg Saint-Maurice 3.352 ; on voit, par ces chiffres, que la population des villes et bourgs du duché a peu changé depuis 40 ans.

2. En octobre, 28.887 francs.

dépit de tous les sombres pronostics, la Savoie sachant son Roi encore auprès de la bienfaisante influence de la Reine sa mère, et sensible, malgré bien des torts, aux prières de la douce Reine, espérait toujours ; aussi la dépêche de Rome annonçant au monde que le 8 décembre, le Pape Pie IX avait promulgué le matin même dans Saint-Pierre le dogme de l'Immaculée Conception, attendu depuis des siècles, réunit Chambéry et le duché dans la même joie et les plus merveilleuses illuminations et réjouissances ! Dans l'inconnu de l'année commençante, les grandes ombres funèbres, grandissantes déjà, montaient vers la royale Superga ! [1]

[1]. Autres événements de 1854 :

Le 6 février, à 5 h. 1/2 du matin, naquit à Turin Thomas de Savoie, fils du duc et de la duchesse de Gênes ; il fut baptisé par Mgr Charvaz, archevêque de Gênes, ayant pour parrain et marraine le Roi et la Reine.

La Savoie perdit, en 1854, le doyen de ses notaires, Pierre Mareschal, né en 1772, notaire depuis 1705 ; l'avocat C. Raymond, célèbre directeur du *Courrier des Alpes*, adversaire implacable et redouté des projets ministériels et italiens. Le 4 mai, le vénérable chanoine Christ, curé de la Métropole. Le 22 juin, Gaspard, Sébastien Brunet, né à Chambéry en 1788, fils de l'avocat Brunet et de Marie Pointet, sous-préfet français en 1814, vice-intendant, intendant de Faucigny, de Voghera, intendant général de Gênes, de l'Azienda, retraité en 1848, commandeur des saints Maurice et Lazare, créé comte par patentes de 1854, député de Chambéry. Marié en 1832 à Mlle Menabrea, fille de M. Menabrea et de Mlle Pillet, sœur du général Menabrea, ancien ambassadeur en France. La comtesse Brunet, célèbre en Savoie par sa bonne grâce, son esprit genre xviiie siècle, sa bonté envers la jeunesse, mourut fort âgée à Chambéry 1885.

Un journal genevois décrivait alors le nouveau mousquet prussien Zundnadelgerwehr où une aiguille d'acier perce le papier et met le feu à une cartouche à balle conique !

29 décembre, tremblement de terre assez fort à Nice, moins terrible en ses ruines que celui du 27 février 1887.

1855

Une nouvelle protestation de l'infatigable épiscopat de Savoie contre la loi sur les couvents (2 janvier), publiant aussi l'extrême bonne volonté du souverain Pontife[1] en cette question épineuse, vint dévoiler une fois de plus les grandes lignes du plan radical définitivement adopté par le Roi. En effet, le discours royal du 1er janvier, tout en paraissant oublier la question religieuse, annonçait aux députés l'obligation politique pour le Piémont de joindre ses armes à celles de la France et de l'Angleterre. Dans le royaume, en Savoie, la parole royale ne convainquit personne de la nécessité d'une nouvelle guerre en faveur des Turcs! Les finances épuisées, la misère générale semblait devoir précédemment retenir le ministère. Quelques fidèles de la Cour, les amis de Cavour, quelques sénateurs et députés pouvaient alors seuls comprendre et approuver cette triple alliance, prélude d'une autre union déjà décidée, mais inquiétée par le prestige encore intact du czar Nicolas et la fidélité de ses deux vieux alliés d'Autriche et de Prusse. Il fallait abattre le premier en le séparant des deux autres; la diplomatie perfide de lord Palmerston, l'impulseur de la maçonnerie universelle, aidé de la connivence troublée de Napoléon III et des erreurs diplomatiques de l'Autriche en deuil de son grand ministre, le prince de Schwarzemberg devait atteindre ce but si préjudiciable à la France.

1. L'archevêque de Gênes, les évêques d'Annecy et de Saint-Jean rapportaient de Rome d'excellentes paroles de Pie IX, se déclarant prêt à aider le Roi dans la réorganisation de ses finances comme ses illustres prédécesseurs les papes Pie VI et Pie VII avaient secouru les finances piémontaises en accordant aux rois Charles-Emmanuel IV, Victor-Amédée III et Victor-Emmanuel Ier pour plus de 40 millions de biens d'Église, de 1782 à 1815.

Les préparatifs de cette bizarre expédition en Crimée occupaient donc tous les esprits, lorsque le 8 janvier, à Turin, d'abord, à Chambéry ensuite, on apprit la maladie de la Reine mère atteinte d'une pleurésie, et le 9, les couches de la Reine et la naissance de son septième enfant, le prince Victor-Emmanuel, titré duc de Genevois[1] et baptisé presque aussitôt par Mgr Charvaz. Il y eut même *Te Deum* à Saint-Jean devant le Roi, confiant dans la santé robuste de sa mère et trompé par les premières heures paisibles de la Reine à peine respirante après les longues douleurs de ses couches. Semblables aux oiseaux funèbres, les nouvelles lugubres en vol sinistre descendirent sur la Savoie. Le 10, la Reine mère était administrée ; le 12, elle mourait à midi, et le 16, les funérailles royales déployaient leurs tristesses, de Saint-Jean jusqu'au Panthéon royal de la Superga. Le 12, tandis que la Reine mère agonisait, la pauvre Reine était au plus mal et le duc de Gênes chancelait sous les attaques d'un mal incurable. Le Roi, lui-même, malgré son énergie habituelle, terrassé par ses émotions successives, devait se faire saigner. Le château, la Cour de Turin, Chambéry affolés, désespérés ; les églises étaient pleines ; à la Métropole, dès le 16, un Triduum solennel réunissait toute la population en d'unanimes supplications pour la santé de l'Ange de la Savoie ! Hélas ! le 22, après un mieux passager mais sans espoir, Marie-Adélaïde d'Autriche, reine de Sardaigne, quittant les grandeurs et les tristesses terrestres, entrait, radieuse, dans la gloire et la lumière de la paix éternelle.

La veille de la mort de la Reine, le duc de Gênes avait été administré, les princes et les princesses furent transportés à Moncalieri et le Roi se retira chez le

---

1. Mort le 4 mai de la même année.

prince de Carignan. Les obsèques royales à peine achevées, on sut que tout espoir de sauver le frère du Roi était abandonné. Le célèbre professeur de Pavie, Dr Fantonetti, mandé à Turin, avait lui-même reconnu les implacables cruautés de la phtysie ; le 9 février, à 10 heures du soir, Ferdinand de Savoie, duc de Gênes, expirait à 33 ans. A Chambéry, le désespoir fut immense, les Reines étaient adorées, le Duc fort populaire ; l'on sentait aussi que dorénavant, aucune salutaire influence, aucun conseil hardi ne s'interposerait plus entre le Roi et ses ministres. Les services funèbres se succédèrent à la Métropole ; le 25, pour la Reine mère ; le 28, pour la Reine dont l'oraison funèbre fut prononcée par l'abbé Delacquis, et le 14, pour le duc de Gênes [1].

Après ces trois morts aussi rapprochées que promptes, l'habituelle crédulité populaire devait chercher et accepter les bruits criminels d'empoisonnement ; à Turin et en Piémont, mieux au courant des tristesses et des rivalités de la Cour, l'imputation malfaisante, calomnieuse, accabla le comte de Cavour que le duc de Gênes n'aimait point et dont la Reine mère était la dangereuse et hautaine adversaire. En Savoie, par suite de manœuvres aussi perfides qu'invraisemblables, on accusa les Jésuites !!! influence du *Juif Errant*, d'Eugène Sue, et ignorance absurde ! Dans les campagnes, ce soupçon devait subsister longtemps.

La Reine mère, Marie-Thérèse d'Autriche-Toscane, bientôt délaissée par son glacial mais voluptueux époux, le Roi Charles-Albert, s'était consolée avec ses deux fils, Victor-Emmanuel et Ferdinand. L'aîné échappa bien jeune à son autorité maternelle ; le second, blond et doux, lui fut plus longtemps fidèle. Mais si Victor-Em-

1. A Turin, l'oraison funèbre de la Reine fut prononcée par l'illustre savoisien, Mgr Charvaz, archevêque de Gênes.

manuel, célibataire ou marié, répondit avec entrain aux appels de son fougueux tempérament, l'influence de sa mère sur son esprit contrebalança parfois les conseils de Cavour et des autres ministres ; devant la Reine mère, à la voix forte et énergique, le Roi redevenait souvent le fils intimidé d'autrefois. La plus complète union avec son frère aida toujours le Roi dans les années terribles de crise nationale ; mais le duc de Gênes, sensiblement plus attaché aux anciens souvenirs de sa maison, impressionné par ses relations fréquentes avec les rois de Saxe et de Prusse, supportait plus qu'il n'agréait l'alliance intime avec Napoléon III et les exagérations de mauvais voisinage contre l'Autriche.

La Reine-Archiduchesse ne s'était jamais occupée de politique ; en 1848, lorsque l'émeute chassa de Milan son père et sa mère, pendant la durée de la guerre, lors des premiers succès piémontais comme après l'écrasement final de Novare, son pardon avait été aux émeutiers, comme ses prières et sa charité aux morts et aux blessés des armées rivales. Son admirable patience ne s'était pas plus démentie en face des infidélités conjugales que devant les mesquineries imposées sous prétexte d'économies par le ministre tout-puissant dont le regard, d'ordinaire si arrogant, se baissait devant la majesté pure et sereine de la Reine. Affaiblie par des couches trop fréquentes, Marie-Adélaïde, un peu reléguée dans les tristes séjours de Stupinis ou de Moncalieri, vivait pour et par ses enfants qu'elle instruisait, qu'elle soignait elle-même, donnant à ses Dames et à son peuple les meilleurs exemples de bonté résignée et de haute direction maternelle. Sa piété sévère pour elle-même lui aidait à pardonner les oublis injurieux venant jusque dans ses demeures affliger ses sentiments d'épouse aimante et chrétienne. Seule, sa charité inépuisable souffrit des économies tracassières de Cavour. Le train de sa Cour diminué, ses dépenses personnelles surveillées lui furent de peu de souci ; mais son impuissance en face de la misère assombrit cruellement ses dernières années.

Enjouée et spirituelle, musicienne et artiste, fine et délicieuse, Marie-Adélaïde fut une douloureuse et une sacrifiée. Le Roi, son époux et son cousin, robuste chasseur, fort cavalier, soldat plein d'ardeur, superbement intelligent, mais peu délicat, endolorit l'idéale souveraine, lui préférant les fleurs des Alpes au parfum sauvage, les opulentes beautés de Florence et de Naples ou les grâces brunes de Rosina Vercellone, la future comtesse de Mirafiori[1] !

Voici quelques appréciations contemporaines sur la Reine Marie-Adélaïde. Humble, gracieuse, bonne, parlant et écrivant trois langues admirablement, d'un esprit distingué et affable, le sourire de la bonté et de l'innocence sur les lèvres, on pourrait la prendre pour un être idéal si elle n'était quelque chose de mieux, une réalité. (*Lettre du professeur Ambrosoli de Milan.*)

Insensible à la calomnie, elle n'ajoutait point foi aux malignes insinuations que l'on pouvait faire contre qui que ce soit et étant elle-même incapable de penser à faire le mal, elle ne pouvait le supposer des autres. (*Lettre de la comtesse C.*)

La Reine avait le plus admirable respect et attachement pour ses parents, écrivant chaque jour à sa mère ; voici ses lignes après son arrivée tardive à Botzen auprès de son père mourant, l'archiduc Renier :

1. Rosa Vercellone, dite la belle Rosine, simple fille du peuple, née en 1833, titrée comtesse Mirafiori e Fontanafredda en 1859, épousée morganatiquement par le roi Victor-Emmanuel II en 1869, veuve en 1878, morte en 1885, leurs enfants titrés aussi comtes et comtesses Mirafiori.

« Mon ange de père est mort comme un saint, comme il avait vécu. Quelle est belle la mort du juste! Il n'y a rien d'amer dans nos regrets sauf pour nous. L'idée du bonheur de mon père est consolante. Je dis qu'il faut aimer ceux que nous aimons pour eux et non pour nous. » (*Lettre* à *la marquise Scotti.*)

La Reine à son lit de mort n'eut pas la joie suprême de revoir sa mère alors à Prague et prévenue trop tard.

La Reine était un ange de bonté, de vertu et de beauté; s'il manquait quelque chose à la régularité de ses traits, elle était le type de la grâce la plus séduisante et de la distinction la plus parfaite. La douceur de son regard et de son sourire était inexprimable, elle séduisait par sa présence, elle ravissait par un mot, par un regard. Il y avait en elle la majesté d'une reine et la grâce d'une femme charmante, jointe à quelque chose de si angélique et de si pur qu'elle inspirait à la fois l'amour et le respect. La bonté se lisait dans l'expression de sa physionomie, jamais elle n'eut à dire un mot ni dur ni sévère.

Épouse fidèle, indulgente, elle resta étrangère à toute intrigue politique, tout à ses enfants dont elle dirigea les études, les préparant à leur première communion, les soignant avec un dévouement infini, veillant pendant deux mois le pauvre petit duc de Chablais.

La Reine, cruellement éprouvée par les événements de 1848-49, mettant aux prises le Roi son époux contre son père, ses frères; sa nouvelle patrie contre l'Autriche, s'était soutenue en ces tristes jours par la lecture assidue du livre de prières donné par son père. Sur la marge, on peut y lire encore à côté de la date de la déclaration de guerre, ces mots de sa main : « Seigneur que votre sainte volonté soit faite! » Sans se dérober à ses obligations de souveraine, aux fêtes, aux bals, aux réceptions, Marie-Adélaïde, indulgente pour tous, fut toujours sévère

et exacte pour elle-même dans ses devoirs pieux.
Chaque matin, elle entendait la messe, communiant aussi
quotidiennement pendant les deux dernières années de
sa vie mélancolique, jeûnant trois fois par semaine ; mais
sa modestie délicate, désireuse de ne donner aucune
leçon à son entourage, faisait servir la table royale à
l'accoutumé ; elle seule, la douce Reine, ne touchait qu'au
pain et aux fruits. Lors de sa dernière et huitième grossesse, les docteurs, très effrayés, obligèrent la Reine
déjà si faible à garder le lit ; Marie-Adélaïde se soumit,
ne se levant que deux heures par jour pour ouïr la messe
et méditer à ce départ lointain, mystérieux, que son
âme vaillante pressentait sans aucun effroi ; son incomparable tendresse pour ses enfants était seule angoissée
par la crainte du dangereux abandon où ils allaient pleurer !

La charité royale diminuée, espionnée par le ministère,
s'ingéniait par ses travaux à l'aiguille, par ses privations
à consoler les malheureux dont toutes les suppliques
même écrites sur de vieux papiers lui étaient, par son
ordre, fidèlement remises. A la marquise d'Arvillard,
une de ses dames d'honneur alors à Paris, la belle Reine
oublieuse d'elle-même, écrivait ces adorables lignes :
« Réflexion faite, chère et bonne marquise, je renonce
aux jolies robes que je vous ai priée d'empletter pour
moi. J'ai encore bien des suppliques qui attendent et
tant de pauvres à secourir, je veux d'abord penser à
eux !... »

Aussi le peuple de Turin, dans sa fidélité attendrie
pleurant et priant sur le passage du cortège funèbre de
la Reine, disait déjà : « Sainte Adélaïde, faites que nos
maux cessent, soyez notre ange consolateur. Mère bien-
aimée, ne nous oubliez pas du haut des cieux ! » Et de
Saint-Jean à la Superga, les mêmes acclamations pieuses,

les mêmes prières désespérées, les mêmes vénérations populaires, les plus sincères comme les plus précieuses, retentissant le long des rues, des places, des quais, sur les pentes boisées de la colline funèbre, auréolaient d'amour, de tendres regrets et d'espoir renaissant la dépouille mortelle, mais déjà triomphante, de la mort, de Marie-Adélaïde, la Reine inoubliable et toujours vénérée.

Le Roi désormais seul, le ministre Cavour ne redoutant plus aucune intervention, allait dorénavant suivre sans hésitation ni contradiction la route choisie par les ambitions royales et les préférences habiles du ministre piémontais. En février, Cavour présente au Parlement le traité par lequel le Piémont accédant à l'alliance franco-anglaise du 10 avril 1854 contre la Russie, envoyait 15.000 hommes en Crimée ; en échange, les deux grandes puissances garantissaient l'intégralité nationale durant la guerre. Le Parlement qui ne discutait plus les plans de Cavour vota l'expédition par 95 voix contre 64 ; le manifeste de guerre à la Russie dédaigneuse et ironique, fut lancé le 4 mars et le corps d'armée sarde aussitôt organisé [1]. Le capitaine Asinari de Sans-Marzano fut envoyé auprès du général Canrobert ; le général de la Marmora, nommé commandant en chef en Crimée, s'embarqua à Gênes le 28 mars [2].

L'expédition en Crimée organisée, expédiée, celle

1. Les régiments de la brigade de Savoie fournirent les officiers de Chissé, Geny, de Chevilly, Dossan, Laracine, de Coucy, de Foras, de Loche, Peyssaud, Martin, Dubois, Arnaud, Vandiol, Rossi, Rizzetti, Bacon, Henriquet de Valperga, Comte, Fleury, Lacoste, Guillelmont, Prout, Biesta, Dufourd.

2. François de Chissé de Pollinge, né en 1821, fils de Jules de Chissé, lieutenant-colonel de la brigade, et de Jeanne de Saint-Sixt, capitaine dans la brigade, marié en 1853 à Mme Leo, tué à Balaklava le 28 août 1855.

contre les couvents devait s'achever non moins héroïquement. La discussion de cette loi néfaste et injuste
fut longue; au Sénat, le maréchal de Savoie, comte de
la Tour, le marquis Cavour, frère du ministre, l'archevêque[1] de Chambéry, l'évêque de Casal, Mgr de Colla-
biano[2] défendirent tour à tour les couvents, les
fondations pieuses et charitables. Cavour, un moment
embarrassé par l'offre d'une transaction équitable faite
par l'évêque de Casal au nom du Pape, joua la comédie
de la démission si souvent pratiquée par les ministres
autoritaires en face d'une majorité indécise. Son jeu de
scène ayant réussi et son collègue des Ambrois ayant un
peu amendé la loi, le Sénat l'accepta par 53 contre 42
voix. Dès le 29 mai, la loi des couvents avec la liste des
ordres atteints était promulguée et les exécutions
brutales que nous avons revues en 1880, en France,
commencèrent dans toutes les provinces du royaume;
les monastères de femmes épargnés par la République
Française en 1880 n'obtinrent même pas grâce devant
les ministres du Roi galantuomo!

A Chambéry, le 21 juillet à 5 heures du matin, l'avo-

1. Mgr Billiet, avec sa haute compétence historique, rappela au
Sénat les brefs de Pie VII du 11 août 1815, autorisant la vente en
Piémont de 20 millions de biens ecclésiastiques, et les autres brefs
des papes de 1780 à 1820 remettant aux rois de Sardaigne
pour plus de 114 millions de biens.

2. Au nom de l'épiscopat tout entier, approuvé par le Saint
Siège, Mgr de Casal, en échange du retrait de la loi, offrait au
gouvernement de prendre à la charge de l'épiscopat du royaume
les 928,000 fr. des congrues dues au clergé; la vente des biens
monastiques ne devant jamais produire un revenu aussi élevé,
cette offre, onéreuse pour les évêques et profitable à l'État, aurait
tout arrangé. Le Sénat le comprenait, mais les sectes s'y oppo-
sèrent, et Cavour, pour conserver leur appui, repoussa cette transaction, et le Roi, entraîné, influença même certains sénateurs afin
d'obtenir cette faible majorité de 11 voix.

cat fiscal Dubouloz et l'insinuateur Tissot firent frac-
turer la porte des Pères Capucins[1] ; le 24, les mêmes
exécuteurs, enfonçant six portes, pénètrent chez les
Carmélites qui ne daignèrent même pas interrompre
leur office, tandis que les magistrats un peu interloqués
rédigeaient l'inventaire général de leur pauvreté. Enfin
le 28, le juge de paix d'Aix, Buisson, les huissiers
Domenge et Cuisin, l'insinuateur d'Yenne Buffa arrivent
au seuil royal du monastère familial d'Hautecombe :
quatre portes brisées, dix-sept serrures forcées, un inventaire complet même des appartements réservés au Roi,
illustrèrent ces envoyés du ministère que les protestations indignées du père abbé dom Prarsone, et de l'administrateur, pour le roi, dom Bovagnet, n'arrêtèrent en
rien. Cette nouvelle violation du Panthéon royal navra
toute la Savoie, Hautecombe racheté, restauré par le
bon roi Charles-Félix, recommandé spécialement par
son testament et par celui de la reine Marie-Christine
aux soins et aux générosités de leurs successeurs, Hautecombe arraché aux pieux gardiens des tombeaux de
Savoie et fermé comme un mauvais lieu[2].

Les Pères de l'abbaye n'avaient pas été peu surpris
de voir le sénateur baron Jacquemoud, défenseur des
biens temporels d'Hautecombe depuis 1828, voter au
Sénat, en faveur de cette loi inique ; ils préparèrent une

1. A la Roche, chez les Capucins, le 28 juillet ; à Yenne, le
1er août ; à Nice, idem ; au Pont-de-Beauvoisin, chez les Augus-
tines, par le juge Louis, et prise de possession de leurs biens le
14 novembre par l'insinuateur Blad, etc.

2. Donation de Charles-Félix, 7 août 1826 ; testament du même
roi, 5 mars 1825 ; testament de Marie-Christine, 24 février 1840,
ajoutant 6.000 fr. de revenu afin de porter le nombre des prêtres
de 6 à 12 et donnant sa villa de Turin à Victor-Emmanuel dans
l'espoir qu'il fera prendre soin de ce saint lieu (Hautecombe), si
intéressant pour l'auguste famille de Savoie.

protestation au Roi appuyée sur les donations et testaments royaux, et, dans leur tristesse, entourèrent de leur sympathie reconnaissante le juge Naz, et son fils, juge suppléant, et le lieutenant juge Revil révoqués par le gouvernement pour n'avoir pas voulu devenir de pitoyables crocheteurs de portes!

Le sort des Dames du Sacré-Cœur restait indécis; un avertissement ministériel les menaça pourtant de contraventions si elles ne se présentaient pas aux examens officiels. La campagne contre les couvents s'achevait aussi victorieusement, et en 1857, on avait dépouillé 2.600 religieux, 670 chanoines, 2.960 religieux mendiants, 1.700 bénéficiers, pour apporter au trésor un revenu dérisoire de 85.801 francs; car l'État avait dorénavant à sa charge les pensions[1] à payer à tous ces malheureux jetés à la rue par le ministère, et dont le pain seul avait été garanti par la volonté royale. La question financière ne leurrait que les naïfs, dorénavant, le ministère, ainsi engagé avec Mazzini et les sectes, pouvait marcher de l'avant. Les protestations papales[2], épiscopales[3], n'empêchèrent aucun abus de force ou de brutalité. Le *Courrier des Alpes*, par son indignation et sa fermeté, s'attira les foudres du gouvernement; son directeur français, M. Gault, dont les articles véhéments[4] et

1. Les biens religieux avaient été soi-disant versés à la caisse ecclésiastique dirigée par le directeur de la Dette publique qui devait payer *en échange* les pensions suivantes : au-dessous de 30 ans, 240 fr. ; de 30 à 40 ans, 400 fr. ; de 40 à 50 ans, 500 fr. ; de 50 à 70 ans, 700 fr., et au-dessus de 70 ans, 800 fr.

2. Allocution du pape Pie IX au Consistoire du 26 juillet.

3. Instruction de l'archevêque de Chambéry aux curés de son diocèse, rappelant l'excommunication portée par le concile de Trente contre tous ceux qui ont voté la loi ou acquis des biens d'église.

4. En mai, article sur les pensionnés de l'État, 18.453 dont 1.049 seulement en Savoie. Sur les impôts, le déficit de plus de

trop francophiles inquiétaient l'Intendant et irritaient Cavour, fut brusquement expulsé de Savoie le 11 août.

Les amertumes de la presse savoisienne étaient d'autant plus ressenties à Chambéry que la ville traversa cette année-là une grave crise financière : Le syndic Delachenal démissionnaire en février pour l'affaire de l'École Normale, le Conseil dissous le 13 avril par un décret confiant l'administration municipale à l'avocat Collino, délégué extraordinaire, avec pleins pouvoirs pour obtenir le payement de l'impôt des gabelles encore dû en partie par la ville. Le Piémontais Collino activa les versements, et afin de ne rencontrer aucune opposition, il fit dissoudre la garde nationale (19 mai) et payer l'arriéré de la ville par décret (21 juin) avant la réunion du nouveau conseil dont la majorité était conservatrice (élections communales du 2 juillet).

Les préférences catholiques et conservatrices des Chambériens ainsi provoquées par l'ignorance absolue du caractère savoisien, manifestèrent leur fermeté et leur dédain en entourant de respect et de splendeurs les grandes fêtes religieuses célébrées dans le monde entier en l'honneur de la proclamation de l'Immaculée Conception (6 mai). Les processions et les illuminations de Chambéry furent splendides chez les Pères capucins encore libres ; la foule se précipita pour admirer le fa-

10 millions au moment où le gouvernement entreprend l'inutile expédition de Crimée, etc., etc. A Turin, tous les journaux catholiques furent aussi poursuivis ; le *Campanone* fut même condamné à un mois de prison et à 300 livres d'amende pour la simple insertion d'une lettre de l'archevêque de Turin. Au contraire, les feuilles ministérielles, joyeuses, annonçaient que le Piémont aurait bientôt l'Italie entière, et que la France recevrait en échange de sa collaboration la Savoie et Nice ; le *Courrier des Alpes* ignorant les dessous politiques niait la connivence de Napoléon III !

meux autel orné de 6.000 lys en fleurs. Mais ce fut surtout pour l'inauguration de la statue de Notre-Dame de Myans que Chambéry et toute la province affirmèrent le plus magnifiquement leurs croyances et leur indépendance. La statue fondue à Paris le 18 avril avec le bronze des tables de la Charte de 1830, de la Chambre des députés, arriva au Pont le 30 août et à Chambéry le 31, passant au milieu des fleurs et des villages illuminés. Son installation sur le clocher de Myans fut assez longue et difficile pour retarder la cérémonie inaugurale jusqu'au 18 octobre. Malgré la pluie, plus de 20.000 personnes encombraient le petit village. Ce fut Mgr Sibour, archevêque de Paris, qui officia, entouré de l'archevêque de Chambéry, des évêques de Belley, d'Annecy, de Saint-Jean, de Moutiers, d'Aoste et de Tripoli. Le soir, Mgr Billiet réunissait à l'archevêché tous les évêques et les autorités obligées encore par une sorte de tradition royale de respecter cet hommage fidèle de la catholique Savoie à la Vierge de Myans.

Aux fêtes religieuses s'unissaient les réjouissances patriotiques célébrant l'héroïsme coutumier des enfants de la Savoie à la bataille de la Tchernaia (16 août) et aux autres combats précédant la prise de Sébastopol (9 septembre), présage de la paix par tous attendue. Le Roi, en l'honneur des armées victorieuses renouvela l'ordre militaire de Savoie fondé en 1815 et en donna la grande Croix, aux trois généraux en chefs, Pélissier, Simpson et la Marmora. L'alliance franco-anglaise, cruelle duperie pour la France, resserrée plus intimement encore par la visite de la reine Victoria à l'exposition de Paris[1], devait obliger le roi de Sardaigne à une

1. Le commissaire sarde à l'exposition de 1855 était le comte Pollone, sénateur. Les draps-étoffes des frères Blanc, de Faverges, obtinrent une médaille de 1re classe, les gazes do Chambéry, Mar-

démarche personnelle envers ses deux puissants amis ;
le voyage royal à Paris et à Londres fut donc annoncé
à la fin d'octobre. On parla même d'un projet de mariage entre Victor-Emmanuel et la princesse Marie-
d'Angleterre[1], sœur du duc de Cambridge, que le roi
Victor-Emmanuel devait retrouver à Paris ?

Ce voyage triomphalement lancé par la presse ministérielle, froidement accueilli par le peuple auquel le
discours royal d'ouverture des Chambres (12 novembre)
demandait encore de nouveaux sacrifices, trompa aussi
les journaux conservateurs s'imaginant que Napoléon III
allait anéantir les espérances italiennes du Roi en lui
imposant un ministère conservateur faisant les affaires
du pays et non la guerre à l'Autriche !

Le Roi et ses ministres Cavour[2], d'Azeglio débarquèrent à Marseille le 22 novembre. Le duc de Gramont
envoyé de l'Empereur, l'ambassadeur sarde à Paris,
marquis Villamarina, le préfet, marquis de Crévecœur,
le général Rostolan reçurent S. M. au milieu de l'enthousiasme méridional de 20.000 Italiens habitant la ville.
Après un déjeuner à la préfecture auquel assistait Mgr de
Mazenod, évêque de Marseille et commandeur des

tin-Franklin, les cotons d'Annecy et Pont, les tulles de Curlet,
de Saint-Pierre d'Albigny, les produits du pharmacien Bonjean,
les fontes des Frèrejean, les ardoises de Cevins, les vins, etc., etc,
des médailles de 2ᵉ classe.

1. Marie, née en 1833, fille d'Adolphe, duc de Cambridge et
d'Augusta de Hesse-Cassel, mariée en 1866, à François, prince de
Teck et mère de la duchesse d'York, la future reine d'Angleterre.

2. La suite royale était composée du comte Cavour, Massimo
d'Azeglio, duc Pasqua, préfet du palais, baron Nigra, surinten-
dant, des généraux Morozzo della Rocca, marquis d'Angrogna et
Cardenno, colonel Cigala, Persano, capitaine de vaisseau (le futur
amiral de Lissa), comte de Robilant, comte Valperga et le docteur
Riberi.

saints Maurice et Lazare de la main même de Charles-Albert, un repas à l'hôtel d'Orient et une visite à la grande duchesse Stéphanie de Bade, le Roi, toujours hâtif, repartit pour Lyon où il arriva le soir même à 7 heures 1/2. De la gare provisoire des Brotteaux (celle de Perrache se construisait), le cortège royal, entre deux haies de cantonniers portant des torches, par les cours de Saint-André, de Brosses illuminés se rendit à l'hôtel de l'Europe; un grand dîner réunit toutes les autorités autour du Roi ayant le cardinal de Bonald à sa droite; et, dans la nuit, Victor-Emmanuel, jamais lassé, reprenait le train pour Paris où le roi Jérôme, au nom de l'Empereur, l'accueillait à la gare (le 23 au matin) pour le conduire aux Tuileries au pavillon de Marsan. Les entretiens politiques, préparés à Paris par le prince Napoléon, un des auteurs des maux de la France et de la chute de l'Empire, et à Turin par la souplesse géniale et perfide de Cavour, réunirent souvent souverains et ministres inquiets, gênés par l'influence alors très puissante de l'impératrice Eugénie dont la grossesse tant espérée, officiellement annoncée, remplissait de tendresse, de joie, l'âme rêveuse de Napoléon III. Les fêtes entrecoupèrent les préoccupations de la politique; le 25, après la messe aux Tuileries, réunion des sociétés chorales à l'Exposition (Victor-Emmanuel dut y bailler, car il aimait peu la musique et son fils le roi Humbert, entre autres antipathies ataviques, a hérité de celle-là). Le soir, à l'Opéra (*Lucie de Lamermoor*); le 26, chasse à courre à Saint-Germain; le 27, revue pendant laquelle l'Empereur remit au Roi la médaille militaire, proclamant ainsi leur confraternité d'armes (le Roi donna alors l'Annonciade au prince Napoléon); le 28, visite aux Invalides : là, Victor-Emmanuel gracia un déserteur sarde qui, après avoir bataillé en Afrique dans la légion étrangère, vivait recueilli parmi les vieux braves. Le soir, grand bal à l'Hôtel de Ville, le Roi y dansa avec la princesse Mathilde[1], en face de l'Empereur et de la duchesse d'Hamilton[2]. Le 29, à Versailles ; le soir, départ pour Londres. Les journaux anglais inspirés, soit par le fanatisme protestant, soit par la haine féroce de lord Palmerston contre la France et la papauté, où celle pire encore, du prince Albert contre l'Autriche et la France, saluèrent d'articles enthousiastes l'arrivée du chef de la Maison de Savoie en Angletere, car, disait le *Times*, il a au front le laurier du soldat avec la couronne du souverain et encore l'unique honneur de la censure solennelle, et même, croyons-nous, de l'excommunication de Rome, en débarquant sur le rivage de l'hérétique Angleterre. Le *Times*, suffisamment renseigné par les visites de Louis-Philippe, de Napoléon III et de l'Impératrice, ne croyait pas, avec raison à cette grotesque histoire d'excommunication, mais Palmerston, poussé par Mazzini et Cavour, tenait à compromettre de plus en plus le Souverain Piémontais en face de la Papauté, de l'Autriche et de l'Europe conservatrice. La Reine, en donnant la Jarretière au Roi, en débaptisant pour lui un de ses navires de guerre lors de leur visite à Portsmouth, le prince Albert, par ses soins constants et hypocrites, la cité et la ville de Londres par leur réception magnifique, la Cour et le peuple par leurs sourires et leurs acclamations

1. Mathilde Bonaparte, cousine germaine de Napoléon III, née en 1820, fille du roi Jérôme et de Catherine de Wurtemberg, mariée en 1830 au prince Demidoff, séparée, veuve en 1870, remariée au peintre Paupelin, veuve encore en 1889.

2. Marie de Bade, née en 1817, fille du grand-duc Charles de Bade et de Stéphanie de Bauharnais, mariée en 1843 au duc de Hamilton, veuve en 1863, morte en 1880.

flattèrent et conquirent l'orgueil politique et les sentiments habiles du Roi. Le 6 décembre, Victor-Emmanuel
revenait à Compiègne ; d'autres projets diplomatiques
égayés par les fameuses chasses impériales occupèrent
les derniers jours du voyage royal ; quelques distractions
plus intimes l'ornèrent aussi. Mais si la franchise royale
avait ébranlé l'Empereur et si les allures militaires et
l'énergique physionomie du Roi avaient plu dans l'armée
et dans le peuple, la brusquerie, souvent affectée de ses
manières, ses oublis volontaires envers l'étiquette, ses
desseins ambitieux et surtout les attaques de son gouvernement contre l'Église déplaisaient à l'Impératrice.
La réputation galante du Roi, ses amours faciles, les
chagrins dont sa conduite privée avait affligé la
reine Adélaïde lui aliénaient le cœur de la Souveraine
déjà inquiétée elle-même par les caprices libertins de
son impérial époux.

L'habituelle proclamation du Syndic Martin annonça
aux Chambériens l'arrivée de leur Souverain pour le 11
décembre ; les ministres s'étaient opposés à ce retour par
la vieille Savoie ; Victor-Emmanuel, plus attaché qu'il
ne le laissait paraître au berceau de sa race, tint bon, et
le 11 décembre, à 9 heures du matin, le Roi, ayant dans
sa voiture Cavour et les aides de camp de Napoléon III,
Ney et Valabregue, entrait dans sa bonne capitale de
Savoie. Les autorités reçues, Mgr Billiet, que les ministres ne purent empêcher d'arriver au Roi, supplia
S. M. de sauver les couvents ; mais les députés, soumis
déjà aux injonctions de leurs créatures ministérielles,
eurent défense absolue de parler d'affaires. A 4 heures,
dîner royal, S. M. ayant à sa droite Mgr Billiet, avec
Cavour, le premier président, le syndic, l'Intendant, le
marquis Costa, les cinq députés Brunier Chapperon,
Girod, Jacquier, de Martinel et la suite militaire. Après

une courte audience accordée à une députation de dames intercédant pour le Sacré-Cœur et une rapide promenade à pied dans les rues illuminées, le souverain repartit à 8 heures du soir, laissant Chambéry déçue par ce bref séjour et la Savoie étonnée de ce passage nocturne. L'accueil avait été assez froid, le malaise général et surtout l'annonce officielle faite par Cavour de la jonction à Culoz du railway savoisien[1] avec ceux de France, avait causé une déplorable et immense déception. Les travaux du chemin de fer étaient assez avancés pour permettre au ministre de la guerre, général Durando, d'inaugurer la première locomotive en allant de Chambéry vers le Bourget (10 décembre), les 28 premiers wagons arrivés et admirés par toute la population, les explications pourtant embarrassées des ingénieurs et employés laissaient encore espérer un retour au projet de Saint-Genis si avantageux pour le pays : Cavour détruisit tout espoir. Plus tard, l'on sut que la Savoie avait été, à Paris, sacrifiée à des financiers amis de l'Empereur, dont le concours était indispensable au gouverneur piémontais. Du reste, les ingénieurs, par maladresse ou dédain des localités traversées par le railway, décidèrent l'emplacement des principales gares envers et contre toutes les réclamations justifiées des municipalités, à Aix, à Saint-Jean-de-Maurienne, où elle fut construite à plus de 600 mètres de la ville, etc. La gare d'Aix, si ridiculement placée loin de la ville, obligeant les trains à des retards considérables, a été de suite transportée à son emplacement actuel par la compagnie P.-L.-M., dès l'achat du Victor-Emmanuel et la réfection de la voie au-dessus des marais du Bourget. La gare de Saint-Jean

1. Les bureaux furent alors installés dans la maison des orphelines du Reclus, vendue en 1872 par la Compagnie P.-L.-M. à M. J. Tardy.

est toujours isolée et lointaine, le P.-L.-M. a dépensé des sommes considérables pour le déplacement de la voie de Montmélian à Chamousset afin d'éviter les terrains mouvants des bords de l'Isère, mais elle n'a pu rapprocher la gare Saint-Jean de la ville. Si les ingénieurs anglais et piémontais avaient daigné écouter les avis et les conseils des Savoisiens, ils auraient évité ces travaux des plus coûteux et ces diminutions de trafic dans les communes sacrifiées [1]. Ces ingénieurs et employés anglais étaient assez nombreux pour avoir auprès d'eux le pasteur anglican obligé de toute réunion britannique. L'arrivée de ce pasteur avait été saluée par la *Gazette officielle du duché*; soudain la joie de la feuille ministérielle se changea en horrible déception. Le révérend Wright venait de se convertir, d'abjurer et d'être solennellement baptisé dans la Métropole (10 avril).

La Savoie, en deuil de ses Reines et du chevaleresque duc de Gênes, regretta aussi cette année-là plusieurs de ses enfants célèbres ou aimés : Le vieux ministre de Charles-Albert, Hyacinthe Avet, né à Moutiers en 1788, sénateur en Savoie en 1814 et conseiller d'État dès 1831, grand cordon vert; ce fidèle et illustre serviteur de la maison de Savoie, mourut sans fortune, laissant au

---

1. L'année suivante, le Dr Mottard de Saint-Jean-de-Maurienne devait, dans une brochure sérieuse, démontrer tous les défauts de la ligne construite malgré les avertissements des gens du pays sur la rive gauche de l'Isère. Il basait ces sages observations sur sa connaissance de la constitution géologique des terrains et leur dangereuse situation en contre-bas de la rivière. Ses conseils ne furent pas écoutés et, pendant plus de 25 ans, les compagnies V.-E. et P.-L.-M. dépensèrent des sommes énormes pour lutter vainement contre les agressions furieuses de l'Arc et de l'Isère; actuellement le P.-L.-M., par de grands et coûteux travaux, a replacé la ligne aux endroits moins dangereux indiqués dès 1856 par le Dr Mottard.

pays et au Roi deux fils qui ont continué ses nobles traditions (l'aîné est mort premier président à Florence, le second, longtemps aide de camp du Roi, est général d'état-major en retraite); le comte Joseph du Regard de Villeneuve, né en 1762, un des propriétaires des Portiques, les marquises de la Chambre et de Mareste de Saint-Agneux, le chanoine Dolin, bienfaiteur du Bon-Pasteur, etc., etc.

Le ministre subitement accentua la guerre aux couvents ; le Sacré-Cœur[1] de Chambéry, les Frères eux-mêmes étaient poursuivis avec acharnement, les Carmélites victorieuses en Cour d'appel contre le fisc, les enchères des biens d'Hautecombe désertes et sans acquéreurs n'arrêtèrent nullement le gouvernement dans ses poursuites de plus en plus odieuses. Les charges et impôts augmentaient aussi et un nouvel emprunt de 30 millions fut demandé au pays par décret royal (janvier). Le comte de Cavour, résolu et inébranlable s'arrêta à Chambéry en se rendant au Congrès de Paris ; il visita le nouveau Palais de Justice, cette grande et laide caserne sans ligne, sans goût, écrasant les derniers vestiges du joli Vernay, et inspecta les travaux du railway, dont l'organisation allait être une troisième fois transformée par la loi du 26 mai. Cette loi, dite du *Victor-Emmanuel*, conservant le seul tracé de Modane à Culoz, faisait espérer, avec une ligne d'Aiton à Annecy par Albertville (?), un tramway de Suze à Modane pendant le percement du mont Cenis dont on parlait plus que jamais depuis la divulgation des projets de l'ingénieur savoisien Sommeiller ! En Avril, la société des eaux d'Aix se transforma aussi, le comte de Cavour ayant

1. 5 juin. Arrêt de la Cour de Cassation rejetant le pourvoi des Dames du Sacré-Cœur.

accepté les propositions d'un syndicat savoisien dirigé par MM. de Costa, de Martinel, Brachet, le bail passé avec le directeur Bias très aimé et très bienfaisant, lui fut racheté pour 125.000 francs et la Société Nationale des Eaux mise en son lieu et place [1].

1856

La presse conservatrice, c'est-à-dire francophile, encensa d'hommages et d'espérances le berceau [2] du prince impérial. Le *Courrier*, dans son délire, s'exprimait ainsi : « 100 coups de canons annoncent aujourd'hui « (16 mars) dans toutes les villes de la France heureuse, « la naissance de celui qui doit être un jour l'Empereur « des Français et que les circonstances providentielles « dans lesquelles se trouve le monde proclament en ce « moment le Prince de la Paix. Nous nous hâtons de « porter à nos abonnés la bonne nouvelle qui nous arrive « par le télégraphe et qui va répandre la joie dans tout « l'univers, dans la France et dans la Savoie *en parti-* « *culier*. Vive la France! Vive l'Empereur! Vive la « Savoie! »

C'était assez clair, les feuilles les plus officielles, les plus dévouées à la dynastie impériale n'avaient pas mieux dit. Les Piémontais comprirent aussi ; quelques temps après, une brusque décision ministérielle envoyait l'Intendant Gay de Quarti, bienveillant, pacifique, presque populaire, à Novare et le remplaçait par l'intendant de Cagliari Magenta, un des plus fidèles amis des ministres et de leur politique, dès son arrivée à Cham-

---

1. Les jeux ayant été supprimés en 1855, Bias abandonna sans difficulté Aix pour aller diriger le Casino de Baden-Baden.

2. Ce fut le général de Gerbaix de Sonnaz qui alla féliciter l'Empereur de la part du Roi ; à son retour, il reçut le collier de l'Annonciade.

béry il assurait l'approbation officielle au *Constitutionnel Savoisien*, le journal protestant d'Hudry Menos !

La paix, dite de Paris, avait été signée le 31 mars ; le négociateur piémontais comte de Cavour repassa triomphant à Chambéry, fier, à juste titre, d'avoir fait admettre le Petit Piémont au Congrès des grandes puissances. La première partie de son plan ayant ainsi réussi, il allait employer tout son génie, toute sa fermeté, tous les moyens, pour en assurer le succès définitif. Son Roi le remercia alors par le collier de l'Annonciade. C'était la première fois que l'ordre suprême de la très Sainte Annonciade, avec tous ses honneurs et privilèges, décorait un ministre célèbre par sa guerre à l'Église, par ses spoliations religieuses. Sans doute, Victor-Emmanuel dispensa-t-il alors le nouveau chevalier du serment de foi et de fidélité à l'Église romaine que lui-même avait oublié ? Depuis 1856, on a vu les colliers de l'Annonciade, étincelants des gloires du passé, tomber avec une stupéfaction toujours décroissante des épaules de Cavour à celles de Ricasoli, Farini et de chute en chute sur celles de Depretis et de Crispi (1894).

Avec la paix, les décorations [1], les avancements, le retour des braves de Crimée [2] fêtés à Chambéry [3] le 26 juin par deux grands banquets, celui des généraux et officiers à l'hôtel des Princes et celui des soldats à la Belle-Alliance à Maché ; un autre festin, offert par la

---

1. Commandeurs des saints Maurice et Lazare : Mollard, Jaillet, Alliaud, etc.

2. Colonels des deux régiments de la brigade : au 1er, Périer, au 2e de Rolland, Longue, capitaine, d'Oncieu, capitaine aux Bersagliers, Brunetta d'Usseaux, colonel de Savoie-Cavalerie, Goybet, capitaine au même, etc.

3. A Turin, *Te Deum* chanté, par Mgr d'Angennes, archevêque de Verceil, devant le Roi et toute l'armée, puis grande revue le 15 juin.

Garde Nationale, réunit tous les Criméens, le 30, à la salle des concerts. Un soldat de Crimée, célèbre entre tous, le maréchal Canrobert, vint faire une saison [1] à Aix ; les acclamations et les sérénades l'y saluèrent souvent et le 12 août, après avoir déjeuné au château de la Motte chez le marquis de Costa, le glorieux maréchal honora un grand dîner donné au Château, en son honneur par le général Biscaretti de Rufia.

Le voyage d'essai de l'intendant Magenta, de l'ingénieur Ranco, du chef d'exploitation de Rouffiac, du directeur Barlett, de Saint-Jean-de-Maurienne à Aix ayant été satisfaisant, l'épreuve du pont sur l'Isère aussi, le railway s'ouvrit, sans bruit ni fêtes, le 20 octobre, avec 2 trains par jour dans chaque sens ; de nouveaux services de diligence rapprochèrent aussitôt, de la capitale et de Turin, les principales villes du duché.

Après une nouvelle circulaire Rattazzi attentatoire aux droits de l'Église, une réponse très ferme des évêques de Savoie (3 juillet) et celle du peuple répondant aux menaces ministérielles par des élections provinciales et communales conservatrices (17 juillet), la très curieuse pétition [2] de la Savoie au roi de Naples, horriblement calomnié par les journaux de Cavour et la presse libérale anglo-française, vint mettre le comble au désarroi presque général des institutions piémontaises en Savoie. Cette pétition fut suivie en octobre des deux brochures

1. Le maréchal logeait chez le notaire Duvernay, l'héroïque défenseur de Sébastopol, Totleben était à Aix aussi et au mieux naturellement avec le maréchal.

2. Cette pétition-protestation contre Cavour réclamait le Code Napoléon que la France voulait alors imposer au roi de Naples, une douane au Mont-Cenis, car tout le commerce de la Savoie se fait avec la France et non avec le Piémont, etc., etc.

fulgurantes du comte Solar della Margherita[1] et d'Ant. Gallenga[2].

A la Cour, bouleversée par le mariage morganatique de la duchesse de Gênes[3] avec le marquis de Rapallo et la terrible colère du Roi, son beau-frère, on voulut y ramener les sourires et la bonne grâce en remariant le Roi ; on parla de la princesse Charlotte[4] de Belgique, puis d'une princesse russe[5] lors de l'arrivée à Nice de l'Impératrice mère et de la grande-duchesse Hélène[6].

Le 17 novembre, la rentrée solennelle des tribunaux inaugura le nouveau Palais de Justice qui n'était même pas meublé ; l'avocat fiscal général Girod prononça l'habituel discours. A ce moment-là s'achevait aussi le recen-

1. Grand discours à la Nation.

2. Dans ses très curieuses révélations, Gallenga racontait le projet du carbonari Mariotti, décidé en 1833 à assassiner Charles-Albert, soutenu sinon entraîné au crime par Mazzini auquel l'avait recommandé une lettre de Melegari, devenu en 1856 député de Turin. Ce Mariotti-Gallenga rentra en Piémont en 1855 et mourut à Londres seulement en 1895.

3. La jeune duchesse de Gênes se remaria au château d'Aglie (légué par Charles-Félix au duc de Gênes et possédé par le duc de Gênes actuel) au marquis Rapallo ; la colère royale obligea les nouveaux époux à se réfugier à Dresde auprès du roi de Saxe, père de la duchesse, les enfants princiers Thomas et Marguerite restant sous la garde du Roi qui ne s'adoucit que plus tard.

4. Charlotte de Saxe-Cobourg, née en 1840, fille du roi Léopold Ier et de la reine Louise d'Orléans, mariée en 1857 à l'archiduc Maximilien. Impératrice du Mexique, veuve en 1867, et depuis retirée en Belgique.

5. Alexandrine de Prusse, née en 1798, fille du roi Frédéric-Guillaume III et de la célèbre reine Louise, mariée en 1817, au grand-duc Nicolas, depuis Empereur Nicolas Ier, veuve en 1855, morte en 1860.

6. Hélène de Wurtemberg, née en 1807, mariée en 1824 au grand-duc Michel, frère de Nicolas Ier, veuve en 1849, morte en 1873.

sement des lettrés et illettrés. La Savoie fut fière avec raison du résultat ; tandis qu'à Turin, il y avait 55 illettrés sur 100, 72 à Nice, 54 à Novare, 76 à Alexandrie, 79 à Gênes et 93 à Cagliari ; à Chambéry, le chiffre de ceux qui ne savaient ni lire ni écrire descendait à 49 pour cent et à Annecy à 50. Ainsi donc, ces vallées réputées à Turin d'affreux repaires d'obscurantisme, d'ignorance profonde, de superstition ridicule, devançaient par leurs résultats d'instruction primaire les grandes villes libérales du Piémont. L'ombre de Cour qui entourait encore le Roi veuf et préférant ses distractions particulières à toutes les fêtes mondaines, s'assombrit par le deuil ordonné pour l'archiduchesse Élisabeth, tante maternelle et belle-mère du Roi, morte à Bozen le 15 octobre[1].

Ces justes réclamations en faveur de la Savoie recommencèrent plus vivement dans la presse conservatrice au courant de l'extrême tension des rapports diplomatiques entre l'Autriche et le Piémont exaspéré par l'accueil sympathique des campagnes lombardes et du peuple milanais à leurs jeunes et beaux souverains[2]. Les journaux montraient la diminution des congrues des

---

1. La Savoie, charitable, émue par les horreurs des inondations lyonnaises (juin) ouvrit une souscription en faveur des inondés ; des dames de Chambéry, françaises d'origine, reçurent les dons, c'étaient MM^{mes} du Bourget, de Rolland, Léon de Costa, Delachenal et Bonjean.

Le Roi, en cette année, envoya trois Savoisiens le représenter à l'étranger : à Berlin, M. de Launay ; à Francfort, le Comte de Barral et à Berne, M. Jocteau.

2. Le 28 février, l'Empereur et l'Impératrice d'Autriche étant à Milan, l'archiduc Maximilien avait été nommé gouverneur général du royaume lombard-vénitien, en place du glorieux maréchal de Radetzky. Le 23 mars, l'ambassadeur autrichien, comte Paar, quittait Turin, et l'envoyé sarde, le marquis Cantono, Vienne ; les relations diplomatiques pouvaient donc être considérées comme rompues.

paroisses [1], les dangers de la loi de la liberté des stipulations de l'argent dite avec raison *loi de l'usure* [2], l'extension [3] déplorable de la loterie, les sottes tracasseries envers le clergé [4], le projet de loi contre les fabriques, l'ouverture des maisons de tolérance [5] à Chambéry et à Aix, et surtout et toujours l'oubli presque complet des Savoisiens dans la distribution [6] des emplois de l'État ou leur avancement absolument dérisoire. La remise des insignes des saints Maurice et Lazare et de l'ordre civil de Savoie [7] à plusieurs enfants du duché, n'atténua

1. Trois étaient réduites de 1.500 à 1.000, et dix de 1.000 à 500, etc. Devant les énergiques réclamations des députés, un décret royal (10 juin) leur apporta provisoirement une augmentation de 16.696 fr.

2. Votée en mars par 76 contre 62 ; vives pétitions contraires au Sénat.

3. Les produits de la loterie étaient montés de 3.743.000 fr. en 1850 à 5.211.000 en 1855 et de 7.215.000 en 1856.

4. Le curé de Cohennoz, l'abbé Mabboux, avait été condamné à 6 jours de prison pour injures, dans un sermon, envers le Roi : la Cour cassa l'arrêt.

5. Si le Gouvernement ferme les couvents, disperse et affame les religieuses, il *tolère*, pour ne rien dire de plus, l'établissement d'autres couvents que Genève nous envoie et qui sont destinés à précipiter la perversion déjà trop étendue. Les allées de la place Saint-Léger ne suffisaient donc plus ? Cette maison, installée quartier Sainte-Claire, par un Genevois, avec autorisation gouvernementale sans que le syndic ait été consulté, fut astreinte aux indemnités habituelles envers les propriétaires voisins par jugement du 31 juillet.

6. Pas un Savoisien dans les administrations de la Guerre, de l'Intérieur, de l'Instruction publique, de la Cour des Comptes, des Postes, des Tabacs. La Savoie fournit à l'armée 1/8 de son effectif et il n'y a que 1/12 des officiers ; la brigade elle-même est envahie par les Piémontais (24 officiers). Les Salines de Moutiers et les digues de l'Isère confiées à des Piémontais.

7. Mérite civil de Savoie, colonel Menabrea. Officiers des saints Maurice et Lazare, le président Millet de Saint-Alban, les con-

pas l'effet des nombreux articles du *Courrier des Alpes*, aussi une bande démocratique, désireuse de plaire à l'intendant Magenta, vint en juin, brûler sous les fenêtres de l'intendant le journal trop hardi [1].

1857.

Dans la société savoisienne, dans l'aristocratie mieux renseignée des nouvelles de la Cour, on reparlait du mariage du Roi. Victor-Emmanuel séduit par les grâces et la haute culture intellectuelle de la duchesse de Gênes l'eût volontiers épousée ; mais la jeune et charmante veuve, sans consulter son royal beau-frère, se remaria selon son cœur avec le marquis Rapallo, d'origine génoise, jadis attaché à la maison militaire du duc de Gênes. La colère du roi déçu fut terrible, il fit enlever à leur mère le petit duc de Gênes et la princesse Marguerite qu'il aimait comme ses propres enfants. La Duchesse le prit d'assez haut et se plaignit à ses parents de Saxe. les négociations furent très longues pour obtenir du Roi non la rentrée à la Cour du marquis Rapallo, ce qu'il refusa toujours, mais la présence de ses neveux auprès de leur mère.

En janvier, le Roi alla saluer l'Impératrice mère de Russie, à Nice où elle passait l'hiver. En mai, la Tzarine traversa Turin où Victor-Emmanuel la reçut avec toutes

---

scillers Anselme, Monod, Maréchal ; chevaliers : Nambride, Pernot, le chanoine Cherray, le vénérable doyen des curés de Savoie, l'abbé Viollet (93 ans), curé d'Héry-sur-Alby, les conseillers Coppier, Mercier, Replat.

1. MM. Burdet, directeur du *Courrier* et Pochat. gérant, condamnés à 13 et 10 jours de prison et 100 livres d'amende pour attaques contre Lacoste de Montmélian et le professeur de droit à Turin, Melegari. En échange, la feuille protestante soutenue par le ministère, le *Constitutionnel Savoisien*, disparut le 31 mars.

les splendeurs [1] de la maison de Savoie. Le 27 mai, à 4 heures 1/2 du soir, l'Impératrice arrivait à Chambéry; un train spécial la conduisit à Aix (Hôtel Venat). Le 28, S. M., après avoir visité les grottes illuminées des sources et le Casino, partit avec toute sa suite pour Genève (Hôtel des Bergues). Immédiatement, de nouvelles rumeurs matrimoniales se répandirent; cette fois, le Roi devait épouser la fille de la Grande-Duchesse Marie de Russie, apparentée aux Bonaparte [2] !

Autour de la Savoie, les lignes ferrées s'ouvrirent l'une après l'autre [3]; à Turin, le Parlement venait de voter la fameuse percée du Mont-Cenis [4] d'après le système des ingénieurs Ranco, Sommeiller, Grattoni et Grandis. Une députation savoisienne [5] se rendit alors à Turin pour prier le Roi d'honorer de sa présence la future inauguration du chemin de fer de Savoie. Le comte de Cavour ne fit, cette fois, aucune objection au voyage royal qui servait à merveille ses plans, car, si Napoléon III, encore hésitant, se refusait à une entrevue avec Victor-Emmanuel, son cousin, le prince Napoléon, l'ami des loges, devait venir en Savoie encourager le Roi et sans doute s'engager avec le ministre! D'un autre côté, l'intendant Magenta, instrument docile de Cavour, se moquant des

1. Avec son habituelle galanterie, le Roi, connaissant la passion de l'Impératrice pour les fleurs, avait fait remplir le château de fleurs rares, et orner sa table de cerisiers rouges, de cerises et de ceps aux grappes dorées.

2. Marie de Leuchtenberg, née en 1841, fille de la grande-duchesse Marie de Russie et du duc Max de Leuchtenberg-Beauharnais, mariée en 1863 au prince Guillaume de Bade.

3. Ouverture de la ligne de Lyon à Seyssel, 5 mai. Ouverture de la ligne de Saint-Rambert à Grenoble, 12 juillet.

4. Votée le 28 juin par 98 contre 30, dépense générale fixée à 21.400.000 dont 1.583.000 pour les travaux de 1857.

5. MM. le Syndic Martin, Palluel, Dupasquier.

protestations du syndic désireux d'attendre l'arrêt de la Cour de Cassation dans l'affaire des listes électorales, fixait brusquement les élections municipales au 23 août, dans l'espoir d'ouvrir enfin le conseil communal aux candidats ministériels[1].

Le prince Napoléon arriva le 30 août à Culoz où l'attendaient le duc de Grammont, ambassadeur de France à Turin, le chevalier Strambio, consul sarde à Lyon, et les autorités du duché ; le prince et sa suite, embarqués sur la *Coquette*, traversèrent le Rhône, et, par le canal de Chanaz, vinrent toucher à Saint-Innocent où, provisoirement, le railway s'arrêtait. Ils montèrent alors dans un train spécial, aux accents de l'air de la *Reine Hortense*, joué par la musique des chevau-légers d'Alexandrie, et, après un déjeuner à Aix, ils partaient tous pour Modane[2] recevoir S. M.

Le 31, le Roi, le prince, les ministres, les autorités descendirent de wagon à 2 heures 1/2 en gare de Chambéry. Après les officielles salutations, l'archevêque de Chambéry, entouré de l'archevêque de Gênes et des évêques de Savoie, bénit quatre locomotives fleuries et pavoisées ; puis le cortège royal gagna le Château. Le Roi parut aussitôt au balcon entre le prince, Cavour, le duc de Grammont et le Syndic, pour assister au défilé

---

1. Burnier, avocat ; Collomb, directeur de la Banque de Savoie ; Domenge, liquidateur ; Delachenal, avocat ; Gallay, conseiller ; Marchand, notaire ; Perret, brasseur ; Renaud, major de la garde nationale.

2. A Fourneaux, près de Modane, une toile peinte représentait le futur tunnel au-dessus d'un autel fleuri. L'évêque de Saint-Jean-de-Maurienne salua le Roi par un beau discours rappelant la victoire de Bérold de Savoie au pas de Sex et la nouvelle victoire du Roi sur la montagne ; après la bénédiction et le déjeuner royal, S. M. le prince Napoléon, l'évêque et leur suite partirent pour Saint-Jean où les attendaient un train spécial.

de la Garde Nationale, des pompiers et de toutes les troupes. Après un grand dîner officiel réunissant princes, ministres, les deux archevêques, aux administrateurs du *Victor-Emmanuel*, MM. Lafitte et Bixio, le Roi, portant le grand cordon de la Légion d'honneur, promena le prince Napoléon dans les rues superbement illuminées, le montrant déjà comme son proche au peuple toujours enthousiasmé par la vue de son souverain.

Le 1er septembre, le Roi très matinal et ses hôtes étaient rendus à 7 heures 1/2 à Saint-Innocent; la *Coquette* pavoisée, transporta S. M. et sa suite à la rive de Chautagne où devait se construire le pont sur le Rhône. Un arc de verdure jeté sur le fleuve indiquait alors la ligne du pont, le syndic de Chautagne, M. Girod de Monfalcon complimenta S. M., puis un déjeuner de 150 couverts servi dans les prairies verdoyantes permit aux invités de se reposer un peu [1].

Les toasts nombreux furent portés par Mgr Billiet, par l'ingénieur Lanfrey (né aux Échelles), par l'Intendant avec allusion aux inscriptions de l'Arc triomphal [2], puis le procès-verbal [3] fut signé et déposé avec quelques mon-

---

1. Pendant le déjeuner, on vint dire au Roi qu'un étranger demandait à le saluer; avec sa simplicité habituelle, Victor-Emmanuel ordonne de l'introduire et aussitôt se jette dans ses bras en s'écriant : « Ah! Malakoff! » C'était en effet le célèbre maréchal Pélissier qui était arrivé à Chambéry dix minutes après le départ du Roi.

2. Sur l'arc du Rhône, du côté français : *V. E. N. III. Unis dans la paix*; sur le côté sarde : *V. E. N. III. Unis dans la guerre*.

3. Procès-verbal de l'inauguration : Victor Emmanuel Caroli Alberti filius et Sardiniæ Rex die XXXI augusti anni MDCCCLVII pulveris pirii VI ab ipso accense lapidem avulsit ab ora cuniculi qui in montis cenisii latebris aperietur et postera die I Sept. eumdem lapidem posuit fundamentum Pontis super flumen Rhodanum prope Culoz ubi Gallica via ferrata quæ ab urbe Lugduno Genevam petit connectitur cum via ferrata sabauda cui

naies royales dans un coffret de noyer savoyard incrusté, scellé par le Roi dans la première pierre du Mont-Cenis, détachée par S. M. la veille, ensuite bénie par l'archevêque. Le spectacle était imposant et suggestif, le Roi, avec sa haute taille et son visage énergique, mais souriant, le prince Napoléon au masque du Grand Tyran, Cavour, avec son regard pénétrant sous les lunettes diplomatiques, le maréchal Pélissier, l'aristocratique duc de Gramont, les soutanes violettes des archevêques et évêques, les uniformes, les cordons verts et rouges, les ors, les panaches, les boîtes villageoises se répercutant d'écho en écho, la foule endimanchée accourue de Savoie et du Bugey, s'approchant[1] le plus près possible du Roi, si facile et si bon envers le peuple; parfois si rude et si haut envers les grands ; les oriflammes claquant à la bise, et, tout autour de ces franches acclamations populaires, de ces secrètes préoccupations politiques, de ces joies présentes, de ces triomphes futurs déjà espérés, la belle vallée où, entre les gradins adoucis, cultivés de la Chautagne et les hauteurs plus sévères du Colombier, le grand Rhône s'en va noblement, dédaigneux des agitations humaines, des inventions, des

Victoris Emanuelis nomen est. Opus utrumque mirificum et æternæ memoriæ dignum quo non solum brevius et facilius inter Sabaudiæ et Pedemontis regiones iter fecit sed maior et tutior inter Gallicas et Italicas gentes commercii atque concordiæ frequentia, cujus insolubii diuturnitati præsentia principis Napoleonis augusti Gallorum Napoleonis III imperatoris consobrini optimum honorem est.

Fiebant hæc dum essent regii consilii præses Camillus Bensus Caburii comes, operam viarumque administer eques Paleocapa, auctores Aloysino Ranco et Aynard architecti.

1. Le Roi, ému par leurs affectueuses acclamations, daigna trinquer avec plusieurs paysans ; tandis qu'il ne fit aucune réponse aux harangues officielles beaucoup trop longues et qui l'énervaient toujours.

monarques, des peuples, vers les immensités absor-
bantes et fécondes du soleil [1] !

Le prince Napoléon prit congé du Roi, le cortège rentra
alors à Chambéry, S. M., le maréchal Pélissier et Cavour
honorèrent le tir de Chevaliers Tireurs ; Victor-Emmanuel
et le maréchal tirèrent à merveille, mais le Roi, souvent
ironique, en présentant une carabine à Cavour, lui dit
très haut : « Voyons, M. de Cavour, vous qui savez si
bien tirer les écus, si vous serez aussi adroit à la carabine. » Le ministre, vexé, s'excusa d'un sourire un peu
contraint [2].

Le 2, malgré la pluie battante, Victor-Emmanuel, ravi
de s'éloigner un peu des autorités civiles et de leurs
harangues, fit manœuvrer les troupes aux environs d'Aix,
sautant devant elles de larges fossés, galopant à Tresserve se rafraîchir chez son chambellan intime, le
comte de Savoiroux, et redescendant avec moins de
joyeux empressement pour poser la première pierre de
la façade de l'Établissement d'Aix, visiter rapidement
les bains et, après avoir déjeuné au Casino, regagner au
galop Chambéry. Le Roi, repris par ses obligations
souveraines, se rendit avec le syndic à Saint-Benoît,
Sainte-Hélène, reçut une dernière fois à dîner toutes les
autorités [3] et quelques fidèles Savoisiens, parut au bal

1. A Aix, pour distraire les baigneurs, les bateaux à vapeur
organisèrent des promenades à Hautecombe, avec la musique
des chevau-légers à bord, pour le prix de 4 fr. 50 en première,
3 fr. 95 en seconde et 2 fr. 80 en troisième.

2. A Aix, en se servant de la truelle et du marteau d'argent,
faits par Simon, orfèvre de Chambéry, le Roi ne put s'empêcher
de dire en fixant Cavour : « Voilà bien de ce métal que vous
aimez tant ! »

3. Pendant ce dernier dîner, Victor-Emmanuel, ressaisi par les
souvenirs de sa jeunesse vivifiés par l'enthousiaste et affectueux
accueil de son peuple de Savoie, s'abandonnant à son cœur géné-

du théâtre[1] et le 3, à 6 heures du matin après une dernière et matinale audience accordée à Mgr Billiet, repartait pour le Piémont[2].

Après ces belles fêtes, les ennuis politiques reparurent promptement, Cavour ayant obtenu du Roi la dissolution de la Chambre et de nouvelles élections fixées au 15 mai ; en dépit de la pression officielle de l'Intendant, les conservateurs gardèrent leurs sièges[3] et même battirent à Montmélian l'homme lige du ministère, Louaraz remplacé par le chevalier Le Blanc. En Piémont aussi, le ministre Rattazzi était en ballottage à Alexandrie contre le comte Manfred de Sambuy, la presse ministérielle et radicale toujours respectueuse à sa façon de la volonté nationale, jetait feu et flamme réclamant une

reux s'écria : « Oui, mes bons amis, je serai désormais moins rare parmi vous, et lorsque je ne pourrai pas venir, je vous enverrai mes enfants. » Ces royales et aimables paroles se ressentaient peut-être aussi des nouvelles et inquiétantes hésitations de Napoléon III, en face des exigences italiennes et des espérances piémontaises.

1. Le théâtre royal fut très bon et très suivi en 1857, grâce à une excellente troupe allemande venue au printemps et pendant le voyage royal. Au programme, la *Muette*, *Freischutz*, *Martha*, *Don Juan*, *Romeo* de Bellini, *les Noces de Figaro*, et des chanteurs célèbres comme le baryton Tomaschesk, le ténor Grevenberg et les chanteuses Beck et Grevenberg.

2. Le Roi laissa 2.000 fr. pour les placets et 1.500 fr. à l'intendant. L'intendant Magenta était nommé commandeur des saints Maurice et Lazare ; le banquier Lafitte, le syndic Martin, le commissaire royal à Aix, Dupraz, officiers, et le colonel de la garde nationale Castellazzo, Lacoste, syndic de Cruet, Girod de Montfalcon, le pharmacien Bébert, Girod, d'Aiguebelle, chevaliers.

3. Le marquis Costa réélu à Chambéry, le président Guillet à Annecy contre Cavour, de Martinel à Aix contre le général Mollard imprudemment fourvoyé dans la politique par le ministère, et le capitaine Borson à Saint-Pierre d'Albigny contre Fleury-Lacoste, ami de Cavour, neveu de Pillet-Will.

nouvelle dissolution plutôt que de revoir un gouvernement conservateur. Les ministres et leurs intendants ayant fait passer leurs créatures au deuxième scrutin, le Parlement fut ouvert le 14 décembre par le célèbre discours royal se terminant par quelques phrases sonores sur le bien du Piémont et de la *commune patrie italienne !* C'était un défi à l'Autriche, une menace aux souverains italiens, une annonce à l'Europe et un avertissement public à Napoléon III de tenir ses anciens engagements !

La Savoie avait perdu tristement en mai un de ses plus chers enfants, le chevalier Léon Menabrea[1], conseiller, historien, membre de nombreuses académies et auteur de travaux si intéressants sur la Savoie.

Le 21 octobre, mourut le premier président Crettin, en

1. Léon Menabrea, né à Bassens en 1802, docteur en droit en 1827 à Turin, substitut de l'avocat des Pauvres, conseiller en 1851, unit de bonne heure aux études juridiques les recherches littéraires et surtout historiques. En 1836 parurent les *Feux Follets*, en 1838, le *Requiescant in pace*, puis une importante étude sur la marche des Études en Savoie (1839), *Montmélian et les Alpes et le siège de 1691*, l'*Abbaye d'Aulpt*, la *Chartreuse de Vallon*. En 1846, le curieux Mémoire sur les jugements rendus au moyen âge contre les animaux, et l'apparition des trois premières livraisons de son histoire inachevée de Chambéry. L'Académie de Savoie choisit alors le savant, brillant et aimable historien pour son secrétaire perpétuel à la place de Mgr Rendu, évêque d'Annecy décédé. Le gouvernement l'envoya à Milan pour les négociations de la paix de 1849; il fit alors paraître trois Mémoires sur les traités de paix entre l'Autriche et le Piémont de 1743 à 1848, puis un autre Mémoire sur la question de Monaco, etc. Lors de sa mort malheureuse, L. Menabrea laissa plus de 16 volumes de manuscrits sur Milan, Chambéry, la *Chronique de la duchesse Yolande*, les *Burgondes*, etc., etc. Son frère, Louis Menabrea, général d'armée, président du conseil, chevalier de l'Annonciade, ambassadeur en France, etc., retiré en sa campagne de Saint-Cassin, y est mort en mai 1896.

léguant sa belle bibliothèque à la ville, il fut remplacé, le 9 décembre, par le président Cotta, venant de Gênes, et apparenté aux familles Piccolet et Guillermin de Chambéry. La mort, aux Barattes près d'Annecy, du romancier français Eugène Sue (3 août) donna le premier étonnement de funérailles civiles, la princesse de Solms, le colonel Charras, beaucoup de réfugiés français, suivirent ce triste convoi, puis une souscription, pour élever un monument à l'auteur du *Juif-Errant*, fut lancée sous le patronage du colonel Charras, de MM. Bachet, Philippe, de Fesigny, Guiter, J.-J. Rey, Dessaix, Marchand notaire, et de l'avocat Delachenal [1].

1858

Le 31 décembre 1857, le comte de Cavour, tirant de plus en plus à gauche, avait fait voter au Parlement une enquête sur les influences religieuses dans les dernières élections ; en Savoie, l'intendant Magenta visait particulièrement Montmélian, insensible aux faveurs comme aux menaces officielles et qui avait osé élire le chevalier Le Blanc contre le favori gouvernemental Lacoste, on enquêta ferme, on tenta de poursuivre plusieurs curés, mais aucune petite preuve délatoire ne vint aider les recherches de l'Intendant. Ces nouvelles taquineries ministérielles furent brusquement dissipées par le coup de tonnerre de l'attentat d'Orsini contre Napoléon III (14 janvier). En France, la presse muselée

1. En janvier, le grand duc Michel avait traversé la Savoie, reçu officiellement, au nom du roi, par le chevalier d'Angrogna.

En décembre, ce fut la grande-duchesse Hélène, allant à Nice qui s'arrêta à Aix et à Chambéry. En octobre, le duc, la duchesse de Montpensier avec leurs quatre enfants et une nombreuse suite passèrent deux jours à Aix, se rendant de Belgique en Espagne par Gênes, la France impériale leur étant fermée.

ne put expliquer au peuple les causes et les conséquences forcées de ce crime terrifiant, mais, en Piémont,
les journaux avancés [1] le déclarèrent un avertissement
nécessaire au César, oublieux de ses anciens engagements et promesses. Quelques-uns même célébrèrent
l'héroïsme d'Orsini, glorieux martyr de la liberté italienne. La *Ragione* de Turin, poursuivie pour avoir
publié qu'Orsini était excusable après le 2 décembre,
les effroyables mitraillades de passants inoffensifs,
d'enfants, et les champs mortuaires de Cayenne et de
Lambessa, était acquittée aux applaudissement de l'au-
ditoire [2].

Le Roi expédia le comte de Robilant féliciter le souverain français d'avoir échappé aux bombes meurtrières ;
peu de jours après, Orsini et deux de ses complices
montèrent bravement à l'échafaud ; les Mazziniens leur
décernèrent des honneurs funèbres inouïs. En Piémont,
dans toute l'Europe, on comprit que Napoléon III,
cruellement arraché à son apothéose de paix grandiose,

1. *L'Espero* : « C'est une réponse à l'intervention de Napoléon
en faveur du Pape. »

L'Italia del Popolo : « Que cette leçon cruelle leur ouvre les
yeux et l'on dira que tout malheur n'est pas un mal. »

L'Unione : « Les régicides ne manquent pas d'excuses. »

La *Gazetta del Popolo* : « Saint Martyr de l'Italie. »

Le *Diritto* : « Honte au 2 décembre. L'Empereur tué, c'était la
République, car c'est folie de songer à la régence de l'Impératrice
et personne ne songe au prince impérial sinon pour se demander
dans quel lieu il ira finir comme le duc de Reichstadt, etc., etc..»

A Turin, les portraits du Martyr Orsini étaient aux vitrines des
libraires ainsi que, bientôt, ses *Memorie politiche*, etc.

2. En 1894, à l'Exposition de Milan, on voyait la maquette d'une
statue d'Orsini non encore autorisée par le gouvernement italien,
représentant le criminel dans une attitude noble et inspirée, les
yeux perdus dans le rêve, marchant au supplice les mains liées
sous la chemise et le voile des régicides.

inquiet pour sa vie et pour l'avenir, cèderait bientôt aux injonctions de ses conseillers secrets, aux ambitions impatientes de Cavour, à un faux espoir de popularité envers les journaux français sectaires ou protestants, trompant impunément la France depuis dix ans sur la situation intérieure de l'Italie !

A Paris, le prince Napoléon et son entourage jouèrent de l'attentat du 14 janvier comme d'un épouvantail auprès de l'Empereur, afin de le soustraire à ses hésitations et surtout à l'influence de l'Impératrice. Après des mois de luttes et de conciliabules, ils obtinrent enfin que Napoléon III recevrait le comte de Cavour à Plombières et que là des engagements formels seraient pris de part et d'autre. Le ministre, renseigné au jour le jour par le prince Napoléon, arriva à Chambéry le 13 juillet, et après une visite aux travaux du railway, partit pour Genève, laissant entendre qu'il se rendait à Vichy, ou même en Angleterre, pour se marier. Il emportait le consentement du Roi au mariage de la princesse Clotilde avec le prince Napoléon et la possibilité de la cession de la Savoie et de Nice en échange de l'intervention impériale en Italie !

Malgré les précautions du comte de Cavour, à l'aller comme au retour par l'Engadine, l'entrevue fut comprise dans toute sa gravité ; les bruits de guerre recommencèrent. La réponse du Roi au colonel de la brigade, M. de Rolland [1], ne laissa plus aucun doute.

Peu après le voyage du premier ministre, ce fut au tour du prince de Carignan de traverser la Savoie,

---

1. C'était à la revue de novembre, le Roi dit au colonel : « Comment va ? — Pas trop bien, Sire, car les temps ne sont pas favorables au soldat qui veut se distinguer. — Tranquillisez-vous, mon cher colonel, ce que vous désirez arrivera un jour ou l'autre ! »

allant à Paris remercier, et à Berlin s'informer et peut-être déjà demander ? (Août.)

Laissant les soucis et les discussions politiques aux salons, aux cercles, aux cafés, les commerçants, les gens d'affaires, le peuple en général se réjouirent de l'achèvement, depuis si longtemps annoncé, du chemin de fer et de sa jonction à Culoz avec la ligne de Lyon à Genève, fonctionnant entièrement depuis le 18 mars. Les essais officiels du parcours entre Saint-Innocent et Culoz eurent lieu, le 16 août, par le commissaire royal Colli, l'ingénieur en chef Ranco et les ingénieurs constructeurs anglais Bartlett, Munroe et Limnel ; les tunnels (celui de Saint-Innocent excepté [1]), le pont du Rhône, furent reçus avec admiration. La commission officielle déjeuna au Molard et luncha au retour au ravissant château de Chatillon. La ligne fut ouverte au public le 24 septembre [2].

Les journaux conservateurs ne désarmaient point. Dans le *Courrier des Alpes*, la publication des *Lettres sur la Savoie et le Piémont* montrait combien la pensée de l'annexion à la France était ancienne [3] et l'idée italienne indif-

1. Reconnu dangereux et supprimé seulement en 1893 !

2. Le trajet de Lyon à Chambéry en 4 heures 58, à peu près le trajet actuel, sauf pour les deux express. Un train de retour après les bals d'Aix. Des billets d'aller et retour de Lyon à Milan, valables pour 15 jours, rétablis seulement depuis quelques années et encore temporairement.

3. Henri IV, Louis XIV à Utrecht, Louis XV en 1737 et 1746 avaient offert la Lombardie en échange de la Savoie aux ducs ; Charles X lui-même, en 1829, avait chargé Chateaubriand, son ambassadeur à Rome, de pressentir le pape Léon XII sur la prochaine nécessité d'envoyer 50.000 hommes en Italie lasse des Autrichiens, et d'effectuer certains remaniements. A cette confidence, le Pape avait laissé comprendre que l'idée de voir les Français en Italie ne lui inspirait aucune crainte. (Dépêche du 12 janvier 1829.)

férente et onéreuse à la Savoie, absolument sans aucune influence à Turin, malgré ses vingt-deux députés, soit pour refuser le nouvel emprunt de 40 millions (31 mai), soit pour obtenir une plus juste répartition des emplois [1], soit pour arracher quelque couvent à la dévorante caisse ecclésiastique en déficit déjà de 2.811.000 francs, soit pour alléger le duché des impôts toujours plus lourds [2]!

Envers la France, de plus en plus attirante, on n'oubliait aucune marque de sympathie. Le 15 août, les médaillés de Sainte-Hélène se réunirent à la cathédrale, autour du vice-consul Grand-Thoranne, de MM. Domenget, Vuagnat, chevaliers de la Légion d'honneur; du chanoine Chevray et de dom Gotteland d'Hautecombe, anciens soldats de l'Empire. Tout en espérant un avenir meilleur, Chambéry conservait ses vieux usages, la neuvaine des troupes à la cathédrale pour Noël, ainsi que la visite des prisons faite par la Cour en robes rouges, le 24 décembre; la pendaison de l'incendiaire des Allues, Soldet, dit Crottet, âgé de 56 ans, prouve aussi que la Cour appliquait encore les vieilles peines avec inflexibilité. Les petits procès contre le clergé ravissaient déjà les loges et leurs adeptes; les délations de village fleurissant dès cette époque, l'une d'elles amena le vicaire d'Aix, l'abbé Hyacinthe Lacombe, devant le juge de paix d'Aix, Buisson, qui, sans sourciller, condamna ledit abbé à 30 francs d'amende et à l'admonition pour faits de coups de pied au verso de demoiselle Vial, modiste, à la suite de cancans de sacris-

1. La nomination du Piémontais Bianchi di Castagné comme avocat fiscal général, après celle du premier président Grillo, venait d'émouvoir fortement toute la magistrature de Savoie ainsi soumise à deux Piémontais.

2. La Savoie versera à peu près 11.185.000 francs et recevra 6.473.000 fr.

tie ! Le tribunal de Chambéry ayant annulé ce jugement grotesque, le Ministère public, gravement, en appela en cassation : la Cour suprême, par un rejet définitif, clôtura cette histoire épique !

Plusieurs Savoisiens reçurent cette année la récompense de longues années de dévouement [1], de leur industrie [2], de leurs études [3] ; mais la vieille et fidèle chevalerie du duché perdit quelques-uns de ses plus nobles enfants, le général comte d'Aviernoz [4], le général marquis d'Arvillard [5] et le dernier maréchal de Savoie, le vénérable et très illustre comte Sallier de la Tour [6].

1. L'Annonciade donnée au général Hector de Sonnaz (mars) et l'avocat fiscal général Louis Girod, nommé à la Cour de Cassation et Sénateur. Brachet, syndic d'Aix, le conseiller L. Marin, le directeur des douanes, Vignet, chevalier des saints Maurice et Lazare.

2. A l'exposition de Turin, médaille d'or à l'Horlogerie de Cluses ; à MM. Tardy de Cran, fers et wagons ; Guillot, velours ; Annecy et Pont, draps.

3. Sur les 17 bourses de 1857, à l'Académie militaire, au concours : 1 au chevalier Alban de Ville de Quincy (15 ans), François du Verger de Saint-Thomas, des Esserts, de Moutiers.

4. Le général comte d'Aviernoz, né à Annecy le 7 février 1793, au service de l'Autriche jusqu'en 1820, blessé à Sona le 23 juillet 1848, mort en janvier 1858 à son château de Rubod.

5. Le général marquis d'Arvillard, Frédéric, né à Chambéry, le 26 décembre 1788, de Joseph, marquis d'Arvillard, et de Louise de Saint-Sulpice, entre en 1810 dans la garde d'honneur d'Élisa Bonaparte, lieutenant aux chasseurs à cheval en 1812 ; son frère, Henri, tué à Smolensk ; prisonnier en Sibérie jusqu'en 1814, puis dans les gardes du corps du roi de Sardaigne, gentilhomme de la Chambre en 1823, colonel du 2e de Savoie en 1831, général en 1837, commandant de la 1re division et d'Alexandrie en 1848, sénateur en 1850, grand cordon. Marié en 1820 à Françoise de Buttet du Bourget.

6. Victor-Amédée baron, comte de La Tour, marquis de Cordon, filleul du roi Victor-Amédée III, né à Chambéry en 1774, fils de Joseph-Amédée de la Tour, baron de Bourdeaux ; maréchal de

Chambéry et le diocèse regrettèrent le saint curé de la Métropole, le chanoine Depommier, mort presque à l'autel, le 25 avril, et remplacé par l'abbé Tournier, professeur de théologie au grand séminaire.

1859

Le 15 janvier, la *Gazette de Cologne* et l'*Indépendance Belge* annoncèrent le prochain mariage de la princesse Clotilde de Savoie avec le prince Napoléon. L'*Opinione* de Turin, dans ses nouvelles de la Cour, déclarait imminente l'arrivée du prince à Turin. Le départ des troupes de Chambéry pour le Piémont, les armements simultanés de l'Autriche, de la France et du Piémont, les apprêts de guerre et de mort entourèrent aussitôt de funestes présages l'annonce officielle des prochaines épousailles princières ! La jeune Fille de Savoie (elle n'avait pas 16 ans, étant née le 2 mars 1843), au cœur si haut et si pur, à l'âme pieuse et délicate, vibrante encore des dernières et douces paroles de son admirable mère, grandie auprès d'elle et par son souvenir dans la recherche et l'accomplissement de toutes les vertus, admirablement bonne et charitable, aurait, avec une joie émue, agréé pour fiancé le prince François [1], héritier des

Savoie en 1814, mort en 1820. Victor-Amédée, après les campagnes de 1793-96 prit du service en Angleterre, puis rejoignit la Cour de Sardaigne à Cagliari, chef de la légion anglo-italienne de 1814, général en chef de l'expédition de Grenoble en 1815. Commandant général des troupes royales en 1821 à Novare contre les troupes dites constitutionnelles, lieutenant général du royaume, maréchal de Savoie (1823), chevalier de l'Annonciade (1821), ministre des affaires étrangères (1821-33), gouverneur de Turin (1833-48), sénateur, grand cordon, grand-croix de saint Louis de France, etc., etc., mort à Turin le 19 janvier 1858.

1. François, duc de Calabre, fils du roi Ferdinand II et de la bienheureuse Marie-Christine de Savoie, morte en lui donnant le

Deux-Siciles, son cousin, son ami, sachant qu'auprès de lui elle aurait retrouvé, dans l'immortelle popularité de la mère du prince, la bienheureuse Marie-Christine de Savoie, reine de Naples, la force pour ses nouveaux devoirs de souveraine avec la liberté et les meilleurs encouragements dans la continuation des pieuses habitudes de sa fidélité catholique ! Le Roi, déjà influencé par la maturité précoce du jugement et de l'esprit de sa fille, avait hésité devant l'affreux sacrifice..... Le ministre [1] qui avait condamné le royaume de Naples arracha le royal consentement par la vision de la couronne d'Italie et l'épouvante des complots mystérieux si profondément en horreur au courage franc et hardi du Roi-Soldat.

Les contrastes étaient en effet aussi cruels que complets entre les deux fiancés de la politique et de l'ambition. Elle, pas jolie, timide, douce, pieuse, vivant modestement entre ses jeunes frères, sa sœur et ses dames ; très instruite, très bonne, très charitable. Lui, au profil impérial, admirablement doué d'intelligence et d'esprit, mais sceptique sinon libre penseur, habitué aux accommodements d'un entourage facile, célibataire de trente-huit ans, dégagé de tout principe, de toute morale, vivant enfin au Palais-Royal auprès de son père, le roi Jérôme, qui maintenait dans sa vieillesse les habitudes extra-libertines de la Cour de Westphalie.

Aux premiers bruits de cette union par trop politique, presque dérogeante pour la Maison de Savoie, la princesse demanda aide et assistance à la Providence, en

jour (janvier 1836), marié en 1859 à Marie-Sophie de Bavière, sous le nom de François II, succède à son père en 1859, détrôné en 1861 par Victor-Emmanuel II son cousin et allié, mort à Arco le 28 décembre 1894.

1. Dans trois mois, disait alors le comte de Cavour, je serai ou à Venise ou à New-York !

allant chaque jour de la Chapelle royale à la Consolata. Les fidèles de l'ancienne Cour s'adressèrent aux deux vénérables tantes de Parme [1] et d'Autriche, pleines de tendre affection pour les enfants de Marie-Adélaïde et dont les événements de 1859 allaient bientôt les séparer à jamais. Prières, demandes, intervention familiale, tout fut inutile. Le Roi, malgré les larmes de sa fille, ayant décidé ce mariage, en hâtait même la célébration. Le prince Napoléon, accompagné du général Niel, débarqué à Gênes, le 16 janvier, reçu sur le territoire sarde par l'ambassadeur français, prince de la Tour d'Auvergne, le ministre de la maison royale, Nigra, et l'aide de camp du roi, Cialdini, arriva à trois heures à Turin. Le prince de Carignan l'attendait à la gare, remplie aussi par quatre cents vétérans des armées de l'empire, tous médaillés de Sainte-Hélène. Le soir, le Roi amena son futur gendre au Théâtre-Regio, où la foule les acclama. Le 17, les fiancés se virent pour la première fois, et, pendant que les princes se rendaient au bal chez le comte de Cavour, la princesse Clotilde veillait et priait, profondément triste, mais prête à tout pour plaire à son père.

Afin d'éviter, devant l'Europe attentive, une précipitation de mauvais goût, quelques jours se passèrent en entrevues et en soirées de famille. Le 23, le général Niel fit la demande officielle, au nom de l'Empereur, et, après un grand dîner de Cour, le Roi se rendit au théâtre avec les fiancés (c'était la première fois qu'on y voyait la princesse), le prince Humbert, en tenue de capitaine du régiment Piémont et le petit duc d'Aoste. Le 24, bal à la Cour, les fiancés dansèrent un quadrille d'honneur. Le matin, les bans avaient été publiés à Saint-Jean ;

1. Marie-Thérèse de Savoie et Marie-Anne de Savoie, filles jumelles du roi Victor-Emmanuel Ier.

de Paris, les cadeaux merveilleux [1] commencèrent à arriver. Ils auraient pu, par leur splendeur [2], éblouir une autre princesse ; mais, Madame Clotilde, devant les étincellements des écrins, les miroitements des ors et des soieries, restait simple, résignée, demandant au ciel, chaque matin, le courage et l'abnégation, et secourant plus que jamais les pauvres en échange de leurs prières.

Le comte de Cavour, comme notaire royal, dressa le contrat, le 28 ; le 30 janvier, dans la chapelle royale, l'archevêque de Verceil, Mgr d'Angennes, entouré des évêques de Saluces, de Pignerol, de Casal, de Biella, unit Marie-Clotilde-Thérèse-Louise de Savoie à Napoléon-Jérôme Bonaparte ! A une heure de l'après-midi, la nouvelle princesse Bonaparte, en chapeau rose à marabout, cachemire, pèlerine et manchon d'hermine, quittait son palais natal. Le roi accompagnait les époux jusqu'à Gênes [3] ; le peuple turinois, en dépit de la discrétion

1. La duchesse de Gênes un collier de diamants, les Princes ses frères un bijou de 8.000 fr. payé sur leurs économies ; mais elle seule, en ces jours de fêtes, se souvint de ses amis les pauvres en disant à Nigra « qu'elle ne voulait pas que ce jour-là, on eût faim et froid dans Turin ». Aussi le prince Napoléon envoya-t-il 1.500 fr. à l'hospice Cottolengo, 500 fr. à l'institut Saccarelli, 1.200 aux asiles, 1.000 à la Mendicité, 800 à l'hospice Saint-Jean. Le jour du mariage, le prince Humbert reçut le collier de l'Annonciade.

2. Corbeille splendide, collier de diamants de 500.000 fr., châles de l'Inde de 6 et 7.000 francs. Le Roi donna un trousseau de 250.000 francs et des bijoux pour 200.000 francs, plus une dot de 500.000 francs à laquelle l'Empereur ajouta un million. La ville de Turin offrit les candélabres d'argent de l'exposition, de 100.000 fr.

3. La marquise de Villamarina, dame d'honneur, escortait aussi la princesse qui avait voulu aussi emmener à Paris sa femme de chambre savoyarde qu'elle aimait tant et le valet de pied qui la portait dans son enfance.

imposée aux courtisans et aux fonctionnaires, comprenant l'admirable résignation de la princesse, la salua de ses plus enthousiastes acclamations. A Gênes (1er février), Victor-Emmanuel conduisit sa fille et son gendre à bord de *La Reine-Hortense*, entourée de la flotte française, sous les ordres de l'amiral Jurien de la Gravière. Peu d'heures après, la Fille de Savoie touchait la terre de France et arrivait à Paris le 3 février dans l'après-midi ; après une courte visite aux Tuileries, à l'Empereur et à l'Impératrice qui l'accueillirent affectueusement, la princesse Bonaparte entra au Palais Royal, étonné d'une apparition aussi pure. Par une délicate attention de l'Impératrice, elle put aussitôt prier dans un oratoire semblable à celui qui l'avait vue si triste et si forte dans son palais de Turin [1].

Pendant plus de dix ans, S. A. I. et R. la princesse Clotilde allait vivre au milieu des enchantements d'une cour somptueuse et frivole, avec la dignité suprême d'une Fille de Savoie et d'Autriche, toujours simple, toujours pieuse, bonne pour tous, sévère pour elle seule, charitable et miséricordieuse. La naissance de trois enfants, leur éducation, les moyens d'être plus généreuse envers les malheureux, adoucirent les plus cruelles amertumes de sa vie conjugale. Le 4 septembre, le peuple de Paris, interrompant ses cris de haine, saluera d'un respect attendri la noble princesse regagnant son cher Piémont ; puis, toujours fidèle gardienne de ses devoirs d'épouse et de mère, elle conduira ses enfants à Prangins, au prince leur père, jusqu'au jour où la présence dominatrice d'une étrangère et de bâtards au foyer familial lui en fermeront l'entrée. Depuis, au

---

1. La maison de la princesse fut aussitôt organisée ; la maréchale de Saint-Arnaud, grande maîtresse ; MM^mes de Clermont-Tonnerre et Thayer, dames d'honneur.

morne château de Moncalieri, la princesse recluse, en deuil, veille dans les prières, les charités et ses souvenirs, rattachée à la vie terrestre par les seules visites de son fils Victor, de son bien-aimé fils Louis, de sa fille, la duchesse d'Aoste et de son enfant, de la reine Marguerite, et surtout par celles, longues et fréquentes, du Roi son frère, cherchant les francs et sages conseils que leur père, Victor-Emmanuel, demandait souvent et redoutait toujours. Grandie par la douleur, la princesse, semblable au Pardon, vint à Rome, au lit funèbre du prince Napoléon et, n'ayant pas voulu loger au Quirinal excommunié, elle fut admise à l'audience privée de Léon XIII ; alors, les paroles d'apaisement, d'espoir et de bonté souveraine, descendirent, consolantes, des lèvres paternelles du Grand Pape sur la fille et la sœur des Usurpateurs, qui était aussi la fille de Marie-Adélaïde et la croyante invincible et vaillante de Moncalieri !

Les événements si habilement préparés allaient compléter ce mariage si rapidement conclu et fêté. Le Roi en ouvrant son Parlement et en accentuant dans le discours royal la fameuse phrase sur les cris de douleur de l'Italie auxquels il ne pouvait rester insensible, répondait à la hautaine apostrophe de son allié Napoléon III au baron de Hubner, ambassadeur d'Autriche, lors des réceptions du premier de l'an aux Tuileries. Toute la presse ministérielle poussait à la guerre contre l'Autriche ; en France, la *Presse*, le *Siècle*, par leurs récits fantaisistes sur l'Italie, plus ou moins reproduits par tous les journaux gouvernementaux, réclamaient non seulement la rupture avec l'Autriche, mais encore avec Rome, Naples. Leurs directeurs, prévenus par le prince Napoléon, et par lui, au courant du consentement de l'Empereur, avaient aussi la certitude qu'une fois commencée, la *grande opération* irait *vite* et jusqu'au bout ! Pendant quelques semaines, les subites hésitations de lord Derby[1], la protection officielle de la Russie sur le royaume de Naples épouvantèrent Cavour et ses amis. Le ministère anglais, avec ses traditions cassantes, imposa l'idée d'un Congrès à Bruxelles, à Baden ou à Aix-les-Bains et une mission pacificatrice de lord Cowley, à Vienne. Le comte Cavour comprit qu'il était perdu s'il n'obligeait pas l'Autriche, par de nouvelles offenses[2], à repousser elle-même le Congrès. C'est ce qui arriva. Le 23 avril, le baron de Kellersberg, aide de camp du feld maréchal Giulay, gouverneur de Lombardie, remettait au ministre sarde l'ultimatum autrichien dont la première condition était le désarmement du Piémont : c'était la guerre.

Dans la Savoie désespérée, ruinée, les classes de 1828, 29, 30, 31 et 32 avaient été rappelées en mars ; une souscription[3] en faveur des familles des rappelés s'ouvrit aussitôt. Les enfants du pays partis en Piémont,

---

1. Le cabinet anglais de 1858 de lord Derby et Benjamin Disraeli devait disparaître en juillet 1859 pour rendre le pouvoir à lord Palmerston, le partisan bien connu des revendications du Piémont et le soutien du comte Cavour. Les préférences politiques de lord Palmerston servaient, du reste, les vieilles haines antipapistes encore de mode en Angleterre et les secrètes antipathies du prince Albert et de la reine contre l'Autriche ; le mariage de leur fille aînée Victoria (1858) avec le prince de Prusse, Frédéric-Guillaume, venait encore de resserrer les liens d'affection entre les deux familles d'Angleterre et de Prusse.

2. Médaille italienne offerte au Roi par les émigrés réfugiés en Piémont : Ferrari, Farini, Mamiani, Mancini, Melegari, etc. Garibaldi, nommé général de chasseurs des Alpes, le ministre de la guerre de la Marmora refusa de contresigner cette nomination que Cavour seul apostilla.

3. La Ville souscrivit 1.000 fr. ; Mgr Billiet, 300 fr. ; le comte Pillet-Will, toujours si généreux envers la Savoie et toutes les bonnes œuvres, 1.500 fr., etc.

les premiers soldats français [1] commencèrent à traverser la
Savoie, le 26 avril, acclamés par une foule enthousiaste,
le 13e chasseurs de Vincennes, le 43e de ligne, enfin le
maréchal Canrobert, passèrent à la gare gagnant rapidement le Mont-Cenis.

La concentration de troupes françaises et leur union
avec la brave petite armée sarde, supérieurement dirigées
par le maréchal Canrobert, facilitées par les stupides [2]
retards du général Giulay ; les grandes journées victorieuses de Palestro (30 mai), de Magenta (4 juin), de
Solférino (25 juin), amenèrent l'Empereur et le Roi à
Milan, puis aux portes de Vérone. Les menaces de la
Prusse et de l'Allemagne imposèrent alors les prélimi-
naire de Villafranca [3]. Napoléon III, en revenant, traversa

1. Les braves chasseurs furent félicités à la gare par deux anciens
du premier Empire qui, ayant 20 ans lors de la première annexion
(1792), s'étaient alors engagés dans l'armée française.

2. Sept jours perdus, disait le *Times*, pendant lesquels l'armée
autrichienne, après avoir passé le Tessin, resta immobile, tandis
qu'elle aurait pu écraser la première armée sarde, occuper Turin
désarmé, empêcher la concentration des Français !! » Alors c'était
la révolution à Paris, la France intacte, Metz et Strasbourg
libres !

Le général du Barail, dans ses très intéressants souvenirs,
constate aussi les mouvements rapides du maréchal Canrobert
pour protéger Turin et les lenteurs déplorables du général Giulay.
Si Giulay avait été mieux informé, dit-il, il aurait pu écraser nos
têtes de colonnes, mais Giulay crut que, derrière le maréchal,
l'armée française débouchait : il arrêta sa marche et le Piémont
fut sauvé.

Dans les Mémoires du général Ducrot, mêmes appréciations et
témoignagnes, etc., etc.

3. La paix de Villafranca fut connue à Chambéry dès le 13. Aussitôt les journaux anglais s'inquiétèrent du sort de la Savoie et de
Nice, redoutant leur annexion volontaire à la France. A Nice, la
Gazette de Nice fut menacée de saisie pour un article de M. Arson
sur la probabilité d'une annexion.

Milan glacial [1], presque hostile, ayant déjà oublié les
enthousiastes fous du 9 juin ; à Turin, il vit sa photographie partout remplacée par celle d'Orsini : l'Empereur
comprit peut-être que ses rêves de fatal idéologue venaient
de créer une nouvelle puissance aux portes de la
France !

Mais en Savoie, de Modane à Culoz, le voyage de
l'Empereur [2] fut déjà celui d'un souverain du pays ; les
autorités, pourtant, n'y mirent aucun zèle. A Chambéry,
la garde Nationale, prévenue seulement par un rappel
matinal, n'eut qu'un quart de ses légionnaires à la gare.
L'archevêque, le général Jaillet, le syndic, l'intendant,
le premier président, les députés de Costa, de Martinel,
Chapperon, le marquis Rapallo attendaient le train impérial. L'Empereur fut des plus aimables pour Mgr Billiet
et repartit au milieu d'un unanime et colossal Vive l'Empereur !

Chambéry avait fêté chaque victoire par des *Te Deum*
auxquels assistaient la duchesse de Gênes et ses enfants
alors au château et par des illuminations d'autant plus
générales que chaque victoire rapprochait la Savoie de
la patrie française. Les deuils étaient nombreux dans
les familles du Duché ; la brigade venait une dernière fois

1. Les sectes et les officieux piémontais avaient déjà travaillé
Milan au point d'obliger l'historien Cantu et le président Vacani
(ancien soldat français) de se retirer momentanément de l'Académie de la Brera, comme étant suspects d'attachement à l'archiduc
Maximilien dont ils honoraient la haute érudition et l'esprit si
libéral.

2. A Saint-Jean-de-Maurienne, Napoléon III répondit à Mgr
Vibert qu'il était heureux d'être au milieu de populations à moitié
françaises, qu'il espérait les meilleurs résultats de la guerre, etc.,
puis il se tut ; mais les cris de Vive l'Empereur lui montrèrent
qu'il était compris.

d'étonner ses alliés comme ses adversaires, par sa vaillance et sa belle tenue sous le feu et les boulets [1].

Le Roi, laissant ses ministres payer les services de la presse [2], voulut personnellement honorer la vaillance et les talents de ses chers Savoisiens. Au général Mollard, grand officier de la Légion d'honneur, des saints Maurice et Lazare, la grande croix de l'Ordre militaire de

---

1. Les promotions vinrent aussi récompenser les officiers de la vaillante brigade : le général Molard fut nommé général de division ; les colonels Perier et de Rolland, majors généraux ; les majors Gabet et Brouzet, lieutenants-colonels ; le lieutenant-colonel Portier du Bellair, commandant le 2e régiment ; le colonel du 4e, Morand, recevait le commandement des Bersagliers.

Capitaine Robert de l'artillerie, le baron de Blonay, Pallier, Dupont, Gontry de Borlasca, de la Palme, de Foras, Picolet d'Hermillon, les capitaines de Chevilly, Besson, Longue, Martin, Cyvoct, le major Escoffier, tous blessés.

2. Le directeur du *Siècle*, L. Havin, commandeur des saints Maurice et Lazare (8 janvier 1860) ; Buloz, directeur de la *Revue des Deux-Mondes*, officier (25 août 1858). Les publicistes Quéroult, John Lemoine (8 janvier 1860), Amédée Achard (12 février), tous recommandés aux faveurs Cavourines, par leur campagne constante en l'honneur de l'unité italienne et par leurs attaques non moins continuelles contre le Saint-Siège et l'Autriche. Ces mêmes écrivains, aveuglés par les rites maçonniques ou moins clairvoyants que Gambetta, devaient aussi célébrer avec délire la défaite de Sadowa et la prise de Rome, exaltant la victoire de la Prusse protestante, et l'Italie enfin délivrée du fameux joug des prêtres !

Une nomination dans l'ordre des saints Maurice et Lazare, passée sous le silence de la censure en France, mais publiée dans le monde entier, vint ranimer les espérances de beaucoup de Français et éclairer d'un rayon de gloire le triste exil de la famille d'Orléans : le 3 septembre 1859, le jeune sous-lieutenant au régiment des cuirassiers de Nice, prince Robert d'Orléans, duc de Chartres, recevait la croix d'officier des saints Maurice et Lazare. On sait que le prince venait de faire toute la campagne d'Italie, en se distinguant dans plusieurs charges de cavalerie.

Savoie, celle de commandeur aux généraux de Rolland, Perrier et Menabrea ; de nombreuses croix d'officiers et chevaliers du même Ordre et de celui des saints Maurice et Lazare aux officiers de la brigade, et des médailles pour la valeur aux soldats.

L'Empereur et le Roi firent aussi de grandes promotions dans leurs Ordres en faveur des deux armées. Dès le 14 juillet, Victor-Emmanuel donnait l'Annonciade au maréchal Vaillant ; le 4 et le 5 août, au comte Walewski et aux maréchaux Baraguey d'Hilliers, Canrobert, Regnaud-de-Saint-Jean-d'Angely et Niel ; le 30 décembre enfin au maréchal Randon, ministre de la guerre, les grands-croix, celles de commandeurs, d'officiers, de chevaliers des saints Maurice et Lazare honorèrent les généraux, colonels et officiers de tous les grades de l'armée française. L'Empereur fit Commandeur de la Légion d'honneur les généraux Menabrea, de Savoiroux et Perrier ; officiers, de Rolland, Pernot, du Belair, Gabet ; chevaliers : Brunod, Blanchard, Seyssel d'Aix, Avet, Gabet, de Barral, de Cocatrix, de Sonnaz, d'Oncieu, Magelland, Boutron, Plantard et envoya 2.000 médailles aux soldats.

Après l'Empereur, Chambéry vit, rentrant en France, les superbes Cent Gardes, presque toute l'armée française (4.000 hommes par jour), enfin le glorieux vainqueur de Magenta, le maréchal de Mac-Mahon (1er août) ; sur toutes les routes, les villes et villages recevaient de leur mieux les valeureuses troupes, les saluant déjà comme des compatriotes. L'avenir du duché était toujours incertain ; les mieux renseignés connaissant les hésitations du Roi, trouvant cruel le sacrifice du berceau de sa race après celui de sa fille, et les tiraillements du ministère Rattazzi (démission de Cavour en juillet) conseillaient la prudence et l'attente. Le 29 juillet, douze députés du pays lancèrent un manifeste déclarant qu'ils ne se mêleraient point à la question politique ou nationale, mais qu'ils réclameraient pour la Savoie la décentralisation, des dégrèvements d'impôts et l'exemption des frais de guerre, les pauvres provinces étant complètement épuisées. Le gouvernement piémontais qui faisait révolter les Romagnes contre le pape, envahissait les Duchés, occupait l'heureuse Toscane et bientôt allait jouer l'inénarrable comédie des plébiscites à Bologne, à Florence, à Naples, tenta d'arrêter les élans de la Savoie vers la France; le 28 juin, les pompiers de Chambéry, d'Annecy étaient dissous, le 3 août, le *Courrier des Alpes* était frappé de suspension jusqu'au 19 novembre. Le journal conservateur publiait alors une série d'articles sur l'évident contraste de la conduite du Piémont volant au même moment les Romagnes et détruisant ainsi les traités de 1815 et essayant d'en maintenir l'application à la seule Savoie entraînée de plus en plus vers la France! La signature du traité de Zurich[1] (10 novembre), muet sur la question savoisienne, le brusque changement du premier président Cotta, si digne[2] et si aimé, remplacé par un

1. Cession de la Lombardie, Parme et Plaisance au roi de Sardaigne, la Toscane rendue au Grand-Duc, Modène donnée à la duchesse Régente de Parme, confédération italienne, etc., etc. La lettre de Victor-Emmanuel à l'Empereur ne laissa aucune illusion sur la réalisation du traité; en effet, malgré les protestations de l'Autriche, incapable alors d'entreprendre une nouvelle guerre, et certaines réclamations sincères, mais affaiblies, de Napoléon III, le ministère piémontais continua ses manœuvres annexionnistes, vœux d'assemblées communales, députations de Toscans, Romagnoles, etc., habilement choisis et stylés par les pro-dictateurs Farini et Buoncompagni, la grande comédie à l'italienne donnant au Roi les meilleures raisons pour repousser les offres de Napoléon III, en le jouant de supérieure façon.

2. Le président Cotta, qui faisait souvenir de l'illustre Président de la Charrière, refusa la Grand-croix des saints Maurice et Lazare que le ministre lui offrait alors.

Savoisien, le conseiller de la Cour de Cassation, Girod, les nominations des nouveaux gouverneurs à Chambéry, Nice, Annecy, tous Piémontais[1], l'arrivée du régiment des Chevau-Légers de Lodi, la réduction[2] du nombre des députés dans le Parlement, augmenté par les annexions, la croix des saints Maurice et Lazare accordée à plusieurs Savoisiens[3], ne diminuèrent pas les espérances de la Savoie regardant de plus en plus vers la France! C'est alors que parut la brochure de M. Anselme Petetin sur l'annexion de la Savoie, commençant par ces mots : « *La Savoie n'est pas italienne* ». Toutes les preuves, conséquences y étaient résumées. N'étant pas italienne, presque plus piémontaise, pas encore française, la Savoie acheva tristement 1859 dans la désolation d'une épouvantable inondation de l'Isère, plus forte que celles de 1740 et 1778 déjà si terribles[4].

TABLEAU DE L'ADMINISTRATION ROYALE DE LA
SAVOIE EN 1860

Les mêmes archevêques et évêques qu'en 1845[5].

1. En Savoie, gouverneur, le marquis Orso-Serra ; à Annecy Maggi ; vice-gouverneurs, Galliarini et Ferrari ; gouverneurs à Nice, le marquis Montezernolo, sénateur, et Salino.

2. Dix-huit au lieu de vingt-deux.

3. Le 15 avril, MM. Joseph Tardy et Martin Franklin. Joseph Vernaz, nommés chevaliers. Le 22, le major d'état-major Borson avait été promu chef d'état-major de la première division, et le 25, le général Menabrea, général d'armée ; le 23, la Garde Nationale de Chambéry avait reconnu comme colonel M. Castellozo et majors MM. Marchand et Vuignat.

4. Les ponts, les digues furent emportés ainsi que 10 kilomètres de rails entre Chamousset et Montmélian, où, malgré les conseils des gens du pays, les ingénieurs anglais avaient établi la voie en contre-bas de la rivière.

5. Le Chapitre de la Métropole perdit son doyen, le chanoine Pillet, mort à 80 ans, le 10 décembre ; et le clergé, le savant abbé Bogey, précepteur des princes, qui se noya accidentellement dans le Pô à Moncalieri (juin).

GOUVERNEURS DES PROVINCES, VICE-GOUVERNEURS ET CONSEILLERS

Chambéry (province): gouverneur, Marquis Orso Serra, vice-gouverneurs : Gallarini, G. Gernaz, Guilio, Casanova, Mosca.

Intendants : à Albertville, le comte Alberti di Pessineto ; à Saint-Jean-de-Maurienne, le comte Millet de Faverges ; à Moutiers, Despine, avocat.

Anneoy (province) : gouverneur, Maggi ; vice-gouverneurs : Jaillet de Saint-Cergues, C. Salaris, Massa, Dunant, Minoretti.

Intendants : à Thonon, Didier, avocat ; à Bonneville, Bergoin, avocat.

SYNDICS DES VILLES

Chambéry : Falquet, conseiller à la cour d'appel.
Annecy : Levet, avocat.
Thonon : Beaurain, avocat.
Bonneville : Guy, avocat.
Albertville : Sondaz.
Moutiers : Mayet.
Saint-Jean-de-Maurienne : Richard, avocat.

COUR D'APPEL DE SAVOIE

1er Président: Louis Girod.
Conseillers : Mareschal, Clert, Dullin, Rambert de Chatillon, Dubouloz.
2e Président : Piccolet, sénateur du Royaume.
Conseillers : Anselme, Bouvier, Dupasquier, Pernat, Gallay.
3e président, comte Millet de Saint-Alban.
Conseillers : Monod, de Juge, Nicoud, Nambride, Falquet, du Verger.
Secrétaires : Bouttaz, Guillermet, Ract, Humblot, etc.
Avocat fiscal général : Bianchi di Castagné.

Substituts : Hugard, Rosset de Tours, Dénarié, Collomb, Orsat, Piaget, Bouvier.

Avocat des pauvres : le marquis Cagnol de la Chambre.

Substituts : Portier, Coppier, Armand, Laracine.

TRIBUNAUX PROVINCIAUX

Chambéry (2ᵉ classe). — Président : Grand ; vice-Présidents : Fosseret, Doppet, Verna. — Juges : Buisson, Rey, Vallet, Pralet, Chabert, Salomon.

Annecy (3ᵉ classe). — Président : Bourgeois. — Juges : Pissard, Deschamps, Saulnier, Cléry, Bouche.

Albertville (4ᵉ classe). — Président : Riboud. — Juges : Ancenay, Grand.

Bonneville (4ᵉ classe). — Président : Morand. — Juges : Gotteland, Vidalon, etc.

Moutiers (4ᵉ classe). — Président : Laurent. — Juges : Bincoz, Audibert.

Saint-Jean-de-Maurienne (4ᵉ classe). — Président : Duboin. — Juges : Coppier, Seytier.

Saint-Julien (4ᵉ classe). — Président : Coche. — Juges : Ducroz, Durand, Chesney.

Thonon (4ᵉ classe). — Président : Guillet. — Juges Charmat, Deleschaux.

JUGES DE MANDEMENTS

Chambéry : Curtel.
Annecy : Plantaz.
Albertville : Anselme.
Bonneville : Rey.
Moutiers : Charvaz.
Saint-Jean-de-Maurienne : Hybord.
Saint-Julien : Jacquemard.
Thonon : Naz ; et un dans chaque mandement ou canton.

DIRECTIONS DOMANIALES ET HYPOTHÈQUES

Chambéry : Botalla, Billiet, Blanc, Avet.
Annecy : Cantamessa, de Rolland, Reymond, Collomb.

DOUANES (DIRECTEURS)

Chambéry : Vignet, Carret.

TRÉSORIERS PROVINCIAUX

Chambéry : Thiabaud ; Haute-Savoie : Peppin-Périer.
Maurienne :'comte di Brondello ; Tarantaise : Desforges.
Annecy : de Rolland, Arnulf et Cagnoli.

DIVISION MILITAIRE DE SAVOIE

Commandant général : le lieutenant général . .mte Jaillet de Saint-Cergues. — Chef d'état-major : Henri Avet, major. — Commandant de Chambéry : lieutenant-colonel Perret. — Commandant d'Albertville : le major de Manessy. — Commandant d'Annecy : le colonel Crud. — Commandant de Bonneville : le major Mollot. Commandant de Moutiers : le lieutenant-colonel Girard Piolan.—Commandant de Saint-Jean-de-Maurienne : le major Capello. — Commandant de Thonon : le major Bastian.— Commandant de l'Esseillon : le major Fontana.

1860

La nouvelle année débuta par les élections communales francophiles du 22 et la réinstallation au pouvoir du comte de Cavour (21) qui seul avait pu obtenir du Roi la cession déchirante de l'antique duché, et de Napoléon III, carte blanche en Italie, en échange de la Savoie et de Nice. Le grand ministre, après bien des luttes et des lenteurs, ayant enfin le consentement de Victor-Emmanuel II, n'hésitait plus à braver les fureurs des chefs piémontais, les ironies hardies des salons turinois, les plaintes des fidèles de la maison de Savoie, les réclamations pressantes des Niçards hostiles à la France, et, malgré les gronderies anglaises, les criailleries de la Suisse[1], signait le traité final du 24 mars. Le duché de Savoie, le comté de Nice étaient cédés à la France sous réserve d'un plébiscite national (?); la Maison de Savoie n'ayant plus de berceau, allait, dans l'Italie unifiée, essayer de s'élever une demeure splendide sous l'antique Écu de la Croix-Blanche !

Les journaux français, en publiant l'annonce de la future annexion, faite au Parlement anglais le 27 janvier, l'avaient rendue, dès ce moment, publique et certaine, car, sous le régime impérial de la presse, cette nouvelle était trop importante pour n'avoir pas été autorisée en haut lieu, sinon conseillée par Cavour afin de couper court aux dernières hésitations de son Roi malade de dépit et de chagrin. A Chambéry, une manifestation antiséparatiste[2] n'eut pas grand succès (30) ; le nouveau gouverneur, le marquis Serra, sachant plaire à la Cour, donna deux grands bals très réussis (11 et 18 février) et, afin d'enlever au régime piémontais son apparence éphémère, rappela les classes de 1830, 31, 32 et 33.

Mais dès le 10 mars, le même gouverneur, dans sa

---

1. Le gouvernement suisse, poussé par les jalousies anglaises, se basant sur un vieux traité de 1564, plus ou moins reconnu par ceux de 1815, réclama, par des notes pressantes à Paris, à Turin, comme à Vienne, à Londres, à Saint-Pétersbourg et à Berlin, la cession du Chablais et du Faucigny, neutralisés en 1815. Napoléon III, toujours reconnaissant et tendre pour la Suisse, aurait eu la faiblesse de céder ; les énergiques protestations des Savoisiens empêchèrent ce nouveau morcellement. Les deux provinces restèrent neutralisées, complication diplomatique, militaire, douanière qui dure encore.

2. Manifestation populaire, antiséparatiste, très imposante, à Nice, le 11 mars.

proclamation, annonçait le prochain appel au peuple savoisien; une dépêche, publiée le soir même par les journaux conservateurs exultant de joie, confirma toutes les espérances par l'assurance de l'intégralité conservée du duché et du maintien de la Cour d'appel. Aussitôt une députation savoisienne partit pour Paris; le 17 mars, la colonie savoisienne de Paris la fêta en un grand banquet aux frères Provençaux; puis, le 21, en audience solennelle aux Tuileries, l'Empereur reçut les hommages des futurs Français qui furent ensuite admis à saluer l'Impératrice et le petit prince impérial. Le 24, un grand dîner de Cour réunit tous les députés de la Savoie autour des souverains, l'impératrice [1] ayant à sa droite le conseiller comte Greyfié de Bellecombe, et à sa gauche le comte de Boigne, puis S. M. remit à chaque invité le portrait de son fils bien-aimé (gravure d'Henriquet de 40 millimètres), avec ces mots de sa gracieuse main : *Souvenir du 24 mars 1860, Eugénie.*

En congédiant la députation, l'Empereur promit sa prochaine visite aux nouvelles provinces. En rentrant à Chambéry, les délégués apprirent le départ du gouverneur (23 mars), celui des Chevau-Légers de Lodi (26), la publication de la dernière royale proclamation aux habitants du duché, les déliant de leur serment de fidélité (28), et l'entrée des premières troupes françaises, le 80e de ligne, revenant d'Italie. Le colonel Saget et l'état-major furent festoyés à l'hôtel de France; sur la façade illuminée apparaissait pour la première fois l'aigle impérial [2].

1. Le 21, S. M. portait une robe gris perle, avec un mantelet de velours noir. Le 24, l'Impératrice apparut radieuse aux délégués éblouis, en toilette de soie rose constellée de diamants.

2. Le 2 avril, à Nice, un piquet français remplaça le piquet piémontais à la villa Orestis, occupée par l'Impératrice de Russie.

Le 4 avril, le conseiller Dupasquier, gouverneur intérimaire, remettait l'autorité aux mains du sénateur Laity, ami de l'empereur et apparenté aux Beauharnais; à Nice, où le second délégué et le général Froissard étaient arrivés le 1er, ce fut le sénateur Pietri qui vint surveiller et aider les apprêts du prochain plébiscite!

Le Sénateur Commissaire, pour bien réussir le plébiscite, visita presque toute la Savoie jusqu'au 22 avril, jour à jamais mémorable! Le *Courrier des Alpes*, plus enthousiaste que jamais de la France et surtout de l'Empire, s'écriait : « La journée de 22 avril brillera d'un éclat « incomparable dans notre histoire. Par un de ces décrets « impénétrables de la Providence qui ne se renouvellera « pas dans la vie d'un peuple, votre sort est remis entre « vos mains. Vous êtes appelés dans vos comices pour « décider si vous voulez être annexés à la France; à la « France, la première nation dans les arts, l'industrie, le « commerce, la guerre, etc., etc.; à la France, la nation « chérie de Dieu! Qui de vous ne pourrait pas répondre « *oui*! Pas d'abstention! Marchons donc au vote comme « on marche à la victoire! Celui qui s'abstiendrait dans ce « jour solennel ressemblerait à un soldat qui déserte le « champ de bataille! Vive la France! Vive l'Empe- « reur!! »

Après les aimables entretiens de M. Laity avec les autorités municipales, les curés, les notables et les amis des loges (car on ne devait oublier personne!), après ces appels fulgurants de la presse, appels revus et annotés par le commissaire et les futures autorités de Chambéry, l'appel au peuple savoisien fait en toute liberté (le 80e de ligne avait même quitté la ville l'avant-veille), répondit aux désirs du gouvernement français et aux espérances de la très grande majorité du pays. Le 29, le premier président Girod proclama le résultat du plébiscite; sur

131.170 votants [1] (135.419 inscrits) 130.933 avaient voté l'union à la France et 235 non. Une proclamation de la junte municipale signée de L. Martin, de Ville de Traverney, de Boigne, Chapperon, Gruat, Bourbon, publia cet éclatant triomphe [2] de la cause [3] française.

Le plébiscite proclamé, l'annexion s'imposait prompte et complète : sur les instances du gouvernement français, dont la complicité donnait alors l'Italie au roi de Sardaigne, le gouvernement piémontais présenta le traité de cession au Parlement de Turin le 10 mai ; les Chambres le votèrent le 29 par 239 voix contre 33 ; le Sénat, par 92 contre 10 ; le Roi le sanctionna le 12 juin, et, le même jour, il fut officiellement publié par le *Moniteur Français*. Le 13, les commissaires franco-sardes Laity et Bianchi de Castagneri échangèrent les ratifications définitives. Le 14, proclamation commençant par : *Vous êtes Français!* organisation des pouvoirs publics, et nombreuses nomitions des nouvelles autorités [4].

Le 15, l'envoyé sarde, au nom de son Roi-Duc de Savoie, remit officiellement le duché au représentant de l'Empereur des Français, puis tous deux se rendirent au *Te Deum* chanté à la cathédrale, et le soir un dîner de 60 couverts réunit à l'hôtel du Petit-Paris les autorités et les notables de la ville. M. Dupasquier but à la France,

---

1. A Chambéry, 3.953 inscrits, oui 3.588, abstentions 344 et non 22. A Moutiers, 465 votes, 442 oui ; dans l'armée, les soldats savoisiens 6.350, 6.330 oui ; dans la Brigade, 3.000 oui, contre 127 non ; en Tarantaise, 9.250 votants, 9.086 oui, etc.

2. Le 26, grand banquet national offert au sénateur dans la salle du théâtre, 700 souscripteurs à 5 francs.

3. Depuis le 14 avril, le drapeau tricolore flottait sur le clocher de Beaufort.

4. Dès le 19 mai, les gendarmes français avaient remplacé les carabiniers royaux ; les premiers jours de juin, arrivèrent les 18e et 26e de ligne avec le 13e dragons.

le sénateur Laity à l'Empereur, le général Verger à l'annexion, le nouveau préfet Dieu à la Savoie, et le baron d'Alexandry, nommé maire de Chambéry, à M. Laity, qui promit, ce soir-là, le sel à 10 centimes, le railway d'Aix à Annecy, le maintien de l'Académie des sciences et de l'école des Arts et Métiers (?). Les réjouissances, illuminations, sérénades se continuèrent ainsi le 16 et le 17. Le comté de Nice avait été remis, le 14, avec les mêmes formalités et festoiements un peu moins populaires là-bas, et confié à son premier préfet français, M. Paulze d'Ivoy. A Paris, un *Te Deum* solennel chanté à Notre-Dame, une grande revue impériale et des illuminations avaient aussi fêté cet agrandissement pacifique et naturel de la France. L'administration française, essentiellement bureaucratique, s'empressa de détruire rapidement les derniers liens du passé : le duché était divisé en deux départements ; le 5 juillet la Garde nationale était désarmée ; le 25, les jeunes Savoisiens nés en 1839 tiraient au sort ; l'Académie royale devenait impériale. Une décision du Sénat de l'Empire ordonne que les lois françaises seront en vigueur à partir du 1er janvier 1861 ; les affaires de droits, d'impôts pouvant être réglées avant cette époque par des décrets impériaux ; les timbres-poste français remplaçaient les sardes et le consulat sarde était installé avec la nomination de M. Ancel Vernaz à ce poste curieux.

Les trois derniers intendants piémontais, Magenta, Salino, Ferrero della Marmora furent remplacés à Chambéry par M. Dieu, préfet de la Haute-Saône ; à Annecy, par M. Levainville, sous-préfet de Valenciennes, auquel succédera bientôt M. Anselme Petetin, et à Nice, par M. Paulze d'Ivoy, préfet de la Vienne. Quelques sous-intendants d'origine savoisienne étaient conservés comme sous-préfets : M. Despine, à Moutiers, M. Millet de

Faverge à Saint-Jean-de-Maurienne, M. Didier de Thonon, envoyé à Albertville ; à Bonneville, M. Guy, ex-syndic ; à Saint-Julien, M. de Traverney, et à Thonon, M. Fournier-Sarlovèze[1] étaient Français ; le baron d'Alexandry et M. Levet devenaient maires de Chambéry et d'Annecy. Une première promotion dans la Légion d'honneur nommait commandeurs : MM. Dupasquier, Lachenal, tous deux ex-gouverneurs intérimaires de Chambéry et d'Annecy, et le conseiller comte Greyfié ; officier : M. Vuagnat ; chevaliers : MM. d'Alexandry, Levet, Guy, Ruphy, de Traverney.

La magistrature conservant la majorité de ses respectables membres savoisiens était confiée : au premier président Girod, au nouveau procureur général Millevoye, avec les conseillers Mareschal, Clert, Dublin, Bouvier, Nicoud, de Chatillon, Pernot, du Verger, Falquet, Dubouloz, Hugard, Curton, Duboin, de Tours, de Viry, de la Chambre, Portier ; le président de chambre Picolet, mis à la retraite, était remplacé par M. Millet de Saint-Alban ; le procureur du roi à Thonon, M. Portier du Bellair, était envoyé à Poitiers comme substitut du procureur général : les substituts savoisiens Orsat, Collomb, Bouvier, Gallis se voyaient expédiés avec avancement dans les petites villes lointaines de Vitré, de Saint-Brieuc, de Saint-Dié, de Lodève, postes aussi peu désirés que désirables. Enfin l'ancien intendant du duché, le conseiller à la cour de Cassation sarde, M. Mercier, entrait à la Cour de Cassation française, dont il devait être un jour le Premier Président.

La trésorerie générale était remise à M. Budin ; les postes à M. Maniette, inspecteur à Saint-Étienne ; le dernier vice-consul de France, M. Grand-Thorane, deve-

---

1. Neveu de M. Finot, dernier préfet du Mont-Blanc, sous l'Empire en 1814.

nait directeur des eaux d'Aix. La Savoie était déclarée ressortissante de la 22e division militaire (Grenoble) et des facultés de Grenoble.

Le traité de cession respectueuse de la liberté individuelle laissait toutes facilités aux officiers savoisiens pour rester dans l'armée sarde ou entrer dans les rangs français ; mais l'exacte vérité ajoute que des deux côtés les promesses d'avancement, de décorations cherchèrent, parfois avec succès, à influencer les souvenirs, la fidélité ou les simples hésitations ! Dans l'état-major général, les généraux Mollard et Jaillet optèrent pour la France, suivis par le général de brigade de Rolland, les lieutenants-colonels Borson, de Manessy, Gérard, Mollot, le capitaine de Viry, le commandant et les capitaines Bastian, Quisard, Henry, Brunier, Gros, etc. ; les chefs de bataillon Orsier, de Coucy, Geny, Peyssard, Gotteland ; les capitaines de Chevilly, Peage, Vuagnat, Avet, de Moisy, Longue, Boggoz, Bastian, Combet, Megalland, Dubois, Comte, Gordolon, Barnoud, Tochon, Lacaste, Armand, Raiberti, Massonat, Boisson ; 21 lieutenants et 22 sous-lieutenants. Dans la cavalerie, les chefs d'escadron du Verger-de-Saint-Thomas et Goybet et 4 lieutenants : Arminjon, de Costa, d'Oncieu et Moune. Les simples soldats furent envoyés au 103e de ligne au camp de Sathonay, sauf 8 sergents, 4 caporaux, 200 hommes de l'héroïque Brigade versés dans les grenadiers et voltigeurs de la garde ainsi que 65 artilleurs savoisiens.

Dans ce grand changement national, le clergé seul restait immuable autour de son bien-aimé Métropolitain. Depuis longtemps déjà le Pape voulait créer cardinal le vénérable et vaillant archevêque de Chambéry ; la rupture des relations diplomatiques entre le Saint-Siège et le Piémont avait empêché Pie IX de donner cette gloire de plus au Sacré-Collège ; mais à présent la Savoie étant française, le Saint Pape, approuvant le désir de l'Empereur, devait bientôt, aux acclamations de la Savoie entière, honorer et la pourpre romaine et Mgr Billiet [1] en l'élevant au cardinalat. Napoléon III, sagement conseillé, habilement renseigné sur le pays et le caractère des Savoisiens, devait, continuant les prudentes traditions des rois de Sardaigne, nommer aux sièges épiscopaux d'Annecy et de Tarentaise deux prêtres éminents de Savoie. Par suite d'erreurs involontaires, de faux renseignements, de soupçons odieux ou de petitesses méfiantes, le gouvernement actuel, depuis 1876, n'a pas cru devoir imiter la sagesse de ses prédécesseurs : le clergé montagnard de la Tarentaise et ses agrestes ouailles pourraient lui dire franchement qu'il a eu grand tort [2]!

Parmi les Savoisiens restés au service du Roi dans l'armée, la diplomatie, la magistrature, plusieurs méritèrent, par leur intelligence et leurs talents, les plus hautes situations du royaume. Dans l'armée, le plus célèbre de tous, le lieutenant général Menabrea, aide de camp général du Roi, marquis de Valdora, ministre président en 1869, sénateur, conseiller officiel et surtout intime de Victor-Emmanuel II, chevalier de l'Annonciade, ambassadeur en France de 1882 à 1892, mort récemment dans sa propriété de Saint-Cassin près Chambéry ;

1. Consistoire du 27 septembre 1861, le cardinal-archevêque de Chambéry devait assister encore à l'effondrement lamentable du régime impérial, aux désastres de 1870 et mourir en 1873 en priant pour le pape Pie IX abreuvé de douleurs, pour la Maison de Savoie usurpatrice du Saint-Siège, pour la France égarée.

2. En 1861, nomination à l'évêché d'Annecy, du vicaire général Magnin, mort en 1878.

En 1866, nomination du vicaire général de Chambéry, le chanoine Gros, à l'évêché de Tarentaise, vacant par la démission de Mgr Turinaz.

les généraux de Gerbaix, de Sonnaz, aides de camp du Roi, dont l'un commande à Plaisance le IVe corps d'armée, le général comte d'Oncieu de la Bathie, commandant en chef le Ier corps d'armée à Turin, les généraux Louis et Léon Pelloux, l'un ancien ministre de la guerre, tous deux pourvus, depuis janvier 1895, du commandement des Ve et VIIe corps d'armée; le général Rosset, directeur du génie en retraite; le général Avet, ancien aide de camp du Roi., etc., etc.

Dans la marine, le vice-amiral Pacoret de Saint-Bon, ministre de la Marine, mort en 1892; le vice-amiral Martin Franklin, commandant le Ier département maritime, à la Spezzia, mort à Chambéry; le vice-amiral, baron de Viry, ancien président du conseil de la Marine, etc. Dans la diplomatie, le doyen des ambassadeurs d'Europe, le baron de Launay, accrédité à Berlin en 1856 et représentant le roi de Sardaigne, puis d'Italie auprès du roi de Prusse, depuis empereur allemand, de 1856 à 1891, le très habile négociant de l'alliance de 1866 et des apprêts décisifs de la Triplice; son amitié avec le prince de Bismarck, les très vives sympathies de l'empereur Guillaume et de toute la famille de Prusse pour lui, en faisaient un admirable et très puissant représentant de la nouvelle politique italienne. Le comte de Barral, chargé spécialement par le Roi Victor-Emmanuel de la très périlleuse installation de son fils Amédée comme roi d'Espagne. Ce ne fut point un insuccès pour le comte de Barral de ne pas réussir là où Napoléon Ier lui-même avait été vaincu. Le comte de Barral se retire alors dans le repos de la légation de Belgique. Le baron Blanc, ministre actuel des affaires étrangères, fils d'un pharmacien de Chambéry, recommandé, par la publication de lettres inédites des de Maistre, à Cavour qui en fit son secrétaire; bientôt après secrétaire général des affaires étrangères, baron, ministre d'Italie à Bruxelles (1871), à Washington (1875), ambassadeur à Constantinople (1887), sénateur; le baron Blanc vient chaque été se reposer des soucis et des grandeurs dans sa jolie propriété, toujours embellie, de Jacob, aux portes de Chambéry.

Parmi les officiers savoisiens entrés au service de la France, le général Mollard, commandant la Brigade, devint sénateur et aide de camp de l'Empereur Napoléon III. Plusieurs, aidés par la guerre de 1870, obtinrent les étoiles de général : les généraux de division Borson et Goybet, tous deux retraités en Savoie depuis 1891.

Dans la magistrature, l'ancien gouverneur de la Savoie en 1848, M. Mercier, conseiller à Cour de Cassation de Turin, puis de Paris, devint premier président de la Cour de Cassation de France en 1877. Lors de sa retraite, le président Mercier se retira à Bonneville où il mourut entouré de regrets et d'hommages. Les autres magistrats savoisiens languirent assez longtemps dans les petits postes dédaignés de l'Ouest et du Midi, avant de revenir presque tous comme conseillers à la Cour de Chambéry. La fameuse loi d'épuration de 1883, ne respectant aucune vertu, aucun talent, aucun nom, aucun souvenir patriotique, épura largement la magistrature savoisienne en la sacrifiant aux délations maçonniques et aux haines avides.

En comparant ce tableau très incomplet des carrières des Savoisiens restés Piémontais ou devenus Français, on sera étrangement frappé par l'extrême différence du traitement des uns et des autres ! Les rois d'Italie, leurs ministres, n'eurent que sourires et bonnes grâces pour faciliter des avancements mérités, mais assez rapides ; la France impériale, au contraire, accueillit ses nouveaux sujets avec dignité et froideur, leur offrant, ainsi qu'à des parents pauvres, le bas bout de la table familiale !

La nouvelle organisation administrative complétée, les Souverains français pouvaient arriver ; leur voyage, annoncé depuis mai, avait été adroitement préparé par le rétablissement des pompiers (18 août), l'envoi, au nom de l'Empereur, d'importants secours à des villages incendiés, par des faveurs personnelles et surtout par l'espoir des prochains travaux de quatre nouvelles lignes de chemins de fer [1].

Les proclamations traditionnelles, exaltant les Souverains et excitant les peuples à l'amour, à la fidélité, à l'enthousiasme, reparurent ; les titres des augustes voyageurs et des signataires seuls avaient changé ; les arcs de triomphe [2] avec inscriptions, emblèmes et autres manifestations d'un goût douteux s'élevèrent de nouveau aux carrefours de la Ville, et, le 27 août à 3 heures 1/2, Napoléon III et l'Impératrice Eugénie descendaient de wagon pour se rendre à la cathédrale, puis au château, ayant dans leur voiture le maréchal de Castellane. Le soir, grand dîner de Cour ; Mgr Billiet avait la gauche de l'Empereur, l'envoyé de Victor-Emmanuel, le général della Rocca, ayant la droite. L'Impératrice avait pour voisins, à droite, le marquis de Costa, et le baron d'Alexandry, à gauche. A la gare, le maire d'Alexandry, en souhaitant la bienvenue aux Souverains, leur avait présenté les nouvelles clefs de la Ville, aux armes de Chambéry, avec l'exergue, 27 août 1860. Les harangues officielles

1. Les lignes actuelles de Genève par Annecy, de Lyon par l'Épine, de Grenoble, de Tarentaise exécutées ou achevées de 1866 à 1893.

2. A Maché, à la gare, aux faubourgs Montmélian, Nézin, avec : *Pendant la Paix comme à la Guerre. Cœurs, têtes et bras. Tout pour l'Empereur, tout pour la France. 22 avril 1860 — 12 juin 1860.* Au Reclus, aux boulevards, une tour crénelée entre quatre tourelles avec : *Crimée, Italie, Syrie, Chine;* à Saint-Benoît.

répétèrent les mêmes protestations, les mêmes hommages déjà si souvent lus ou dits ; Mgr Billiet seul, avec l'autorité de sa longue vie épiscopale et la noble franchise de son austérité, n'oublia point la vieille et chère Maison de Savoie : « Sire, dit-il, en votant pour l'annexion « à la France, le clergé de ce diocèse n'a point manqué au « respect dû à la royale Maison de Savoie ; nous avons « voté à l'unanimité, le 22, parce que le roi Victor-Emma-« nuel nous avait cédés par le traité du 24 mars ; dès lors, « notre séparation du Piémont devenait une nécessité [1] ».

Le 28, les acclamations populaires vivifiées par les dons de l'Empereur [2], par la grâce souriante de la belle Impératrice, par les nominations [3] flatteuses dans la Légion d'honneur, saluèrent plus ardemment que la veille la promenade impériale à travers la Ville jusqu'à la Motte

1. L'Empereur et l'Impératrice daignèrent accepter comme filleul le fils du baron Ernest de Couz, né le 27 août 1860 et nommé Marie-Louis-Napoléon-Eugène. Son père était lui-même le filleul du roi de Naples, Joachim Murat, et de la reine Caroline Bonaparte, et son grand-père, Jacques-Joseph de Couz, général de division (1813), baron de l'Empire français (1808), mort à Paris en 1814 d'une blessure reçue à la bataille de Brienne.

2. 100.000 francs pour la construction de l'Hôtel de Ville, les arrangements de Maché, etc., de magnifiques ornements à la cathédrale et l'offre de la réfection du pauvre archevêché malheureusement refusée par la trop grande simplicité de Mgr Billiet ; 10.000 francs aux pauvres, 5.000 aux asiles, 5.000 aux orphelines, 3.000 au Bon-Pasteur.

3. Commandeurs : Mgr Billiet et le marquis de Costa ; chevaliers, Mgr Vibert, Mgr Turinaz, les chanoines Gros, Chamousset et Challamel, Poncet et Magnin, d'Annecy, MM. Gruat, Chapperon Girod de Montfalcon, Denarié, de Martinel, Laracine, François, Carret, de Boigne, Milliet de Saint-Alban, Mareschal, Cordier, Dr Songeon ; à Annecy, MM. Replat, Lœuffer, Dufour, Girod, maire de Rumilly, Borson, député de Saint-Pierre-d'Albigny et les vieux soldats de l'Empire, Courtois, ex-sergent au 2e de ligne, et Parmentier, âgé de 87 ans, engagé en 1792.

avec arrêt chez le comte d'Oncieu à Montgex et au Sacré-Cœur; le soir, grand bal au théâtre et quadrille d'honneur ainsi composé : l'Empereur avec Mme d'Alexandry, l'Impératrice avec le marquis de Costa, le préfet et Mme de Rayneval, dame d'honneur, le maire d'Alexandry et Mme de la Poeze, dame d'honneur; le général Vergé et la baronne de Sambuy, le premier président Girod et Mme Vergé, le procureur général Millevoye et Mme Denarié, femme de l'avocat général, le général Lebœuf et la baronne de Viry, future dame d'honneur de l'Impératrice, le général Froissard et la marquise César d'Oncieu, le général Mollard et Mme Girod.

Le 29, nouvelle sortie des Souverains en calèche à la d'Aumont, ayant le préfet et le maire en face d'eux. La Ville offrit ce jour à l'Impératrice deux robes en gaze de Chambéry et en velours à la reine, spécialités si élégantes, si gracieuses des Martin Franklin, perdues malheureusement aujourd'hui.

Le 30, départ d'Aix et Annecy, fête sur le lac; la Cour en gondole pavoisée jusqu'à Talloires; l'Impératrice ayant trouvé le trajet un peu lent malgré les beautés des environs promit alors le premier bateau à vapeur lancé sur le lac quelques mois plus tard. Après une rapide excursion à Thonon, à Évian et à Chamonix, les Souverains revinrent, le 4, au château. Le duc de Cafarrello, ambassadeur du roi de Naples, trahi par les siens et assailli par Garibaldi et les troupes de son cousin et allié le roi de Sardaigne, venait solliciter vainement la haute intervention de Napoléon III en faveur de son jeune et malheureux souverain. C'était inutile, les envoyés Piémontais Farini et della Rocca emportaient à Turin la permission de compléter l'unification de l'Italie, Rome et son territoire exceptés !

Le 5 septembre, l'Empereur, l'Impératrice et toute

leur suite partaient pour Grenoble, en route pour le
Midi, Nice et la Corse. Napoléon III ne devait jamais
revenir en Savoie ; l'Impératrice, toujours belle et souriante, devait y reparaître dans les premiers jours de
septembre 1869 avec le prince impérial, retrouvant,
dans le même décor, les mêmes hommages des mêmes
autorités. Un an plus tard, l'Empereur était prisonnier,
l'Impératrice et son fils en fuite, la France entière dans
le deuil et les plus cruelles angoisses !

Pour sauver la Patrie envahie, blessée, les fils de
Savoie combattirent avec une fougue juvénile, décuplant
leur héroïsme séculaire. A Novare par fidélité, par devoir
et discipline monarchique en Crimée et en Italie (1859),
ils s'étaient fait tuer stoïquement ; mais dans les durs
combats de la campagne de l'Est, aux heures atroces et
sanglantes de Villersexel, les mobiles savoisiens, leurs
vaillants officiers en tête, luttèrent avec désespoir et
moururent sans regrets, car sur les âpres coteaux neigeux
de la Franche-Comté, c'était la vieille Savoie tant aimée
qu'ils défendaient !

MACON, PROTAT FRÈRES, IMPRIMEURS